Gucci gegen Allah

Antonia Rados

Gucci gegen Allah

Der Kampf um
den neuen Nahen Osten

Copyright © 2005 by Wilhelm Heyne Verlag, München,
in der Verlagsgruppe Random House GmbH
Umschlagkonzept und -gestaltung: Eisele Grafik-Design, München
Umschlagfotos: © Akram Saleh/Reuters/Corbis und © Antonia Rados
Kartografie im Nachsatz: GeoKarta, Altensteig-Wart
Herstellung: Helga Schörnig
Gesetzt aus der 10/13,5 Punkt The Antiqua
bei C. Schaber Datentechnik, Wels
Druck und Bindung: GGP Media GmbH, Pößneck
Printed in Germany 2005

ISBN-10: 3-453-12040-X
ISBN-13: 978-3-453-12040-2

www.heyne.de

Inhalt

Vorwort

Am 14. September 2001 wurde ich auf dem Flughafen Karatschi von einem pakistanischen Zöllner aufgehalten. Er hatte mich aus dem Augenwinkel schon eine Zeit lang beobachtet. Meine vielen Taschen und meine westliche Kleidung waren ihm aufgefallen. Mein Haar war unbedeckt. Der Mann, der einen langen Bart trug, griff mich als Einzige aus der Reihe heraus und begann alle meine Gepäckstücke genauestens zu durchsuchen. Er nahm meinen Pass in die Hand. Jede einzelne Seite schaute er lange an, bevor er sagte, er würde mich festnehmen. Seine Stimme zitterte leicht, als habe er Angst vor mir. »Terrorist!«, presste er hervor. »Ich doch nicht«, beruhigte ich ihn. »Lassen Sie mich gehen, sonst versäume ich mein Flugzeug!«

In letzter Minute erreichte ich meinen Weiterflug in die entlegene Grenzstadt Peschawar, von wo aus ich nach Afghanistan wollte. Damit begann eine lange Reise durch eine Welt, in der eine allein reisende Frau mit exotischen Stempeln im Reisepass das Misstrauen von gläubigen Zollbeamten erregte. Das war nicht immer so gewesen. Als ich im Frühjahr 1981 zum ersten Mal nach Afghanistan fuhr, herrschte auf der Welt noch nicht der Heilige, sondern der Kalte Krieg. Die islamische Welt galt als Nebenkriegsschauplatz. Religiöse Fundamentalisten waren noch die Verbündeten des Westens und die Amerikaner versorgten sie mit Waffen, damit sie die Sowjets aus Afghanistan vertreiben konnten. Es war ein langer, blutiger Guerillakrieg, doch angesichts der größeren Gefahren wie beispielsweise der Bedrohung durch Atomwaffen kümmerte sich damals niemand um einen Mann namens Osama Bin Laden. Der Terror-Experte Peter L. Bergen schreibt, die CIA hätte den saudischen Millionär Bin Laden anfangs den »Gucci-Terroristen« genannt. Die Geschichte bestraft solchen Mangel an Ernsthaftigkeit unerbittlich. Während die CIA weiterhin in Moskau den Erzfeind ausmachte, finanzierte Bin Laden bereits Hunderte von islamischen Freiwilligen, die gegen die Sowjets in Afghanistan kämpften. In der Nähe der Stadt Peschawar wurden immer mehr Koranschulen gegründet. Es gab wenige, in denen nicht ein fanatischer Islam gelehrt wurde. 1989, genau in dem Jahr, als die Rote Armee aus Afghanistan vertrieben wurde, fiel auch die Berliner Mauer, der Eiserne Vorhang zwischen West- und Ostblockstaaten. In den zehn folgenden Jahren schien es, als wäre die Welt stehen geblieben, in Moskau, Washington und im befreiten Kabul.

Sie blieb aber nicht stehen. Am 11. September 2001, als zwei Flugzeuge das World Trade Center zerstörten und ein weiteres das amerikanische Verteidigungsministerium, das Pentagon, ging der Kalte Krieg endgültig zu Ende. Ein neuer hatte begonnen, und der »Gucci-Terrorist« aus Peschawar hatte ihn losgetreten.

In diesem neuen Krieg werden keine Manöver abgehalten, keine Fronten gezogen und nur selten Pausen eingelegt. Wie lässt sich diese Art des Kriegs am besten beschreiben? Einige nennen ihn verächtlich den Krieg der Amerikaner um die Erdölreserven des Nahen und Mittleren Ostens. Andere wiederum sprechen von einem heroischen Kampf um die Ausbreitung der westlichen Demokratie. Für US-Präsident George W. Bush ist es schlicht ein Krieg gegen den Terror. Der Ausgang ist bis heute ungewiss.

Am 14. September 2001 war ich also dorthin unterwegs, wo die Drahtzieher der Anschläge in den USA vermutet wurden, im pakistanisch-afghanischen Grenzgebiet. In Peschawar traf ich prompt auf zwei Leute aus Bin Ladens Umfeld. Ich weiß bis heute nicht, ob sie mir die Wahrheit erzählten. Aber ich zweifle nicht daran, dass man sie ernst nehmen muss. Der Heilige Krieg, der *Jihad*, wie sie diesen Kampf nannten, war für sie keine leere Betformel oder das innere Bestreben, ein guter Moslem zu sein. In ihren Augen war nicht Osama Bin Laden dessen geistiges Oberhaupt, sondern nur einer ganz oben in der religiösen Hierarchie. Allah sei ihr wahrer Anführer.

Ein Reporter sieht die Folgen eines Kriegs meist als Erster. Er begegnet den Opfern. Ich sah meinen eigenen potenziellen Mörder hautnah, als sich eines Morgens in Bagdad ein Selbstmordattentäter fast unmittelbar neben mir in die Luft sprengte. Ich sah den Feuerball vor mir, seine tödliche Kraft, doch wie durch ein Wunder bekam ich keine Schramme ab. Glück war mein ständiger Reisebegleiter. Aber zwischen den Tagen des Grauens, voller Tränen, Verzweiflung und Albträume, hörte ich den Leuten zu. Sie erzählten von unerfüllten Wünschen und einer unglaublichen Wut, die sich über die Jahrhunderte angesammelt hat. Die Menschen im Nahen Osten haben ein gutes Gedächtnis. Sie wissen, dass viele Kriege auf ihrem Boden geführt wurden, doch es gibt nicht viele Siege, an die sie sich erinnern könnten. Und wenn, dann liegen sie schon lange Zeit zurück. Daraus nährt sich zum einen Hass, aber auch eine große Angst. Angst davor, dass der Westen den Osten unterwerfen will. Die Demokratie, so argwöhnen sie, sei nichts anderes als eine neue Religion, die den Islam verdrängen wolle.

Die Menschen sind verbittert: Niemand stirbt gerne für eine Nebensächlichkeit, sagte einmal ein irakischer Arzt und Freund zu mir. Leute töten und sterben vor allem für großartige Ideen. Und wenn sie keine haben, dann erfinden sie welche. Derselbe Freund, der wie viele andere Moslems keinerlei Spaß am Töten und Sterben hat, gab mir die Idee zu diesem Buch und dem Titel, *Gucci gegen Allah*. Die Luxus-Konsummarke einerseits, der strenge Allah andererseits. Das Sinnbild der völligen Freiheit im Westen gegen die starren traditionalistischen Regeln im Osten. Die Demokratie gegen eine göttliche Ordnung, die keine Freiheiten lässt, aber dafür geistige Sicherheit bietet. Eine Idee gegen eine andere oder wenn man will: eine Ideologie gegen eine andere. Das erlebe ich ständig: Ich fahre oftmals in entlegene, nicht ungefährliche Gebiete, doch keinem meiner Chefs würde einfallen, mir das aus religiösen oder moralischen Gründen zu verbieten, oder einfach aufgrund der Tatsache, dass ich eine Frau bin. Anders in manchen Regimes des Nahen Ostens: »Wo ist denn Ihr Boss?«, fragte mich ein Talibankämpfer eines Tages mitleidig. Wäre mein Boss Bin Laden, könnte ich bei *RTL* nicht einmal auf unterster Ebene arbeiten.

Und so fragt man sich: Was fasziniert so viele junge Moslems, Männer und Frauen, an dem reichen Saudi? Hat er etwas, was wir im Westen verloren haben oder vielleicht nie besaßen? Einen magischen Lebenssinn? Letztendlich stellt sich auch die Frage, ob die Globalisierung zu schnell vorangeht für die islamischen Länder im Nahen Osten. Oder sind Allah, der Koran und die Tradition für die Regierenden schlicht ein Mittel zur Sicherung ihres Machtanspruchs?

All das und noch mehr bewegt einen unweigerlich, wenn man in den Ländern des Nahen und Mittleren Ostens unterwegs ist. Antworten darauf zu finden ist, wie man sich vorstellen kann, nicht leicht. Ich suche sie dennoch überall, wie in der saudischen Stadt Jedda, wo der Multimillionär Bin Laden aufgewachsen ist, ironischerweise umgeben vom größten Luxus im Nahen Osten.

Ich zögere etwas, eine Prognose über die Zukunft des Nahen Ostens zu wagen. Ich bin keine Prophetin. Die Welt erfindet ihre Zukunft immer wieder neu. Aber wenn ich mich manchmal trotzdem darauf einlasse, so fällt mir ein einziges Wort ein: düster. Die Zukunft der arabischen Welt ist düster. Sollten demokratische Wahlen in Ländern wie dem Irak, Syrien oder Ägypten abgehalten werden, kommen mit hoher Wahrscheinlichkeit radikale Fundamentalisten mit an die Macht. Sie haben eine klare Botschaft, die ankommt bei den Jugendlichen, und rücken immer mehr in den Mittelpunkt der Nahost-Problematik. Und es gibt nichts, was wir im Westen daran ändern könnten. Jeder Eingriff von außen führt nur zu Blutvergießen, wie wir es in Algerien erlebt haben. Dort wurde 1989 ein Wahlsieg der Fundamentalisten durch die Militärs in letzter Minute verhindert. Der Preis war jedoch hoch. In dem darauf folgenden zehnjährigen Bürgerkrieg ließen eine Million Menschen ihr Leben.

Dieses Buch erhebt keinen Anspruch darauf, jeden einzelnen bewaffneten Konflikt in der Region zu erklären. Es ist ein Buch über die Menschen in dieser Region, über ihre Ängste und auch über ihre Hoffnungen, in einem entscheidenden Moment ihrer Geschichte.

ANTONIA RADOS
Paris, im August 2005

Dank

Da gottergebene Fundamentalisten vor irdischer Gewalt nie zurückschrecken, habe ich viele Freunde und Helfer in diesem Buch nicht namentlich erwähnt. Einer wurde inzwischen ermordet, weil er sich den Radikalen nicht unterwerfen wollte. Ohne diese Studenten, Taxifahrer, Ärzte, Lehrerinnen, Übersetzer oder Hausfrauen hätte ich nie einen tiefen Einblick in die Gesellschaften bekommen, der ansonsten notgedrungen für eine Außenstehende oberflächlich bleiben muss. Dank gebührt auch meinem Sender *RTL*, der mir stets zutraut, dass ich auf mein Leben selbst gut aufpassen kann. Mein Kameramann Jean-Jacques Feron hat seines häufiger riskiert; und er beschwert sich über durchgelegene Betten und endlose Wartezeiten auf Flughäfen viel weniger als ich. Der Einzige, der ständig über meinen Mangel an Sesshaftigkeit klagen könnte und es nie tut, ist Jean-Marc. Ohne seine Geduld wären weder meine Fernsehreportagen noch dieses Buch jemals entstanden.

KAPITEL 1

Vom Kalten Krieg zum Heiligen Krieg

Pakistan, September bis Oktober 2001   Er sagte, der Mann würde hängen, und so zahlten wir. Ich kann mich im Nachhinein nicht mehr genau erinnern, ob wir ihm kleine Scheine oder 100-Dollar-Noten gaben, aber Abdul Razzin, Sohn eines angesehenen Richters, kam eines Nachmittags in unser Hotel und holte das Geld ab. 4.000 Dollar, mehr als ein Jahresgehalt in Pakistan. Er meinte, mit diesem Geld würde er es schaffen, seinen Bekannten freizukaufen, den er in meinem Auftrag nach Afghanistan geschickt hatte. In Wahrheit hatte ich diesen Bekannten nie getroffen, sondern Abdul vertraut, der mir versicherte, ein Treffen zwischen dem Mann und mir wäre nicht notwendig. Alles würde von ihm arrangiert werden. Also hatte ich ihm unsere kleine Digitalkamera mitgegeben. Damit sollte sein Bekannter für uns in Afghanistan filmen. Laut Abdul hatte man ihn bei dem Versuch geschnappt, in der Hochburg der Taliban, in der Stadt Kandahar, Osama Bin Ladens Haus heimlich aufzunehmen. Daraufhin war ihm ein kurzer Prozess gemacht worden. Das Todesurteil sollte in zwei Tagen vollstreckt werden. »Ich habe bereits 1.000 Dollar zusammen«, hatte Abdul gefleht, »aber die wollen mehr. Wenn wir nicht zahlen, wird er am Montag gehängt.« Sofort händigten wir ihm die Summe aus. Für Verhandlungen oder gar Zweifel schien es der falsche Zeitpunkt zu sein.

Seither habe ich Abdul nie wieder gesehen und weder sein Handy noch das seines Vaters funktionierte mehr. Als später unser Kameramann zum Haus der Familie fuhr, traf er nur noch einen Pförtner an. Vater und Sohn seien auf unbestimmte Zeit verreist, teilte man ihm mit.

Wir befanden uns bereits seit zwei Wochen in der Grenzstadt Peschawar und hatten die beiden, Abdul und seinen Vater, den islamischen Richter mit dem rot gefärbten Hennabart, über einen lokalen Kontakt getroffen. Sie hatten uns mehrmals zu sich nach Hause eingeladen. Während wir auf dem Fußboden im Innenhof saßen, sagten sie über die September-Anschläge in Amerika, sie seien die Strafe Allahs für die Überheblichkeit des Westens gewesen. So würde es jedem ergehen, der sich vom wahren Glauben abwende. Der Richter stritt keineswegs ab, dass Bin Laden der Drahtzieher gewesen war. Ich konnte sehen, wie Abdul von Zeit zu Zeit zustimmend nickte. Er und sein Vater waren Fundamentalisten. Man konnte es an ihren Worten merken, an ihren Bärten, an ihrer einfachen Kleidung, an jeder Geste. Wenn sie auf meine Fragen antworteten, hielten sie die Augen gesenkt. Frauen direkt anzublicken oder gar die Hand zu geben ist streng gläubigen Moslems nicht gestattet. Abdul, der wie sein Vater in Saudi-Arabien islamische Rechtswissenschaften studiert hatte, aber noch kein ausgebildeter Richter war, setzte sich weit entfernt von mir hin. Das hieß aber nicht, dass er unfreundlich oder zurückhaltend war, im Gegenteil. Er wolle uns gerne bei unserer Arbeit helfen, meinte er. Er hatte viele afghanische Freunde und so wurde die Idee geboren, dass einer von ihnen für uns arbeiten könnte.

Jetzt erschien es uns wenig sinnvoll, den beiden Verschwundenen und unserem Geld nachzuforschen. Abdul und sein Vater konnten überall untergetaucht sein. In einem Nebenhaus ebenso wie in der unzugänglichen »Stammeszone«, die nicht mehr als 40 Kilometer von Peschawar entfernt lag. Sie hieß so, weil dort der Stamm der Paschtunen lebte. Er umfasste ungefähr eine Million Menschen diesseits und jenseits der Grenze. In Afghanistan waren die Paschtunen sogar die größte Bevölkerungsgruppe. Sie waren konservativ und auf ihre Traditionen bedacht. Ausländer brauchen eine Sondergenehmigung, um die Polizeikontrollen am Eingang der Stammeszone zu passieren. Nicht einmal 60 Kilometer weiter im Osten begann schon Afghanistan, wo radikale Koranschüler, die Taliban, an der Macht waren. Noch – muss ich ergänzen. Bald sollten amerikanische Kampfbomber – am Boden von der mächtigen Nordallianz aus Tadschiken und Usbeken unterstützt – das Regime zu Fall bringen. Leute wie Abdul und sein Vater glaubten jedoch nicht an einen erfolgreichen Schlag der Amerikaner. Und wenn es dazu käme, würde Bin Laden in ihren Augen trotzdem unbesiegbar bleiben. Im allerschlimmsten Fall würde er sich eben über die Grenze nach Pakistan zurückziehen. So dachten viele radikale Fundamentalisten, die in Peschawar gegen den Krieg demonstrierten, noch bevor er überhaupt begonnen hatte. »*Down with the USA*«, schrien sie, »Nieder mit Amerika«! In der ersten Reihe marschierten die Koranschüler, gekleidet in langen Hemden und mit todernsten Gesichtern. Sie weigerten sich, uns Interviews zu geben, weil wir keine Moslems waren. Dabei waren sie gerade mal halb so groß wie unser Kameramann Robert.

Es gab kein einziges Dorf in der riesigen Nordwestprovinz, deren Hauptstadt Peschawar war, ohne Koranschule, ohne *Madrassa*. Von außen waren diese Schulen unscheinbare, einfache Häuser, doch sobald man sich ihnen näherte, hörte man den eintönigen Gesang, mit dem die Schüler den Koran stundenlang auswendig lernten. Nicht älter als fünf Jahre waren die jüngsten, die ältesten waren 14 oder 15.

Selbst die pakistanische Regierung hatte keine Ahnung, wie viele dieser Schulen es tatsächlich gab. Schätzungen schwankten zwischen 20.000 und 40.000. Pakistans Machthaber, Präsident Pervez Musharaf, hatte seinem amerikanischen Amtskollegen George W. Bush nach den September-Anschlägen versprochen, er würde alle Schulen kontrollieren lassen – oder zumindest registrieren. Er würde, sagte er, ein treuer Verbündeter im Kampf gegen den Terror sein. Jahre später hatte er jedoch sein Versprechen, die Schulen unter staatliche Aufsicht zu bringen, immer noch nicht erfüllt. In den Koranschulen gab es seit Jahrzehnten keine festen Lehrpläne und keine Richtlinien. Überall wurde zwar derselbe Koran unterrichtet, die Auslegung jedoch war den einzelnen Lehrern überlassen. Die meisten waren in Saudi-Arabien ausgebildet worden, wo ein radikaler Islam gelehrt wurde. Den gaben sie ungefiltert an ihre Schüler weiter.

Gleich nach der Teilung des indischen Subkontinents im Jahr 1947, als Moslems aus dem Süden, dem heutigen Indien, nach Pakistan flohen, waren die ersten Schulen entstanden. Ein Teil der Flüchtlinge hing damals einer radikal islamischen Glaubensrichtung an, genannt *Deoband*. Außerhalb von Peschawar befand sich eine Koranschule dieser Sekte. Als wir einmal hinfuhren, wurde ich als Frau nicht einmal zur Tür hineingelassen.

Eine zweite Welle an Neugründungen von Schulen hatte es im Anschluss an die sowjetische Invasion im Nachbarland gegeben, als die Sowjets im Dezember 1979 mit acht Divisionen, zwei Fallschirmbataillonen, Hunderten Hubschraubern und Kampfflugzeugen in Afghanistan einmarschiert waren. Bald war gegen die Rote Armee ein unerbittlicher Guerillakrieg ausgebrochen.

Beinahe zehn Jahre lang hatte dieser blutige Kampf gedauert. In dieser Zeit waren um die zwei Millionen Afghanen über die Grenze geflohen. In den Flüchtlingslagern um Peschawar wurden dann für Kinder und Kriegswaisen Koranschulen errichtet, in denen man den Heiligen Krieg, den *Jihad*, gegen die Sowjets lehrte; auch noch, als die Sowjets längst abgezogen waren. Die Koranschulen blieben geöffnet und Generation um Generation bekam dort eine strenge Ausbildung, zuletzt die jungen Taliban, die nun Bin Laden Schutz und Zuflucht gewährten.

Soweit es nachzuvollziehen ist, hatte Bin Laden im Jahr 1980, nur Monate nach der sowjetischen Invasion, zum ersten Mal die afghanisch-pakistanische Grenzstadt besucht. Er war damals einer von Hunderten Freiwilligen aus der arabischen Welt gewesen, die den Afghanen helfen wollten, die Sowjets zu besiegen. Er hatte sich in einem Gästehaus in University Town, einem Bezirk von Peschawar, eingemietet. Weil er der Sohn eines saudischen Milliardärs war, bestand ein Großteil seiner Aufgabe darin, die Kriegskassen der Afghanen zu füllen. Bin Ladens Vater Mohammed war ein bekannter Bauunternehmer gewesen. Er kam bei einem Flugzeugabsturz ums Leben, als sein Sohn Osama, eines seiner 50 Kinder, noch sehr klein war. Die Familie hatte sich als Hausbau- und Hofbaumeister des saudischen Königshauses Reichtum und einen guten Ruf erworben und die Geschäfte hatten trotz des Todes des Firmengründers weiter geblüht. Allein Osamas Vermögen wurde vom amerikanischen Geheimdienst CIA auf ungefähr 300 Millionen Dollar geschätzt. Andere Quellen sprechen von nur einem Zehntel, von 30 Millionen. Ein stattliches Erbe war es in jedem Fall.

So war also der junge Millionär im chaotischen, staubigen Peschawar gelandet. Niemand wusste genau, was ihn hierher getrieben hatte. Er hatte jedenfalls nicht wegen der Sowjets auf einmal seine Religiosität entdeckt. Laut Aussagen von Familienmitgliedern war Osama schon als Kind so gläubig, dass er sich weigerte, einer Frau ins Gesicht zu sehen. Die seltsame Eigenheit, islamische Rechtsgutachten, *Fatwas,* zu verkünden, hatte er sich in Peschawar angewöhnt, obwohl er offiziell kein islamischer Rechtsgelehrter war. Genauso wenig war er ein Kriegsheld. Es gibt nur einen einzigen Hinweis darauf, dass er persönlich in Afghanistan kämpfte, bei einer Schlacht nahe dem afghanischen Dorf Jaji. Sie endete mit dem kläglichen Rückzug der arabischen Einheit, mit der Bin Laden damals unterwegs gewesen sein soll. Nichtsdestotrotz wurde der Kampf danach als beachtlicher Sieg dargestellt.

Arabische Freiwillige wie auch Unsummen von Geld trafen damals in Peschawar ein. Allein das saudische Königshaus hatte bis zu 40 Millionen Dollar für den Kampf gegen die gottlosen *Shurawi*, die Russen, bereitgestellt. Man munkelte damals, die Amerikaner und Bin Laden wären gute Freunde gewesen, aber Leute, die sich ernsthaft mit dem Afghanistankrieg beschäftigten, hielten das für Unfug. Es war ein Zweckbündnis, das zusammenbrach, als der Krieg zu Ende gegangen war. Im Februar 1989 zog sich die Rote Armee aus Afghanistan zurück. Bin Laden rüstete also ab und kehrte nach Saudi-Arabien zurück. Langsam wurde er immer radikaler und musste schließlich in den Sudan fliehen. Nach den ersten Terroraktionen wurde er weltweit gesucht und ging 1996 wieder nach Afghanistan. Von dort aus begann er systematisch seinen zweiten Heiligen Krieg zu führen. Nur diesmal richtete er sich gegen den Westen.

Er rief seine moslemischen Brüder in aller Welt dazu auf, den Feinden so viel wie nur möglich zu schaden. Der Islam-Experte Bernard Lewis schrieb allerdings, dass der Ausdruck *Jihad* eigentlich wörtlich »Anstrengung«, »Bemühung« oder »Ringen« heißt. *Im Koran und mehr noch in der Tradition, wo diesem Begriff zwar nicht automatisch, aber doch zumeist »auf dem Weg Gottes« folgt, ist er normalerweise als »Krieg führen« verstanden worden [...]. Einige traten dafür ein, dass man Jihad eher in einem moralischen und spirituellen als im militärischen Sinn verstehen solle.*
Und weiter sagte Lewis, *der islamischen Lehre zufolge gehört der Jihad zu den Grundgeboten des Glaubens; er ist eine Verpflichtung, die allen Muslimen durch die göttliche Offenbarung auferlegt wurde. Bei einem Angriffskrieg ist er eine Pflicht für die muslimische Gemeinschaft als ganze [...], und in einem Verteidigungskrieg wird er zur persönlichen Pflicht jedes erwachsenen,*

männlichen Muslims [...]. Im Fall des Verteidigungskriegs kann
der muslimische Herrscher eine allgemeine Mobilmachung [...]
anordnen.

Abduls Vater hatte im ersten Heiligen Krieg gegen die Sowjets
mitgekämpft. Er sagte, dass ihm nur leid tue, damals nicht gefallen zu sein. Es wäre für ihn die größte Ehre gewesen, für den
Kampf um Allah zu sterben. »Nun bin ich zu alt«, meinte er.
»Andere müssen weiterkämpfen.« Was Bin Laden betraf, so erzählte der Richter uns nicht viel über den Saudi, sondern nur,
dass er ein guter Moslem sei und ihn Peschawar in guter Erinnerung behalten habe. Das war kein Wunder, wenn man sich bewusst macht, dass es eine mittelgroße Handelsstadt war, die weder reich noch arm war. Millionäre waren dort eine Seltenheit.
Einer wie Bin Laden hatte in einer solchen Stadt ein leichtes
Spiel. Es hieß, dass er in den 80er Jahren vielen Familien der in
Afghanistan gefallenen Kämpfer eine lebenslange monatliche
Rente von 150 Dollar versprach und regelmäßig auszahlte. Es
war der Gegenwert des Durchschnittsgehalts eines pakistani-
schen Beamten. Viele hatte Bin Laden aber gleichfalls durch sei-
nen Idealismus beeindruckt. Er hätte in Saus und Braus in New
York oder einer anderen Metropole leben können; weil er aber
Peschawar vorzog, hielten ihn seine Anhänger für einen wahren
Helden.

Er lebte nicht in New York, er zerstörte es. An einigen Ständen
in Peschawar wurden bereits unmittelbar nach den Anschlägen
T-Shirts verkauft, in die man Bin Ladens Gesicht eingestanzt
hatte und darunter stand entweder *Allah u akbar*, »Allah ist
groß«, oder *Jihad*, »Heiliger Krieg«. Die jungen Verkäufer lachten in die Kamera, wenn man sie fragte, ob sie ihre Waren denn
gut verkauften. Ja, erwiderten sie. Alle Journalisten kaufen sie!
Das war die komische Seite des Heiligen Kriegs, wenn es überhaupt eine gab.

Während wir darauf warteten, dass sich die mächtigste Kriegsmaschinerie der Welt in Gang setzte, fuhren wir mehrmals die 300 Kilometer nach Islamabad, die Hauptstadt Pakistans. Dort lag die Botschaft der *Islamischen Emirate von Afghanistan*, wie sich der Taliban-Staat offiziell nannte. Wir hatten gehört, dass dort Visa ausgestellt wurden. Natürlich wollten wir eines bekommen, denn nach Afghanistan zu fahren war allemal besser, als im Nachbarland zu warten. Eines Tages, als wir Reporter wieder einmal vor den Toren herumlungerten, nahm mich ein bärtiger Botschaftsangestellter, ein Taliban mit dem typischen schwarzen Turban, beiseite. Zuerst fragte er mich höflich, wie es mir denn gehe. Dann wollte er wissen, wieso denn mein Chef nicht persönlich vorbeischauen könne, dann würde er das Visum viel schneller erhalten.

Abends, als die Hitze sich legte, gingen wir unverrichteter Dinge in eines der Restaurants, in denen wohlhabende pakistanische Familien aßen. Kein Fundamentalist war da zu sehen. Auf den Fernsehern in den Ecken liefen indische Videos, auf denen verführerische Frauen Tänze aufführten. Dazwischen wurde für Handys, Hautcremes und Kreditkarten geworben.

Bei der Gründung Pakistans hatte die Religion noch keine dominante Rolle gespielt. Zwar waren aufgrund der Flüchtlingsströme rund eine Million Menschen auf beiden Seiten ums Leben gekommen und Hindus hatten Moslems umgebracht und umgekehrt, aber Pakistans Staatsgründer wollten einen vorbildhaften Modellstaat schaffen. Er sollte modern sein und tolerant gegenüber Hindus, Moslems und der christlichen Minderheit gleichermaßen.

1979 hatte sich dann General Zia Ul Haq an die Macht geputscht. Kurz darauf hatte er das Versprechen abgegeben, innerhalb von 90 Tagen Wahlen abhalten zu lassen, es wie viele Diktatoren jedoch nicht einhalten wollen. Um davon abzulenken, war er Pakistans Fundamentalisten, die nach mehr Einfluss verlangten, bereitwillig entgegengekommen. So wurde erstmals die islamische Gesetzgebung, die *Sharia*, eingeführt. Ab diesem Zeitpunkt durften nicht mehr zivile, sondern mussten religiöse Richter über moralische Vergehen wie Ehebruch oder Scheidungsgesuche entscheiden. Da zwei Jahre später der Afghanistan-Krieg ausgebrochen war, war Zia Ul Haqs stille Islamisierung gerade recht gekommen.

Die ewige Feindschaft zwischen Washington und Moskau hatte dabei eine folgenreiche Rolle gespielt, denn die USA hatten den Militärdiktator nun mehr denn je gebraucht. Amerikas Waffenlieferungen an afghanische Gotteskrieger mussten über Peschawar gehen. Jeder andere Weg wäre unmöglich gewesen: Im Norden war die UdSSR, der Erzfeind. Östlich lag das ebenfalls feindliche China. Waffen über den Westen durch Afghanistans Nachbarland, den Iran, zu bringen, war völlig unrealistisch. Nur wenige Monate zuvor hatte sich dort ein mächtiges politisches Erdbeben abgespielt, Khomeinis Iranische Revolution, und wenn einer die Amerikaner hasste, dann war es der greise Ayatollah. Bald nach seiner Machtübernahme sollte die ganze Region die Folgen seiner islamischen Revolution zu spüren bekommen. Das Jahr 1979 war also ein Jahr der Erschütterungen gewesen.

Profitiert von der amerikanischen Hilfe in Peschawar hatte auch der mächtige Inter-Services Intelligence (ISI), der pakistanische militärische Abwehrdienst, über den alle Waffentransporte gingen. Aber niemand war zufriedener als der pakistanische Machthaber, der plötzlich als großer Förderer nicht nur der afghanischen Kämpfer, sondern auch des Islams dastand. Er hatte sich viele Freunde gemacht, *weil die Politisierung der Religion zwar im »liberalen« Westen als eine Art Heuchelei oder Diskriminierung angesehen wird, aber unter gläubigen Moslems eine andere Bedeutung hat [...]. Der Islam verlangt nicht nur die Einheit von Religion und Politik, sondern vielmehr auch die Einheit von allen Aspekten des Lebens in einem einzigen kul-*

turellen Ganzen. So wird also die Politisierung der Religion kei-
neswegs als Missbrauch der Religion oder des naiven Glaubens
der Massen angesehen, sondern ist die zentrale Forderung der
Fundamentalisten.

Zu den Neueinführungen gehörte damals, dass Frauen wie im
Mittelalter wegen Ehebruchs zu Steinigungen verurteilt wurden, selbst wenn ihre Unschuld mehr als offensichtlich war.
Nicht weit von Peschawar entfernt, in einem kleinen Dorf, interviewten wir eine Mutter von vier Kindern. Ihr Mann saß wegen Diebstahls im Gefängnis. Ihr Schwager hatte sie währenddessen vergewaltigt. Verurteilt wurde am Ende aber nicht der
Täter, sondern sie.

Als Benazir Bhutto 1988 gewählt wurde, waren durch *Sharia*
und Afghanistan-Krieg die Gemüter so erhitzt, dass fundamentalistische Parteien immer stärker wurden. Weder sie
noch der spätere Ministerpräsident Nawaz Sharif bekamen die
Lage in den Griff: Der Einfluss der Islamisten wuchs weiter.
1993, als Bhutto zum zweiten Mal gewählt worden war, versuchte sie zunächst, die Macht der Religion zu beschneiden.
Demonstrationen und Proteste waren die Folge. Während ihrer Regierungszeit kamen dann schließlich in Afghanistan die
Taliban an die Macht, unterstützt von Bhuttos Armee. Zu den
drei Regierungen, die weltweit das Taliban-Regime anerkann-
ten, gehörte Pakistan. Diese Pro-Taliban-Politik änderte sich
auch nicht, als 1997 Nawaz Sharif seine politische Gegenspiele-
rin Bhutto als Regierungsoberhaupt ablöste, und selbst unter
Musharaf, der im Oktober 1999 einen unblutigen Putsch
durchgeführt hatte, wurde den Taliban die Unterstützung
nicht entzogen. Nicht bis zu dem Tag, an dem sich alles ändern
sollte, dem *11. September 2001*. Jetzt spielten Ost-West-Kon-
flikte keinerlei Rolle mehr. Bin Laden hatte den Kalten Krieg
mit einem Schlag beendet.

Am Abend des 7. Oktober begannen die Luftangriffe auf das Taliban-Regime. Während die Amerikaner eine Runde nach der anderen über Afghanistan flogen und mit Fehltreffern den Zorn der islamischen Welt erregten, warteten wir, zurück in Peschawar, ab. Praktisch ausgeschlossen von allen Ereignissen. Von der pakistanischen Regierung war die Grenze zu Afghanistan dichtgemacht worden. Sogar die Verteilung von Zugangsgenehmigungen für die Stammeszone war eingestellt worden. Zu einem Zeitpunkt, an dem eine erste Vorhut von Taliban bereits in die andere Richtung, über die Grenze von Afghanistan nach Pakistan floh. Die Zöllner stoppten uns, die Koranschüler aber nicht. Das war eben Musharafs Art, Politik zu machen.

Je mehr sich die Niederlage der Taliban abzeichnete, desto stärker blockierten uns die Behörden. Also fuhren wir eines Morgens wieder nach Islamabad. Dort entdeckte ich in einem unscheinbaren Laden ausgerechnet einen Raubdruck von Samuel Huntingtons *Kampf der Kulturen*. Der Harvard-Professor Huntington versucht darin, die Gewaltbereitschaft von Moslems zu erklären und schreibt, *dass der Islam seit seinen Anfängen eine Religion des Schwertes gewesen ist und dass er kriegerische Tugenden verherrlicht.*

Als ich so in dem Buch blätterte, stellte sich der Ladenbesitzer neben mich und forderte mich auf, es doch zu kaufen. Woraufhin ich ihn fragte, ob denn Huntington nicht eine große Beleidigung für Moslems sei. »Aber nein«, erwiderte er, »bei uns ist das ein Bestseller und die beiden Mädchen da drüben kaufen es auch gerade!« Er deutete auf zwei junge Frauen, offenbar Studentinnen. Die eine war gerade dabei, eine Huntington-Ausgabe in der Landessprache Urdu zu erwerben. Als ich die beiden jedoch fragte, warum sie sich ausgerechnet für den *Kampf der Kulturen* interessierten, kicherten sie nur. Sie waren einfach scheu. Der Händler hingegen erklärte an ihrer Stelle, dass keiner seiner Kunden ein Problem mit Huntington habe. Es wäre nichts daran auszusetzen, wenn einer glaube, die Moslems seien gute Kämpfer. Warum denn auch? Sie seien viel tapferer, als man es im Westen allgemein darstelle. Und während er redete, geriet er so in Fahrt, dass er schließlich einen Sieg der Taliban in Afghanistan prophezeite. »Sie werden sehen«, meinte er, »schon bald werden die Taliban den Amerikanern eine gehörige Lektion erteilen!«

Als dann am Morgen des 13. November Kabul beinahe ohne Widerstand fiel, waren alle froh darüber, außer der pakistanische Buchhändler und ich. Er hatte geglaubt, der Krieg würde länger dauern als nur sechs Wochen. Und ich war überzeugt, dass ich meinen Beruf verfehlt hatte. Dieses Gefühl konnte einen befallen, wenn man als Reporter nicht direkt vom Kriegsschauplatz berichtete. Ich saß in einem Luxushotel in Islamabad vor dem Fernseher und musste tatenlos mit ansehen, wie das Reich der Taliban zusammenbrach.

KAPITEL 2

Das Himmelreich der Taliban auf Erden

Afghanistan, November 2001   Ich konnte unserem Fahrer ansehen, dass er vor Angst zitterte, als er schließlich am Rand des Schotterwegs anhielt, ausstieg, niederkniete und inbrünstig betete. Es musste ein Dankesgebet sein. Die Wintersonne ging gerade unter. Wir hatten zumindest den Ort Sinopi, vor dem man uns so gewarnt hatte, hinter uns gebracht. Hier musste ein jeder vorbei, der durch die tiefen Schluchten wollte, die Kabul von der pakistanisch-afghanischen Grenze trennten. Auch fliehende Taliban und *Al Qaida*-Mitglieder hielten sich hier auf, nur dass die in die andere Richtung wollten, nach Pakistan.

Ausgerechnet kurz vor dem gefährlichen Sinopi hatte unser Auto endgültig schlapp gemacht. Vorher waren an dem alten VW-Kombi auf der steinigen, holprigen Straße zwei Reifen geplatzt. An mehreren Stellen war die Straße unterbrochen und wir mussten lange Umwege fahren. Der Krieg hatte hier überall seine Spuren hinterlassen. Wenn man in die Schluchten hinunterblickte, konnte man ausgebrannte sowjetische Panzer im Bett des Kabulflusses rosten sehen, denn in Südafghanistan hatten während der Besatzungszeit die schwersten Schlachten stattgefunden. Die Gotteskrieger, die *Mujaheddin,* hatten die Rote Armee dabei nie offen angegriffen. Vielmehr hatten sie sich in kleinen, beweglichen Gruppen an die Konvois herangeschlichen und dann ihre Waffen abgefeuert; mehr war nicht dran am klassischen Guerillakrieg. Überall auf der Welt wurde er auf dieselbe Art geführt. Hubschrauber oder Panzer wurden so lange zerstört, bis der Feind von dem Abnutzungskrieg genug hatte und abzog. Afghanistans Widerstand war schlecht organisiert gewesen. Während jener Jahre hatte die CIA eine Studie über die Lebensdauer der Waffen anfertigen lassen, mit denen sie die Afghanen großzügig versorgte. Nicht länger als sechs Wochen war ein Raketenwerfer im Einsatz, bis er nicht mehr funktionierte. Das genügte nicht, den Krieg gegen die Sowjets zu gewinnen, aber es reichte, ihn nicht zu verlieren. Wenn sie einmal kämpften, dann waren die Afghanen todesmutig und motiviert, denn schließlich kämpften sie um ihre Heimat. Die Rote Armee hingegen war eine Besatzungsarmee.

Nur 250 Kilometer lagen zwischen dem pakistanischen Peschawar, dem Ort, an dem Bin Laden als einer der Zahlmeister dieses antisowjetischen Guerillakampfs gesessen hatte, und Kabul. Acht Stunden brauchte man dafür, wenn man Glück hatte. Wer immer einem auf der engen Bergstraße entgegenkam, konnte ein Feind sein, und Hilfe war nicht zu erwarten. Polizei oder Sicherheitskräfte gab es im ganzen Land keine mehr. Zwar hatte die Nordallianz Kabul erobert, in den Süden und Osten war sie aber nicht vorgestoßen, um offene Kämpfe mit den Paschtunen zu vermeiden.

Da unser Wagen seinen Geist aufgegeben hatte, waren wir, eng aneinander gedrängt, zu zehnt in dem nicht weniger altersschwachen Auto von Kollegen vom schwedischen Fernsehen unterwegs. Nun, als der Tag sich zu Ende neigte, dankte der Fahrer seinem Gott, dass wir Sinopi gut überstanden hatten. Wir alle waren froh.

In dem kleinen Ort an der Straße nach Kabul ereilte aber später meine Kollegin Maria Grazia Cutuli ein gewaltsamer Tod. Die Reporterin, bekleidet mit einem traditionellen langen Hemd

und mit einem Schleier auf den Haaren, hatte eine Pause eingelegt und war mit den mitfahrenden Kollegen, ebenfalls Journalisten, auf einen nahen Hügel gestiegen. Von dort aus konnte
man die Schlucht in ihrer vollen Pracht sehen. Kinder aus dem
Dorf Sinopi liefen den Fremden nach. Die Sonne stand hoch am
Himmel. Maria Grazia zündete sich eine Zigarette an.

Im Nachhinein ist nicht klar, wie schnell alles vor sich ging,
aber als die Gruppe von Taliban aufgetaucht war, war es schon
zu spät. Neben der Italienerin wurden die drei mitfahrenden
ausländischen Reporter umgebracht; nur den afghanischen
Fahrer ließen die Täter entkommen, bevor sie wieder verschwanden. Später, als ich über den Fall recherchierte, sagte mir einer,
die Zigarette sei Schuld gewesen. Die Taliban waren wütend geworden, als sie Maria Grazia mit einer Zigarette in der Hand
gesehen hätten. Es war die Zeit des islamischen Fastenmonats
Ramadan, aber auch abgesehen davon sollte eine Frau in der Öffentlichkeit niemals rauchen. Manche Fundamentalisten sagen,
dies stehe im Koran. Maria Grazia starb, weil sie die Regeln von
fünf Fanatikern gebrochen hatte. In Afghanistan zählte in jenem November 2001 ein Menschenleben nicht viel.

Im Norden, wo die Kämpfe unvermindert weitergingen, waren
Tausende Taliban gefangen genommen worden und Hunderte
sollten einen grausamen Erstickungstod in Containern sterben.
Die siegreiche Nordallianz hatte sie in den Behältern wie Tiere
zusammengepfercht. Gotteskrieger aus Pakistan hingegen waren in einer geheimen Rettungsaktion ausgeflogen worden.
Als Dank der USA sozusagen für Musharafs Versprechen, den
Kampf gegen den Terror zu unterstützen. An Häftlingen aus anderen arabischen Ländern hatten aber Massaker stattgefunden,
ohne dass die Amerikaner die Täter, usbekische und tadschi-
kische Milizen, aufgehalten hatten. Sie waren die Sieger der
Stunde und hatten jetzt nur eines im Sinn: Die offenen Rechnungen aus den langen afghanischen Kriegen zu begleichen.

Vielleicht war es Bin Laden darum gegangen, sich fern seiner eigenen Heimat, in Afghanistan, in der Kunst des Heiligen Kriegs zu üben, die Afghanen selbst hatten jedoch immer Irdischeres im Sinn. Macht, Land, Rache und Einfluss. Darum wurde mit allen nur möglichen Mitteln gekämpft, mit Messern, Schießprügeln aus dem 19. Jahrhundert oder mit geplünderten Waffen aus den Beständen der afghanischen Armee.

Nachdem der Fahrer sein Gebet beendet hatte, setzten wir unsere Fahrt fort und erreichten knapp vor Einbruch der Nacht das gespenstische, bitterarme Kabul, wo es weder Strom noch fließendes Wasser gab. Das früher noble Hotel »Continental«, auf einem Hügel gelegen, hatte nur Zimmer in drei Stockwerken anzubieten und die waren ausgebucht. Die vierte und fünfte Etage hingegen hatten Raketen verwüstet.

Erst nach langem Suchen fanden wir eine verlassene Villa in einem abgelegenen Viertel, aber in dem Haus gab es keine Fensterscheiben und keine Möbel mehr. Ein alter Afghane, der auf das Haus aufpasste, erlaubte uns, in den leeren Räumen zu übernachten. Er spannte ein paar Plastikplanen in die Fensterrahmen, um uns nachts vor der schlimmsten Winterkälte zu schützen. Dann zog er ein paar Matratzen aus einer Kammer hervor. Gegen Mitternacht, als die verhängte Ausgangssperre längst in Kraft war, mussten wir zurück ins Hotel »Continental«, um dort einen Bericht zu überspielen. Mehrere Firmen, die nun eingetroffen waren und solche Überspielungen anboten, hatten ihre Satellitenschüsseln auf dem Hoteldach aufgestellt. Unser Fahrer raste durch die menschenleeren Straßen, bis vor uns plötzlich ein paar Gestalten auftauchten. Man konnte sie in der Dunkelheit kaum erkennen und ich wies den Fahrer an, langsamer zu fahren, aber sicherheitshalber nicht stehen zu bleiben. Einer der Männer schrie uns plötzlich etwas zu. Sofort stieg der Fahrer auf die Bremse. »Taliban«, sagte der Fahrer. »Fahr weiter«, wies ich ihn an, aber er wollte nicht. Einer der Männer näherte sich meinem Fenster und leuchtete mir mit einer Taschenlampe ins Gesicht. Ich kurbelte das Fenster hinunter. Der Mann war nicht sehr alt und glatt rasiert, so als hätte er sich von seinem Bart erst am Vortag getrennt. Um die Schultern hatte er sich eine Decke gewickelt, um sich gegen die kalte Nacht zu schützen. Die anderen Männer blieben weiter entfernt stehen. »*Dollar?*«, fragte der Mann. Ich sagte ihm, wir hätten kein Geld mit. »*Cigarette?*«, lautete seine nächste Frage. Nachdem ich ihm erklärt hatte, wir hätten auch keine Zigaretten, fragte ich ihn, ob er ein Taliban sei. »*No*«, meinte er. »*Mujaheddin?*« – ein Gotteskämpfer der Nordallianz, wollte ich wissen. Wieder verneinte der Mann. »*Policeman*«, erklärte er dann. Er sei ein Polizist. Da gab der Fahrer Gas und raste wie verrückt durch das dunkle Kabul in Richtung Hotel.

Seit ich im Jahr 1981 zum ersten Mal nach Kabul gereist war, gab es in der Stadt nächtliche Straßensperren, die entweder von afghanischen Polizisten, russischen Soldaten, Gotteskriegern, Taliban oder Banditen errichtet wurden. Oft waren es ein und dieselben Männer, die nur ihre Bekleidung wechselten oder Bärte abrasierten. Sie wuchsen wieder nach, wenn neue religiöse Herrscher auftauchten. Ebenso wurden *Burkas* im hintersten Winkel des Hauses versteckt oder sie wurden von den Frauen übergestreift, wenn plündernde Horden durch das Land zogen. Das gehörte zu den Überlebensregeln im ganzen Land, wo Allianzen genauso schnell zerfielen, wie sie gebildet wurden, alles war vergänglich. Im Zentrum von Kabul befand sich die größte Moschee der Stadt, *Shah do Shamshira*, die in Erinnerung an die Eroberung Kabuls durch die Moslems errichtet worden war. Aber es gab auch alte Hindu-Gedenkstätten und Monumente der Buddhisten. Das größte, die riesigen Buddha-Statuen auf dem Bamyan-Plateau, war allerdings von den Taliban trotz internationaler Proteste ein paar Jahre zuvor gesprengt worden.

Jahrhunderte lang hatten die Afghanen aber unbeeinflusst von solchen radikalen Eiferern gelebt. Als Durchzugsland für das kriegslustige Heer von Alexander dem Großen, friedlichen Buddhisten und später moslemischen Eroberern hatte es zwar von jedem Herrscher und jeder Religion einen Teil übernommen. Keine Religion aber beherrschte Afghanistan ganz. Am populärsten waren noch Strömungen wie die der Sufisten, mystischer, poetischer Moslems. Bis dann im 19. Jahrhundert der afghanische König Dost Mohammed sich selbst zum »Führer der Gläubigen« ernannt hatte, um dadurch den Krieg leichter gewinnen zu können: Er hatte damit einen Angriff der Sikhs, die aus Indien vorstießen, abwehren wollen. »Alle«, hatte mir ein Afghane einmal gesagt, »machen hier eben Politik. Könige wie Mullahs.«

Später waren christliche Fanatiker zusammen mit der britischen Armee in Afghanistan aufgetaucht, um ein Bollwerk gegen Russland und seine Orthodoxie zu errichten, aber ihre Konvertierungsversuche waren von islamischen Kämpfern, die ihnen den Heiligen Krieg erklärt hatten, abgeschmettert worden. Noch zu Beginn des 20. Jahrhunderts war Afghanistan ein rückständiges, aber relativ friedliches Land gewesen, regiert von einem Monarchen, der die fruchtbarsten Ländereien besaß. Den Rest des Bodens teilte sich eine Handvoll Familien. Erst in den 60er Jahren war, mit Moskaus tatkräftiger Unterstützung, eine kommunistische Partei gegründet worden. Anhänger hatte sie besonders in der Hauptstadt, in Kabul, rekrutiert. Im Rest des Landes herrschten aber weiter Großgrundbesitzer, unterstützt von islamischen Dorfmullahs. Es half wenig, dass die Kommunisten ihrerseits der Bevölkerung den Fortschritt mit allen Mittel einzupeitschen versuchten und Mädchen unter Zwang in neu errichtete Schulen gebracht wurden. Als dann im Jahr 1973 der damalige König Zahir Schah gestürzt worden war, wurde der radikale Modernisierungskurs noch beschleunigt. Nur fünf

Jahre später übernahmen die Kommunisten offen die Macht. Erste gewaltsame Reaktionen auf den Regierungskurs folgten genauso wie ständige Palastrevolten, bis dann im Dezember 1979 die Sowjets einmarschiert waren. Von einheimischen *Mujaheddin*, die in zahllosen Gruppen gegen die Rote Armee zu kämpfen begannen, bis zu Bin Laden und Amerika hatte daraufhin ein jeder begonnen, sich in Afghanistan einzumischen, zuerst mit ein und demselben vordergründigen Ziel, die Sowjets zu vertreiben. Als die aber beinahe zehn Jahre später, im Februar 1989, abgezogen waren, ging es erst so richtig los.

Als die Gotteskrieger 1992 die Hauptstadt trotzdem eroberten, führten sie das islamische Recht ein und zwangen Frauen, ihr Haar zu verhüllen. Aber auch sie waren mehr Politiker als religiöse Prediger. Der Kampf ging ständig weiter. Einer der radikalsten Kommandanten, Gulbuddin Hekmatyar, positionierte seine Artillerie auf den Hügeln von Kabul und schoss einen Teil der Stadt in Schutt und Asche, um sie unter seine Kontrolle zu bringen. Tausende Zivilisten starben, bevor Hekmatyar sich mit dem Posten eines Ministerpräsidenten zufrieden gab. Wie er kämpften andere Kommandanten für Allah oder Landgewinn, Macht oder Opium. Meistens für alles zusammen. Am Ende war Afghanistan schnell zurückgefallen in den brutalen Naturzustand, in dem es keinerlei Recht und Ordnung mehr gab, woraufhin die Taliban vielen beinahe wie eine Erlösung erschienen. Sie versprachen Ordnung zu schaffen, die Korruption und den ständigen Kleinkrieg zwischen den Gruppen zu beenden und ein Regime einzuführen, in dem Allah regierte. Sie mussten nicht lange erklären, was das war. Jeder Afghane wusste, dass Allah nicht stahl und mordete. Als die Taliban ihren Gottesstaat errichteten, wurden sie von vielen, sogar von der damaligen US-Regierung, zuerst willkommen geheißen. Die amerikanische Ölfirma UNOCOL begann mit den neuen afghanischen Machthabern ernsthaft über den Bau einer Pipeline aus dem

Norden, aus Turkmenistan, quer durch das Taliban-Reich bis in den pakistanischen Hafen Karatschi, zu verhandeln. Aus dem Projekt wurde nichts. Aber der wichtigste Alliierte der Koranschüler war von Anfang an das Nachbarland Pakistan, das sie mit Militärberatern und Waffen unterstützte, um so seinen Einfluss in der Region zu stärken. Als dann Bin Laden auftauchte, brauchten die Taliban ohnehin keine westliche Unterstützung mehr. Der Saudi hatte eine Boeing angeheuert, um zusammen mit Kämpfern aus Usbekistan und Ägypten aus dem Sudan nach Kabul ins Exil zu kommen. Bei der Ankunft des Millionärs standen am Rand des Flugfelds die staunenden, ausgehungerten Afghanen.

Ich erwachte durch ein Motorgeräusch vor unserem Haus. Ich stand auf, schob den Plastikvorhang vor dem Fenster beiseite und beobachtete, wie ein Lastwagen vor dem Nachbarhaus stehen blieb und Möbel, die aus mehreren Häusern gebracht wurden, aufgeladen wurden. Die Männer, die sie herbeibrachten, sahen aus, als würden sie zur Nordallianz gehörten. Ich sah ihnen eine Weile zu. Dann beauftragte ich unseren Übersetzer herauszufinden, was die Typen machten. »Sie klauen«, sagte er. »Sie sind alle gleich, sobald sie Macht haben, stehlen sie alles.« Die Taliban hingegen hatten vor ihrer Flucht Banken und Ministerien ausgeraubt, wobei sie so hastig vorgingen, dass sie Geldscheine verloren. Hungrige Straßenkinder hatten diese freudig eingesammelt. Wer in den Tagen des Falls der Taliban in Kabul noch ein Auto besaß, versteckte es im hintersten Winkel des Gartens, damit es ihm nicht weggenommen wurde. Nachdem Bin Laden und die Führung verschwunden waren, brach das Kalifat wie ein Kartenhaus in sich zusammen.

Fundamentalisten glaubten, dass ein solches Kalifat, eine Art Gottesstaat, das Heil aller Moslems sei. Um es zu errichten, mussten sowohl ausländische, nichtislamische Herrscher mit

Gewalt vertrieben als auch arabische Regierungen gestürzt werden, jeder also, der nicht nach den Gesetzen des Korans handelte, regierte und lebte. Am Ende würde in Bin Ladens Augen das geeinte Reich der Moslems alle Länder und Regionen umfassen müssen, die einst unter islamischer Herrschaft standen. Dazu gehörten der gesamte arabische Raum sowie Zentralasien und ein Teil Europas, das südspanische Andalusien. Es war von den Arabern bis zu deren Vertreibung Ende des 15. Jahrhunderts beherrscht worden und musste also zurückerobert werden.

Vorbild aller Islamisten war das riesige Reich unter den Nachfolgern des Propheten Mohammed im 8. Jahrhundert, der Kalifen. Sie waren religiöse und politische Autorität in einem gewesen und hatten damit alle Aspekte des Lebens der Gläubigen bestimmt. Da zur gleichen Zeit die erfolgreichen Feldzüge stattfanden, in der sich der Islam im gesamten Nahen Osten, ja bis nach Spanien ausbreitete, lag es auf der Hand, diese Blütezeit zum Vorbild zu nehmen. Zuletzt hatte der türkische Prinz Abdul Mejid II. den Titel des Kalifen inne. Als der Titel dann 1924 endgültig abgeschafft wurde, hatte er längst keinerlei politische Bedeutung mehr.

Erst zu Beginn des Afghanistan-Feldzugs war die Idee des Kalifats von moslemischen Radikalen wiederbelebt worden. Zuerst ging es also gegen die Sowjets, als Nächstes wurden arabische Herrscher wie die von Saudi-Arabien oder Ägypten als nichtislamisch angegriffen, bis schließlich ab Beginn der 90er Jahre die USA in den Blickpunkt der Islamisten rückten. Die waren, wie Bin Laden in einem Interview gesagt hatte, am Ende des Kalten Kriegs überheblich geworden: *Der Zusammenbruch der Sowjetunion hat die USA noch arroganter und hochmütiger werden lassen,* sagte er, *und nun betrachten sie sich als die Herren dieser Welt und etablieren ihre so genannte Neue Weltordnung.*

Nach Aussagen des saudischen Prinzen Turki al Faisal, der Bin Laden gut kannte, war auch der nicht gegen Überheblichkeit gefeit: *Er wurde von einem ruhigen und friedfertigen Mann, der die Moslems unterstützen wollte, zu jemandem, der glaubte, er könnte eine Armee um sich versammeln und kommandieren, um Kuwait zu befreien. Hier zeigen sich deutlich seine Arroganz und sein Hochmut.*

Streng religiös war Bin Laden ja bereits. Möglich, dass er sich selbst bereits als neuer Kalif betrachtete.

Als alle wach waren und der Alte uns einen Tee auf einem Gaskocher zubereitet hatte, saßen wir in dem kalten Haus, tranken Tee und aßen dazu altes Brot. Die Männer draußen waren mit dem Plündern der Häuser noch nicht fertig, als wir losfuhren.

Zuerst zum Indira-Ghandi-Krankenhaus, das mit Hilfe der indischen Regierung erbaut worden war und deshalb den Namen der ehemaligen Ministerpräsidentin Indiens trug. Die Straßen Kabuls waren holprig und seit Jahren nicht repariert worden. Vor den Friseurläden konnte man Schlangen von Männern sehen, die darauf warteten, sich die Bärte abrasieren zu lassen. Frauen in *Burkas* schlichen die Gehsteige entlang. Nur einige wagten sich mit einem einfachen Kopftuch auf die Straße. Im Krankenhaus fehlte es an allem, aber wir trafen einen Arzt, der uns herumführte und uns ein Schild vor einem unfertigen Rohbau zeigte, auf dem geschrieben stand, dass eine saudische Hilfsorganisation einen neuen Trakt errichten würde. Der Neubau wäre von Bin Laden finanziert worden, erklärte der Arzt, aber es war nie dazu gekommen, weil das Regime der Taliban zuvor zusammengebrochen war. »Was hat der Saudi denn sonst noch für Afghanistan getan?«, fragte ich den Mann. Er dachte lange nach. »Weiß ich nicht«, antwortete er. »Ich bin gerade aus dem Exil zurückgekommen.«

Nicht weit von dem Hospital entfernt, im Viertel *Wasir Akbar Khan*, hatten Reporter Unterlagen gefunden, denen zu entnehmen war, dass die Taliban versucht hatten, Massenvernichtungswaffen zu beschaffen, aber es waren nichts als primitive Zeichnungen gewesen, die man entdeckt hatte. Den größten Coup hatte ein amerikanischer Journalist gelandet, der einen ausrangierten Computer auf dem Bazar erstanden hatte. Auf dessen Festplatte hatte er eine Liste von *Al Qaida*-Mitarbeitern sowie von geplanten Anschlägen gefunden.

Nahe bei der Gendarmerie führte uns der Fahrer in eine Seitenstraße zu den Läden der Kabuler Fotografen. Jeder von ihnen hatte Hunderte von Aufnahmen der Taliban in seinem Archiv. Sie zeigten eine Wirklichkeit, die genau das Gegenteil von dem war, was die offizielle Politik behauptete. Unter den Taliban war es verboten gewesen, sich abbilden zulassen. Dies wurde damit begründet, dass der Koran es nicht erlaubte. Die Koranschüler hatten sich jedoch ständig fotografieren lassen. Auf den Archivfotos sah man sie in Gruppen oder vereinzelt. Einige hatten sich schön gemacht und geschminkt. In der südafghanischen Stadt Kandahar hingegen, der wahren Hochburg der Taliban, war entdeckt worden, dass Mullah Omar eine Villa mit verbotenen Wandmalereien besessen hatte. Sie war ein Geschenk Bin Ladens gewesen. Der Saudi hielt sich auch nicht an das Filmverbot. Meistens, wenn er Erklärungen abzugeben hatte, ließ er sich dabei filmen und mehrmals hatte er sich von westlichen Reportern interviewen lassen. Eine seiner Hauptwaffen waren neben Terroranschlägen das Internet, Webseiten oder Satellitentelefone aus dem Westen. Ganz abgesehen von der Videokamera, mit der seine Reden aufgenommen wurden, um dann via Internet oder dem Sender *Al Jazeera* in alle Welt verbreitet zu werden.

Während wir durch die Stadt fuhren, fragte ich unseren Fahrer, was er von den Taliban gehalten habe. Er erwiderte, sein eigener Vater sei gefallen, als er sechs war. Daraufhin war er in einer Koranschule untergekommen und als die Sowjets einmarschiert waren, habe man ihn sechs Jahre lang wegen islamischer Aktivitäten ins Gefängnis gesteckt. Nach seiner Entlassung sei er nach Pakistan geflüchtet und habe Zeit seines Lebens gegen die Ungläubigen gekämpft. »Wir sind Opfer«, sagte er am Ende.

Ich hatte diese Geschichte immer wieder gehört. Es gab wenige Leute in Kabul, die bereit waren, sich zum Regime der Taliban zu bekennen. Die Koranschüler seien, sagten viele, Ausländer gewesen. Es gab Verschwörungstheorien. Moskau oder Washington würden in Wahrheit dahinter stecken. Kurz, niemand wollte sich eingestehen, dass er jahrelang von blutjungen Koranschülern beherrscht worden war. Von Analphabeten, die den Koran zwar auswendig kannten, aber ihn in Wahrheit nicht lesen konnten.

Auf dem Höhepunkt der Taliban-Herrschaft, im Winter 2000, hatten mein damaliger Kameramann Frederic Vassort und ich von der Taliban-Botschaft in Islamabad, die aus ein paar bärtigen Koranschülern bestand, nach langem Hin und Her ein Visum ausgestellt bekommen. Bedingung dafür war, dass wir uns strikt an die Verordnungen hielten. Unter anderem hieß das, weder Menschen noch Tiere zu filmen. Wir akzeptierten das Filmverbot und fuhren los, nur um bei erster Gelegenheit dann heimlich mit einer kleinen Kamera zu drehen.

Eines frühen Morgens, ungefähr eine Woche nach unserer Ankunft in Kabul, während ich noch frierend im Bett meines ungeheizten Zimmers im Hotel »Continental« lag, klopfte es plötzlich. Als ich öffnete, stand unser damaliger Übersetzer Shindandi vor der Tür. Er war uns zugeteilt worden, drückte aber ein Auge zu, wenn wir drehten. Jetzt war er in Panik. Eine Gruppe von Taliban sei in der Halle, sagte er. Die Männer würden darauf bestehen, mich zu sehen. Ich solle, fügte er hinzu, auf keinen Fall irgendetwas zugeben. Nachdem ich unsere bisher gefilmten Kassetten versteckt hatte, waren wir das dunkle

Treppenhaus hinuntergestiegen, in dem das Geländer fehlte und Mauerbrocken auf dem Weg lagen. Es war mehr eine Ruine als ein Hotel, aber mit dem Kameramann war ich ohnehin der einzige Gast. In der Lobby wartete ungefähr ein Dutzend Männer auf uns, alle Taliban-Kämpfer mit den typischen pechschwarzen Turbanen. Sie hatten verschiedene Waffen umgehängt, als wären sie direkt von der Front anmarschiert. Die Kämpfe gegen die Nordallianz hatten niemals aufgehört. Nur wenige Kilometer im Norden verlief die Front und jeder Afghane im wehrpflichtigen Alter musste dort zumindest ein paar Monate dienen. Nachdem die Männer mich eine kurze Weile angestarrt hatten, begann der Größte unter ihnen, der offenbar ihr Kommandant war, mich in strengem Ton auszufragen. »Was machen Sie hier?«, wollte er zuerst wissen. Ich antwortete ihm, dass ich Reporterin sei. Worüber ich denn berichten würde, fragte er dann. Als ich es ihm erklärt hatte, lautete seine Frage: »Woher kommen Sie?«

Da ich fürchtete, dass die Männer nicht wissen würden, wo Deutschland lag, sagte ich, ich würde aus Europa kommen. »Das liegt in Russland, nicht wahr?«, erwiderte der Taliban.

Eine Zeit lang herrschte betroffenes Schweigen. Russen waren bei den Afghanen verhasster als alle anderen Ausländer. Plötzlich fingen alle Kämpfer an, durcheinander zu reden, bis schließlich Shindandi übersetzte, was sie sagten. Er lächelte jetzt. »Antonia«, sagte er, »der Kommandant fragt, ob Sie ein Aspirin für ihn haben ...«

Nachdem ich ein paar Tabletten aus meinem Zimmer geholt hatte, plauderten wir eine Weile miteinander, wobei sich herausstellte, dass die Taliban-Kämpfer glaubten, sie würden unverändert einen Heiligen Krieg gegen die Russen, die *shurawi*, führen – neun Jahre nach dem Zusammenbruch der Sowjetunion. Mit dem Namen Amerika, Bin Ladens neuem Erzfeind, wussten sie nichts anzufangen. »Amriki?«, fragten sie, »was ist denn das?«

Auch wenn die Männer ihre Zweifel an dem Taliban-Regime gehabt hätten, dann wäre es an jenem kalten Morgen des Jahres 2000 in Kabul jedoch längst zu spät gewesen. Taliban-Gegner füllten das mittelalterliche *Pul e Charki*-Gefängnis. Wer konnte, hatte sich ins Ausland gerettet, aber wer das nicht geschafft hatte, musste sich den vielen Verboten und Vorschriften fügen.

Dazu gehörten neben der *Burka*-Pflicht das Arbeits- und Ausbildungsverbot für Frauen und das Verbot des Drachenfliegens oder jeder Art von Spielen um Geld. Bestrafungen wurden als öffentliches Schauspiel im Kabuler Fußballstadion organisiert. Als wir damals in Kabul waren, fanden gerade keine Hinrichtungen oder Amputationen statt, aber wir filmten mit unserer kleinen Kamera eines Morgens dort. Allein die Idee, sich an einem Ort zu befinden, an dem Hinrichtungen stattfanden, machte mir Angst. Aber es gibt keine bessere Methode, um nachzuvollziehen, wie einfach Terror funktioniert.

Neben den Ärzten, die in dem Stadion Amputationen vornahmen und islamischen Richtern, die Frauen zum Tode verurteilten, gab es auch jede Menge überzeugte Anhänger, Leute, die bereit waren, den radikalen Gottesstaat zu unterstützen sowie Mitläufer, Wendehälse und treue Fußsoldaten.

Alle wichtigen Posten in Kabul hatte Bin Laden mit seinen Anhängern besetzt. Ein Regime wie das der Taliban konnte überhaupt nur funktionieren, wenn es Leute gab, die von der Richtigkeit eines Kalifats überzeugt waren. Und um das zu glauben, musste man selbst ein Fundamentalist sein. Rund um die Uhr alle Regeln zu beachten war sonst ein Ding der Unmöglichkeit. Aber es gab Leute, die so lebten. Dazu gehörte Sayyid Guli Khan, der Direktor von *Radio Sharia*, dem einzigen Radiosender der Taliban.

Wir hatten ihn zu Taliban-Zeiten in Kabul getroffen. Er sei, hatte man uns gesagt, ein ehemaliger Journalist. Gleich beim Betreten seines Büros war mir aufgefallen, wie ordentlich es bei ihm war. Wie in vielen moslemischen Ländern üblich, hatte ein jeder seine Schuhe ausgezogen. Vor Guli Khans Tür standen die aber genau in Reih und Glied. Als er dann gekommen war, hatte er sich – ohne uns einen Blick zu gönnen – im Schneidersitz hingesetzt. Er war älter als die meisten Taliban, die wir bis dahin getroffen hatten, ein dürrer, kränklich aussehender Mann. Um die Augenränder hatte er schwarze Khol-Farbe geschmiert, was ihm einen zusätzlichen Eindruck von Dramatik verschaffte. Ein Killer, würde unser Kameramann Frederic im Nachhinein sagen.

Was wir denn in Kabul machen würden, hatte er wissen wollen. Nachdem ich es ihm erklärt und Shindandi alles übersetzt hatte, wollte er unsere Pässe kontrollieren, und wir gaben sie ihm. Dann hatte er gefragt, wie viele Moslems es in Deutschland gäbe, was ich ihm aber nicht so genau beantworten konnte. Er wollte wissen, ob Frederic den Koran studiert habe, was wir verneinen mussten. Die ganze Zeit über schaute er misstrauisch auf meine Tasche, als ob er argwöhnte, ich hätte eine geheime Kamera dabei. Es lag also nahe, ihn zu fragen, was das Filmverbot eigentlich mit dem Koran zu tun habe, woraufhin er aber kurz mit unserem Übersetzer sprach und uns hinauswarf. Bei *Radio Sharia* wurden keine unpassenden Fragen gestellt, da wurde gehorcht.

Es gab Leute wie Guli Khan, aber auch viele wie unseren Übersetzer. Er wollte nichts als überleben. Er war ein reiner Opportunist. Als wir nach dem Treffen mit dem Direktor zurück ins Hotel fuhren, hatte er gemurmelt, jeder Afghane würde wissen, dass das Filmverbot nichts mit der Religion zu tun hätte, sondern damit, dass Bin Laden und seine Mitstreiter nicht gesehen und schon gar nicht gefilmt werden wollten.

Unser Übersetzer Shindandi hatte an Märchen nie geglaubt, jedenfalls nicht an die von Islamisten. Zeit seines Lebens war er ein überzeugter Kommunist. Dass er als Übersetzer für das Regime arbeitete, hatte wenig mit Koran, Islam oder dem Kalifat zu tun, hatte er mir gesagt. In Wahrheit sei er von Beruf Professor für englische Literatur.

Bevor wir Kabul verließen, hatte er mir auf einem Zettel seine Adresse, die Abteilung für englische Literatur an der Universität Kabul, aufgeschrieben und gemeint, ich solle ihm bei Gelegenheit ein paar Bücher seines russischen Lieblingsautors Leo Tolstoi schicken, was ich auch tat. Eine Zeit lang schrieb er mir unverfängliche Briefe, in denen wenig über das Leben unter den Taliban stand, aber dann kam plötzlich kein Brief mehr aus Kabul.

Jetzt, nach unserer Rückkehr nach Kabul, begann ich Shindandi zu suchen. Ich sagte dem Fahrer, er solle mich zur Universität fahren. Die Kabuler Universität bestand bereits seit den 30er Jahren und bald sollte sie erweitert werden. Zusätzliche Gebäude wurden errichtet und neue Fakultäten eröffnet, wobei Frauen genauso wie Männer unterrichtet wurden.

Bis in die 60er Jahre hinein wurde dort vor allem die Elite des Landes ausgebildet, aber genau zu der Zeit, als die Kommunisten stärker wurden, kehrten auch Professoren von ihrer Ausbildung in Saudi-Arabien oder Ägypten nach Kabul zurück. Aus der arabischen Welt brachten sie einen radikalen Islam mit, der in Afghanistan bis dahin nicht bekannt war. Linke und fundamentalistische Lehrer gerieten sich bald in die Haare. Zuerst bekämpften sie sich mit Ideen, dann mit den Fäusten. Studenten wie Achmed Massud, der später ein Held im Kampf gegen die Rote Armee wurde, machten bei diesen Kämpfen genauso mit wie der radikale Hekmatyar. Er musste nach Pakistan fliehen, weil er einen pro-kommunistischen Kameraden auf dem Uni-Gelände im Streit umgebracht hatte.

Dazu kam der Einfluss der Amerikaner, die einen Teil der Universität ab den 50er Jahren mitfinanzierten, während die Sowjets die Afghanen in sowjetischen Lehrstellen zu treuen Ideologen ausbildeten. Unser Taliban-Übersetzer und Kommunist Shindandi war einer davon gewesen. »Indirekt haben die Amerikaner die Religiösen natürlich unterstützt«, hatte Shindandi gemeint, »ohne den notorischen Antikommunismus der Amerikaner hätten die Radikalen keine Chance gehabt und später auch niemals den Krieg gegen die Sowjets gewonnen. Ohne diesen Sieg hätte wiederum Bin Laden keinerlei Zulauf gehabt.«

Die Abteilung für englische Literatur an der Kabuler Universität befand sich in einem flachen Bungalow. Im ganzen Gebäude gab es nicht einmal mehr Tische oder Stühle, alles war geplündert worden. Nach einer Weile tauchte ein alter Mann auf und ich fragte ihn nach Shindandi. »Nie gehört«, erwiderte er. Also suchte ich weiter und am Ende traf ich jemanden, der zumindest wusste, wer Shindandi war. »Ach ja, der Taliban!«, meinte der Lehrer. Der, sagte er, sei längst verschwunden. Wahrscheinlich sei er zurückgekehrt in seine Heimat, nach Herat. Dort, vermutete er, habe er wahrscheinlich seinen ehemaligen Beruf wieder aufgenommen. So erfuhr ich, dass Shindandi gar kein Professor war, sondern ein Teppichhändler. Ich hinterließ eine Nachricht mit der Bitte, sie ihm zu geben, falls er doch wieder auftauchen sollte. Auf einen separaten Zettel schrieb der Fahrer unsere Adresse in *Dari* auf. In all den Wochen, die wir in Kabul blieben, sollte sich Shindandi niemals melden.

Ungefähr eine Woche nach meinem Besuch der Universität zogen wir in ein besseres Haus in einem zentralen Viertel um, in der Nähe des Hotels »Continental«. Da es kaum geöffnete Restaurants gab, gingen wir von Zeit zu Zeit zum Essen ins Hotel. In der Lobby standen die gleichen Möbel wie 1981, als ich zum ersten Mal in Kabul gewesen war. Nur waren sie jetzt abgenutzt. Blaublütige Prinzen, kommunistische Funktionäre, Mitglieder von westlichen Hilfsorganisationen, Kriegsherren, Drogenhändler und Taliban – alle hatten irgendwann in den nun schäbigen Fauteuils gesessen.

Als das Hotel 1967 im Beisein des Königs eröffnet worden war, galt es als *das* Symbol von Modernität. Auf Fotos, die im Aufzug gut sichtbar aufgehängt waren, waren Frauen auf dem hoteleigenen Tennisplatz zu sehen. Sie hatten kurze Röcke an und lachten in die Kamera. Bei meinem ersten Aufenthalt in Kabul hatte man den Tennisplatz aus Mangel an Kunden längst gesperrt, aber im Bazar konnte man Frauen nach der letzten westlichen Mode bekleidet beim Einkaufen sehen. Kaffeehäuser und Kinos waren noch geöffnet, obwohl bereits der Militärnachschub der sowjetischen Besatzungsmacht über die Durchfahrtsstraßen in Richtung der Kampfgebiete rollte, dorthin, wo die ehemaligen Studenten Massud und Hekmatyar mit ihren Gotteskriegern verschanzt waren. Alle Ungläubigen samt ihrer Sitten wollten sie vertreiben.

Jetzt gab es vom liberalen Kabul von damals keinerlei Spuren mehr. Die Fotos im Lift waren gewaltsam entfernt worden. *Mujaheddin*, die zu Beginn der 90er Jahre das Hotel vorübergehend besetzt hatten, hatten sie aus den Rahmen gerissen. Wodka- und Whiskeyflaschen auf den Regalen in der Hotelbar waren von ihnen zertrümmert worden. Es war die einzige Bar in ganz Afghanistan gewesen.

Die Welt der alkoholischen Getränke, kurzen Tennisröcke und des Vergnügens war untergegangen. In den Wochen, in denen wir im Land blieben, wurden Bin Laden, die Taliban und mögliche *Al Qaida*-Anhänger von US-Spezialtruppen im Süden des Landes gejagt. Sie bekamen sie einfach nicht. Es war nur eine Frage der Zeit, bis Bin Laden eine neue Basis gefunden hatte, und sei es nur eine Höhle im Gebirgskamm Tora Bora, wo er zum letzten Mal gesehen worden war. Von dort aus würde er, ständig gejagt, weiterkämpfen.

Bin Laden war 23, als er zum ersten Mal nach Afghanistan gekommen war, vor über zwei Jahrzehnten. In all diesen Jahren hatte er keinerlei militärische Schlacht geschlagen und deshalb natürlich auch keinerlei Niederlagen erlitten. Er musste nicht kämpfen. Er musste nur überleben und sein Image würde von selbst steigen: Das eines Millionärs, der dem Reichtum entsagt und dafür die Gewalt entdeckt hatte. Eine Großmacht wurde von ihm herausgefordert.

Als wir Kabul verließen, mussten wir über die ehemalige sowjetische Militärbasis Bagram nördlich der Hauptstadt ausfliegen. Wir fuhren durch die zerstörte Schomali-Ebene, wo die sowjetischen Jagdbomber jahrelang die Stellungen der *Mujaheddin* vergeblich bombardiert hatten. Ruinen zerstörter Dörfer waren in der Ferne zu sehen. In Bagram, wo früher ein Teil der Luftwaffe der UdSSR stationiert gewesen war, parkten jetzt Transportflugzeuge der US-Armee, die Tausende Spezialeinheiten bei ihrer Suche nach Bin Laden im Süden logistisch unterstützten. US-Kampfbomber rollten an die Startbahn, die notdürftig wiederhergestellt worden war, und stiegen in den grauen afghanischen Winterhimmel auf. Sie bombardierten angebliche Stellungen der Taliban oder *Al Qaida*-Kämpfer im Süden. Mehrmals schon war es zu Fehltreffern und zu zivilen Opfern gekommen. Der Krieg um Afghanistan war vorbei, aber von meinem Platz aus, vor der Flughalle, die seit dem Abzug der Russen nur mehr eine Ruine war, konnte man sehen, er ging weiter.

KAPITEL 3

Das Paradies der Selbstmordattentäter

Israel, März 2002   »Wenn keiner auf euch schießt«, sagte der Soldat, »müsstet ihr in einer halben Stunde im Paradies sein. Sonst geht es schneller.« Wir steckten die Ausweise weg, die er uns aus seinem Verhau zurückgereicht hatte. Dann parkten wir den Wagen neben dem israelischen Checkpoint und marschierten mit der Ausrüstung los. Ein sonniger Tag kündigte sich an. Es war noch nicht neun Uhr. In aller Früh waren wir von unserem Jerusalemer Büro losgefahren, denn die Stadt Jenin war die am weitesten entfernte, die nördlichste im besetzten Gebiet des Westjordanufers. Zwei Stunden hatte die Fahrt gedauert, nicht länger. Alles lag hier eng aneinander, die Dörfer der Palästinenser, die jüdischen Siedlungen, selbst die höchsten Heiligtümer der Juden und der Palästinenser in Jerusalem waren beinahe übereinander gebaut worden. Afghanische Gotteskrieger und pakistanische Fundamentalisten waren weit weg von Amerika und Europa. Doch hier hasste man sich in Sichtweite.

Wenn wir uns beeilten, überlegte ich, könnten wir die Männer des *Islamischen Jihad*, des *Islamischen Heiligen Kriegs*, wie ausgemacht um zehn Uhr treffen. Bis elf, hatten sie versprochen, würden sie mindestens auf uns warten. Ich sah die schnurgerade, staubige Straße hinunter. Mindestens fünf Kilometer würden wir laufen müssen, um nach Jenin zu gelangen, in die »Hochburg der Terroristen«, wie die israelische Regierung die

Stadt nannte. Als der israelischer Grenzsoldat sie als »Paradies« bezeichnet hatte, war die Ironie nicht zu überhören gewesen.

Aus Jenin stammten die radikalsten Militanten und die meisten Selbstmordattentäter. Einer, der sich in die Luft sprengte, kam nach dem Glauben von militanten Moslems automatisch ins Paradies, wo ihn 72 Jungfrauen als Belohnung erwarteten. Außerdem wurde ein Selbstmordattentäter automatisch ein Märtyrer, ein *shahid*. So werden im Koran all jene bezeichnet, die in der einen oder anderen Form für den Islam ihr Leben ließen und dadurch unsterblich werden: *Halte jene, die für Allahs Sache erschlagen wurden, ja nicht für tot – sondern lebendig bei ihrem Herrn; ihnen werde Gnade zuteil. (Koran, 3:170)*

Für viele Palästinenser, auch wenn sie nicht strenggläubig sind, waren die Selbstmordattentäter Helden, umso mehr, als deren Familien von der gesamten arabischen Welt beglückwünscht und beschenkt wurden. Spenden wurden überwiesen, und die höchsten kamen nicht aus den afghanischen Bergen, von Bin Laden, sondern aus Bagdad. Für jedes Selbstmordattentat zahlte Saddam Hussein um die 25.000 Dollar, eine für die Familien in den besetzten Gebieten enorme Summe. Diese Geldüberweisungen wurden keineswegs geheim gehalten, sondern der Irak brüstete sich öffentlich damit. Wer eine weitere Ermutigung brauchte, der bekam sie von radikalen Gruppen wie *Islamischer Heiliger Krieg* oder *Hamas*. Ein Großteil der Selbstmordkommandos wurde entweder von der einen oder anderen Gruppe psychologisch betreut, mit Sprengstoffgürteln ausgestattet und – schon seit September 2000, dem Beginn des zweiten Palästinenseraufstands, der *Intifada* – in den Tod geschickt. Natürlich gab es auch zahlreiche Demonstrationen, Streiks und Proteste gegen Israels Besatzung, im Vergleich zu den Selbstmordattentaten war das aber nichts. Israeli hatte seine Nationalhelden wie die Generäle Moshe Dayan oder Itzak Rabin. Die

Palästinenser hingegen hatten ihre Selbstmordkommandos, die wohl billigste und wirksamste Waffe der Kriegsführung, die jemals erfunden wurde.

Niemals war dies besser demonstriert worden als am 11. September 2001. 19 junge Selbstmordattentäter hatten die Anschläge verübt, 3.000 Menschen hatten sie mit in den Tod gerissen. Wenn man es kühl berechnete, dann hatte jeder einzelne Attentäter 157 Menschen umgebracht, allein, ohne immense Kosten oder moderne Waffen. Die Flugzeuge hatten keinerlei Kosten verursacht; sie waren ja entführt worden.

Wir wissen nicht, wie viele Menschen von diesen dramatischen Anschlägen auf ähnliche Ideen gebracht wurden, aber der Palästinenserchef Yassir Arafat hatte zu diesem Zeitpunkt bereits seine eigenen Selbstmordkommandos, die *Al Aqsa*-Brigaden. Möglicherweise wollte er so der Gruppe *Islamischer Heiliger Krieg* und der *Hamas* das Wasser abgraben. Genau das Gegenteil passierte, es gab noch mehr Selbstmordattentate. Später, als die Israelis Arafat in seinem Hauptquartier kasernierten, erklärte dieser öffentlich, sein Ziel sei es, selbst als Märtyrer zu sterben. Es gab also keine große Geheimnistuerei um diese Attentäter.

Der palästinensischen Führung, die Arafat leitete und die auch die Stadt Jenin unter ihrer Kontrolle hatte, warf die israelische Regierung ständig vor, die Selbstmordattentäter nicht von ihrer Tat abzuhalten. Extremisten würden nicht isoliert werden. Arafat wies diese Vorwürfe vehement zurück. Nicht er, sondern die israelische Politik sei Schuld an der Radikalisierung. Als Beweis für ihren Verdacht veröffentlichten die Israelis eine Fahndungsliste mit Verdächtigen, die sich auf freiem Fuß befanden. Unser Übersetzer Azzam hatte in Jenin innerhalb kürzester Zeit gleich mehrere von ihnen aufgespürt, und zu einigen dieser Männer wollte er uns jetzt führen.

Rechts und links der Straße befanden sich ungejätete Felder, auf denen der Wind zerrissene Plastikplacken hin und her fegte. Tomaten, Orangen, alles verdorrte. Seit Beginn der zweiten *Intifada* im September vor zwei Jahren durften palästinensische Produkte kaum mehr nach Israel exportiert werden. Hunderten Familien hatte das ihre Existenzgrundlage genommen.

Unser Kameramann David ging neben mir und Azzam etwas hinter uns, als wir plötzlich im scharfen Befehlston jemanden auf Arabisch schreien hörten: »Wohin wollt ihr eigentlich?« – »Nur zur Universität nach Jenin«, rief Azzam dem Soldaten auf einem Panzer, der abseits geparkt war, zu. Alle Uniformierten an diesem Checkpoint gehörten einer drusischen Einheit in der israelischen Armee an. Obwohl die Drusen schiitische Araber sind, dienen sie dem Staat Israel. Als harte Soldaten sind sie überall berüchtigt. Als zu Beginn der *Intifada* der palästinensische Junge Mohammed Dura bei einem Feuergefecht von israelischen Soldaten erschossen worden war, hatte der Täter zu einer Einheit von Drusen gehört. Allein in Israel leben über 100.000, weitere Hunderttausende im Nachbarland Libanon und in Syrien.

Neben den Drusen gibt es rund eine Million Palästinenser wie Azzam. Er war in Jerusalem aufgewachsen und arbeitete zeitweise für uns. Wann immer es eine Reportage auf der palästinensischen Seite zu machen gab, war er der richtige Mann. Mit einem Israeli nach Jenin zu gehen wäre unmöglich gewesen. Im Herbst 2000, kurz nach Beginn der *Intifada*, waren zwei israelische Reservisten in der Stadt Ramallah von der Menge gelyncht worden. Sie hatten eine falsche Abzweigung genommen und waren irrtümlich dort gelandet. Israelischen Staatsbürgern war es seither untersagt, sich in Städten wie Jenin oder Ramallah aufzuhalten.

Nichts als das Geräusch unserer eigenen Schritte auf den Kieselsteinen war zu hören, als wir die Straße durch das Niemandsland entlangmarschierten. Da es weit und breit keinen Baum gab, kein Haus, nicht einmal einen Strauch, hinter dem man sich verstecken konnte, waren wir gut sichtbare Ziele. Die wachsamen israelischen Soldaten befanden sich hinter uns. Vor uns lag Jenin, seit Wochen von der Außenwelt hermetisch abgeschlossen. Vorbei an immer mehr Feldern gingen wir, bis in der Ferne die Umrisse eines Autos zu sehen waren. Langsam bewegte sich der Wagen in unsere Richtung, machte schließlich jedoch weit von uns entfernt am Straßenrand halt. »Das müssen sie sein«, sagte Azzam.

Unter all den Kämpfern und Selbstmordkommandos in Jenin gab es niemanden, der in den Kreisen der Radikalen bekannter war als Bin Ladens Lehrer Abdullah Azzam, der zufällig denselben Namen trug wie unser Übersetzer.

Abdullah Azzam war im Jahr 1941 in einem Dorf nahe Jenin geboren worden und hatte in der syrischen Hauptstadt Damaskus Islamstudien absolviert. Die hatte er in Kairo fortgesetzt, wobei er in der ägyptischen Hauptstadt gute Kontakte mit Extremisten gepflegt hatte. Sobald der Afghanistan-Krieg ausgebrochen war, hatte sich Azzam in Peschawar niedergelassen und dort Gelder gesammelt, bis ihm dann eines Tages der junge Bin Laden über den Weg gelaufen war. Der war von der Lehre des groß gewachsenen Palästinensers mit dem rauschenden Bart fasziniert gewesen. Sie besagte, dass nur das Gewehr die Macht der Moslems wiederherstellen könnte, der Heilige Krieg in Afghanistan war für Azzam aber nur der erste Schritt zur Vertreibung aller Ungläubigen, der *Kefirs: Diese Pflicht* (den Heiligen Krieg zu führen), schrieb er schon damals, *erlischt nicht mit dem Sieg in Afghanistan, und der Dschihad bleibt eine individuelle Verpflichtung, bis jedes andere Land, das muslimisch war, an uns zurückfällt, damit dort wieder der Islam regiert: Vor uns liegen Palästina, Buchara, der Libanon, der Tschad, Eritrea, Somalia, die Philippinen, Birma, der Südjemen und andere, Taschkent, Andalusien ...*

Wenn also einer den globalen Heiligen Krieg erfunden hatte, dann war es nicht Bin Laden, sondern der Palästinenser Azzam, der Ende der 8oer Jahre bei der Explosion einer Autobombe in Peschawar ums Leben kam. Bin Laden, der ihn bewundert hatte, wurde, wie konnte es anders sein, sein Nachfolger.

Als wir endlich nahe an dem geparkten Wagen waren, stieg ein dicklicher Mann aus, eilte uns entgegen und nahm unserem Übersetzer das schwere Kamerastativ ab. Er sei, sagte er, ein Taxifahrer und würde uns ins Lager bringen. Sicherheitshalber sollten wir drei uns alle nach hinten setzen und die Köpfe einziehen. Die Israelis, meinte er, hätten Zielfeuergewehre und würden auf alles schießen, was sich bewegte. Ich drehte mich um, konnte die Soldaten aber nur mehr als Punkte in der Ferne sehen.

Nur zwei Wochen später, Anfang April, rollten israelische Panzer auf genau dieser Straße zu einer groß angelegten Strafaktion in Richtung des Zentrums von Jenin. Ein Selbstmordanschlag während des jüdischen Osterfestes, des *Pessach*-Festes, durch den 28 Menschen das Leben verloren, war dem vorangegangen. Nach tagelangen Kämpfen waren sowohl auf der israelischen als auch auf der palästinensischen Seite Opfer zu beklagen, ein neues Kapitel im ständigen Kampf um jeden Zentimeter Boden und Macht war aufgeschlagen. Niemand schenkte dem anderen dabei etwas.

Nachdem der Taxifahrer uns abgesetzt hatte, warteten wir bei einer Autobusstation. Studenten standen herum und wollten wissen, was wir hier zu tun hätten. Wir seien vom deutschen Fernsehen, sagten wir. Das beruhigte sie. Es dauerte nicht lange, da tauchte ein Jugendlicher in Jeans und Tennisschuhen auf, führte uns zu einem anderen Taxi und hieß uns einsteigen. Bevor wir nicht im Lager angekommen seien, sagte er, dürfe David nicht filmen. Unsere Handys würde er jetzt einsammeln und uns nach dem Interview wieder geben.

Israels Armee jagte und tötete radikale Führer der Palästinenser mit hochmodernen Hilfsmitteln. Dazu gehörten explodierende Handys, und Autos mit Verdächtigen wurden gezielt mit Raketen beschossen. Von Israel wurde das als *targeted killing*, als »gezieltes Töten« bezeichnet. So schone man, sagten die Militärs, unschuldige Zivilisten. Für die palästinensische Seite hingegen handelte es sich um politischen Mord. Wie die Armee auf die Spuren ihrer Opfer kam, wusste man nicht. Die Paläsinenser beschuldigten aber Kollaborateure in ihren Reihen, sie würden den Feinden helfen. Leute, die mit den Israelis zusammenarbeiteten, wurden von Schnellgerichten zum Tode verurteilt.

Jenins Palästinenserlager war nicht groß. Nach den offiziellen UN-Statistiken lebten dort ungefähr 17.000 Menschen, die nach Israels Unabhängigkeitserklärung im Jahr 1947 hierher geflohen waren. Diese war einer UN-Abstimmung gefolgt, bei der das britische Mandat Palästina in ungefähr zwei gleiche Teile geteilt worden war, einen israelischen und einen palästinensischen. Von den meisten arabischen Staaten wurde diese Abstimmung nicht akzeptiert. Gleich danach waren sowohl die jordanische als auch die ägyptische Armee in Palästina einmarschiert. Am Ende dieses ersten palästinensisch-israelischen Kriegs hatte die jordanische Armee das Westjordanufer und Ostjerusalem besetzt, während die Ägypter den Gazastreifen entlang des Mittelmeers okkupiert hatten. Aus dem neuen Staat Israel waren ungefähr 500.000 bis 700.000 Palästinenser vertrieben worden, teils in schnell errichtete Zeltstädte wie Jenin am Westufer des Jordans. Ein Waffenstillstand, der nicht von Dauer sein sollte, wurde zwischen den Kriegsparteien geschlossen. Nach zahlreichen Scharmützeln war 20 Jahre später, im Jahr 1967, ein neuerlicher Krieg ausgebrochen und die arabische Armee musste eine Niederlage hinnehmen. Innerhalb von sechs Tagen hatte Israel vom Gazastreifen über Ostjerusalem und die Golanhöhen bis zum Westjordanufer alles erobert. Alle Palästinenser in Jenin, Einheimische und Flüchtlinge, standen nun unter Israels Besatzung. Inzwischen hatten Häuser die Zeltstadt ersetzt.

Die Straßen wurden verwinkelter, und schließlich wies der Jugendliche den Fahrer an, zu halten. Irgendwo am Himmel hörte man bedrohlich einen israelischen Jagdbomber. Unser Führer stellte sich in einen Hauseingang und deutete mit einem Handzeichen an, wir sollten uns verstecken. Ich fragte mich, wie der Pilot uns aus dieser Entfernung jemals entdecken könnte, folgte ihm aber. Der ältere Mann, der in diesem Augenblick hinter einem Vorhang ein paar Häuser weiter hervorschaute, hatte einen buschigen Bart, wie in Fundamentalisten gerne tragen. Später sollte ich erfahren, dass er der Anführer einer Zelle des *Islamischen Heiligen Kriegs* in der Stadt war.

Der Mann sah sich mehrmals um, bevor er uns in sein Haus eintreten ließ. Ein Treffen mit Mitgliedern des *Islamischen Jihad* hatte ich mir etwas anders vorgestellt. Wir waren in einem einfachen Wohnhaus gelandet, in dem man Küchengeräusche hören konnte. An der Wand des Raums, in dem wir warten mussten, hing nur ein metergroßes, ausgebreitetes grünes Banner, in der Farbe des Islam, auf das auf der oberen Seite einige Koransuren gestickt waren. Nachdem der Alte unsere Ausweise eingesammelt hatte, verschwand er in Richtung der klappernden Teller.

So warteten wir eine Weile ganz allein in dem Raum, David, Azzam und ich. Wegen der Holzverhaue vor dem Fenster war es beinahe dunkel. Es gibt in solchen Situationen immer einen Augenblick, in dem man zu zweifeln beginnt, ob man gerade das Richtige tut. Man kann niemals ganz ausschließen, in eine Falle zu tappen. Eigentlich vertrauten wir unserem Übersetzer, aber er hatte das Treffen alleine per Telefon vorbereitet. Persönlich, hatte er uns versichert, kenne er die Leute vom *Islamischen Hei-*

ligen Krieg nicht. Wie in allen bewaffneten Konflikten herrschte auch hier sowohl Misstrauen als auch irrationale, unkontrollierbare Angst. Meine Angst vor den Männern stand merkwürdigerweise hinter der Befürchtung zurück, keine Reportage zustande zu kriegen. Nichts wäre schlimmer, als mit leeren Händen heimzukehren und das Leben von Kameramännern, Übersetzern, Fahrern und nicht zuletzt sein eigenes für nichts und wieder nichts riskiert zu haben.

Wir hatten keinen Laut gehört, aber plötzlich war der Alte wieder da, diesmal gefolgt von einem groß gewachsenen, jüngeren Mann mit kurzem Bart. »Das ist einer«, raunte mir Azzam zu. Wo denn der Zweite von der Fahndungsliste sei, den wir treffen sollten, fragte ich. Später, lautete die knappe Antworte des Alten. Doch der Zweite sollte nie auftauchen. Ich fragte den Mann, ob ich denn zumindest einen Ausweis sehen könnte, und so streckte er uns folgsam einen hin. Azzam kontrollierte ihn und nickte. Der junge Mann war also derjenige, der laut israelischen Angaben vor einigen Monaten seinen Bruder für einen Selbstmordanschlag präpariert hatte. Weiter verdächtigten ihn die Israelis, Spezialist in der Vorbereitung von Sprengstoffgürteln zu sein. Er sei Ingenieur von Beruf, sagte er mir. Ich fragte ihn ganz direkt, ob die Vorwürfe, er sei ein Drahtzieher des Terrorismus, richtig seien. Da lächelte er und meinte, ja, alle Vorwürfe stimmten. Nach einer Pause erklärte er, man werde die Juden besiegen, weil man im Gegensatz zu den anderen keine Angst vor dem Tod habe. Ich fragte ihn, ob das denn hieße, dass er zu sterben bereit wäre. Klar, erwiderte er ohne zu zögern, als würde er über das Wetter reden. Weiter fragte ich ihn, ob er neue Selbstmordattentäter vorbereiten würde, wobei ich mich bei dieser Frage irgendwie unwohl fühlte. Sie klang wie eine Einladung zu neuen Anschlägen, aber ich wollte ein paar Details erfahren. Da erwiderte er nur, ich könne mir sicher sein, dass neue Männer bereits auf dem Weg seien. Ein paar Monate später würde sich mein banaler, höflicher Gesprächspartner von Jenin in die Luft sprengen und mehrere Israelis mit in den Tod reißen. Jetzt aber verabschiedete er sich freundlich. Während er sich in Sicherheit brachte, durften wir uns nicht aus dem Raum bewegen. Also warteten wir. Draußen stand die Sonne bereits hoch am Himmel und als wir endlich hinausgehen durften, fuhr uns der Jugendliche, der uns gebracht hatte, zurück zu der Busstation. Erst dann gab er uns Handys und Ausweise zurück. Als wir wieder im Taxi saßen, hieß Azzam den Fahrer genau in die entgegengesetzte Richtung fahren, zehn, 20 Kilometer, bis wir schließlich vor einem flachen Gebäude Halt machten. Ich fragte Azzam erstaunt, was wir denn hier wollten. »Wir müssen jemandem einen Höflichkeitsbesuch abstatten«, meinte er. Es konnte nur jemand sein, der noch wichtiger war als die beiden, die wir soeben getroffen hatten. Es mussten Arafats Leute sein.

Im gesamten Westjordanufer und noch mehr im Gazastreifen wimmelte es zwar nur so von Terrorgruppen, kontrolliert wurde das Gebiet aber von Arafats *Al Fatah*, seiner Organisation innerhalb der PLO, der palästinensischen Befreiungsorganisation, die 1964 gegründet worden war. Bedeutung hatte sie erst nach dem Krieg 1967 und der Besetzung des Westjordanufers und des Gazastreifens erlangt. Arafat hatte zwei Jahre später, 1969, die Führung der PLO übernommen. Jahrelang hatte er die Zerstörung Israels gefordert und unzählige Terroraktionen wie der Überfall auf das olympische Dorf in München 1972 sowie zahlreiche Hijackings von Flugzeugen waren auf sein Konto gegangen. Israel seinerseits hatte mit allen Mittel Arafats PLO bekämpft, bis es dann im Jahr 1993 im Osloer Abkommen zu einer gegenseitigen Anerkennung gekommen war. In diesem Vertrag zwischen dem damaligen israelischen Ministerpräsidenten Itzak Rabin und Arafat war unter anderem festgelegt worden, dass Arafat den Israelis im Austausch gegen die schrittweise Rückgabe der besetzten Palästinensergebiete Frieden garantieren würde. Arafat war an die Spitze der Palästinensischen

Verwaltung gestellt worden. Damit war er nicht nur für die Terrorbekämpfung in Städten wie Jenin verantwortlich, sondern das gesamte zivile Leben, Krankenhäuser und Schulen in den besetzten Gebieten waren ihm unterstellt. Die Schlüsselpositionen hatte Arafat – was nicht ungewöhnlich war – mit Männern seiner Organisation besetzt.

Der *Fatah*-Mann hatte bereits auf uns gewartet. Als er unserem Wagen entgegenkam, konnte ich sehen, dass er eine Pistole in einem Halfter an der Hüfte hängen hatte. Nicht weit entfernt von unserem Parkplatz befand sich die Universität von Jenin. So, als wären wir auf einer Besichtigungstour, führte uns der Mann durch das Universitätsgebäude, aber am Ende fragte ich ihn doch, ob er denn ein Vertreter der *Al Fatah* sei. Man hörte den Stolz in seiner Stimme. Ja, das sei er, meinte er.

»Er hat das alles für uns vorbereitet«, sagte Azzam, nachdem wir uns von dem Mann verabschiedet hatten. Eine Stunde später waren wir wieder auf der anderen Seite, beim israelischen Checkpoint. »Wie war es bei den Terroristen?«, fragte uns einer der Soldaten, und diesmal war es todernst gemeint.

In jedem Krieg bezichtigt man sich gegenseitig der Lüge, der Gewalt und der heimlichen Unterstützung von Gewalt und Terror. Aber weil Israelis und Palästinenser so nahe beieinander leben, braucht es oft gar keinen Selbstmordattentäter, um die Stimmung anzuheizen. In der jüdischen Siedlung Gilo nahe bei Jerusalem hatte ich vor unserem Besuch in Jenin Bewohner interviewt. Tage zuvor waren gerade Konflikte mit den Palästinensern aus dem Dorf ausgebrochen, das gegenüber auf einem Hügel lag, ein paar hundert Meter Luftlinie entfernt. »Sehen Sie«, hatten die jüdischen Siedler gesagt, »wir werden angegriffen.« Als ich auf die andere Seite ging, hörte ich, es stimme zwar, man hätte gegen jüdische Häuser ein paar Kugeln abgefeuert, Israels Armee hätte aber daraufhin mit voller Wucht aus Panzern zurückgeschossen. Daraufhin war ich nochmals zu den Siedlern gegangen. Ja, hatten sie eingestanden, das sei richtig. Aber die kleinste Kugel könne Leute umbringen, selbst mit einem Stein wäre das ja möglich. Das klang zwar übertrieben, überzeugte aber die Ängstlichen. Genauso wurde auf palästinensischer Seite unentwegt alles überspitzt dargestellt. Und es blieb niemals nur bei Worten. Bereits seit dem Ausbruch der zweiten palästinensischen *Intifada* hatte sich das Verhältnis zwischen Arafat und der israelischen Regierung unentwegt verschlechtert. Neue Terroranschläge auf Restaurants, Diskotheken und Universitäten folgten. Mit gezielten Schlägen versuchten die Israelis, dem Terror Herr zu werden, was die Lage aber nur noch verschlimmerte. Daraufhin ließ Israels neuer Ministerpräsident Ariel Sharon die Palästinensergebiete hermetisch abschließen und später sogar eine Mauer zwischen Israel und den Palästinensergebieten errichten. Arafat hingegen stellte man unter Hausarrest. Bis zum November 2004 saß er in seinem Hauptquartier in Ramallah, der Tod ereilte ihn in einem Pariser Krankenhaus, verursacht von einer Reihe von altersbedingten Krankheiten. Das Schicksal, selbst als Märtyrer zu sterben, war Arafat also erspart geblieben. Es war ohnehin nicht zu erwarten gewesen, dass er, ein Chef und Anführer, sich in die Luft sprengen würde. Andere palästinensische Anführer gerieten aber deswegen in Argumentationsnotstand. So ließ einer der Köpfe der *Hamas*-Bewegung, Abdel Aziz Rantisi, der später von den Israelis umgebracht werden sollte, seinen Sohn im sicheren Ausland studieren, während er junge Palästinenser aufrief, sich zu opfern. Die Selbstmordkandidaten waren also eine Art Kanonenfutter, während Anführer wie Rantisi, Bin Laden oder Arafat militärische Konfrontationen jeder Art mieden.

Die meisten Reporter wohnten zu der Zeit, als Arafat noch im Hauptquartier in Ramallah festsaß, nicht dort. Vielmehr hatten sie ihre Wohnungen in der wichtigsten Stadt der Region, in Jerusalem. Reporter wie ich, die vorübergehend in Israel stationiert waren, hatten sich in einem der Jerusalemer Hotels eingemietet. Das »American Colony« im Ostteil war unter Korrespondenten aus aller Welt am beliebtesten. Sowohl Palästinenser als auch Israelis trafen einander dort. Nachdem die Israelis den Ostteil der Stadt 1967 erobert hatten, war sie zur offiziellen Hauptstadt von Israel erklärt worden. Die Länder der internationalen Gemeinschaft hatten diesen Anschluss mit wenigen Ausnahmen für nicht legal erklärt und im Osten der Stadt lebten weiterhin rund 300.000 Palästinenser. Für die Israelis ist Jerusalem aber der heiligste Ort aller Juden. Dort haben ihre Tempel gestanden, der zweite war im Jahr 70 nach Chr. zerstört worden. Übrig blieb von dem jüdischen Gotteshaus die Klagemauer. Ausgerechnet oberhalb dieser Mauer befindet sich die *Al Aqsa*-Moschee mit dem Felsendom. Gemäß islamischer Lehre war von dort aus der Prophet Mohammed in den Himmel aufgestiegen. Zusätzlich gibt es in Jerusalem zahllose christliche Kirchen, Klöster und heilige Stätten wie den letzten Weg, den Jesu Christi laut dem Neuen Testament vor seiner Kreuzigung genommen haben soll. Insofern ist Jerusalem nicht nur der heiligste Ort der Juden, sondern auch der Christen und – nach Mekka und Medina – der drittheiligste des Islam. Näher beieinander könnten die wichtigsten Stätten der drei Weltreligionen nicht liegen.

Wie diese miteinander auskommen sollten, bestimmte nicht nur die Geschichte der Palästinenser und der Israelis, sondern auch die der arabischen Welt und des Westens. Bereits vor Israels Gründung hatte es unterschiedliche Auffassungen gegeben, wie der Westen sich dem Orient gegenüber verhalten solle. Die einen hatten gemeint, man könne ohne weiteres Seite an Seite gut zusammenleben, ja sogar voneinander lernen. Nicht wenige hatten hingegen Fortschritte des Westens wie gleiche Rechte für Frauen und Männer sowie technische Neuheiten der islamischen Welt bringen wollen. In Israel gehörte dieser Drang zur Bekehrung des anderen mit zur Ideologie der Zionisten. Aber es gab überall Leute, die diese Fortschritte der – in ihren Augen rückständigen – arabischen Gesellschaft mit allen Mittel aufzwingen wollten.

Aber erst die Besetzungen nach dem Sechs-Tage-Krieg hatten diese Konflikte in Israel voll ausbrechen lassen. Von streng religiösen jüdischen Philosophen bis hin zu linksgerichteten Israelis hatten sich viele gegen die Okkupation ausgesprochen, wobei der jüdische Professor Yeshayahu Leibowitz davor gewarnt hatte, auch nur den kleinsten Teil der Palästinensergebiete zu halten, denn *wenn wir nur einen kleinen Teil von dem schlucken, was wir erobert haben, werden wir viel schwächer werden. Eine weitere Million Araber wird alle Grundlagen unserer Existenz unterlaufen.*

Vor der Gefahr einer moralischen Zerstörung der Demokratie Israels hatte auch der Schriftsteller Amos Oz gewarnt: *Auch eine unvermeidliche Besatzung ist eine korrumpierende Besatzung,* hatte er gemeint.

Aber diese Ideen schienen angesichts von Religionen, Emotionen und einer gewalttätigen Geschichte unrealistischer denn je. Jedenfalls kämpften Pazifisten auf beiden Seiten zunehmend auf verlorenem Posten.

Einige Tage nach unserer Reportage aus Jenin fuhr ich von Jerusalem in Arafats Hauptquartier, nach Ramallah. Es lag um vieles näher bei unserem Jerusalemer Büro als Jenin, aber wegen der israelischen Sperren war es viel schwieriger zu erreichen. Am Vortag hatten die Israelis wegen angeblich drohender Terrorgefahr alle Grenzübergänge in die besetzten Gebiete gesperrt. Als ich aber an diesem Morgen einen palästinensischen Diplomaten namens Daud in Ramallah angerufen hatte, sagte er, ich könne doch kommen. Alles sei wieder offen und er werde mir ein Taxi zum Checkpoint schicken. Zuerst nahm ich also ein israelisches Taxi, das mich auf der israelischen Seite des Checkpoints Qalandia absetzte. Ich reihte mich in eine lange Schlange von Palästinenserinnen ein und nach ungefähr einer halben Stunde stand ich vor den israelischen Polizisten. Was ich denn in Ramallah wollte, fragte der Mann. Ich erwiderte, nichts Besonderes, jemanden besuchen wollte ich. Nur kurz schaute er meinen Pass an und meinte treffend: »Passen Sie auf sich auf. Es gibt überall auf der Welt Verrückte.« Eine Polizistin, die neben ihm stand, wollte meinen Pass nochmals sehen, aber er sagte nur, sie solle mich gehen lassen, ich käme sicher wieder zurück.

Auf der anderen Seite des Checkpoints war weit und breit kein Taxi zu sehen. Ein riesiger Stau blockierte die Straße kilometerweit und ich rief Daud an. Leider hätte er keinen Wagen auftreiben können, meinte er. Ich solle einen Autobus ins Zentrum nehmen, dort würde er mich abholen können. Zu Fuß ging ich also ungefähr einen Kilometer an der Autoschlange entlang, bis ich einen Kleinbus am Straßenrand stehen sah. Ich stieg ein und der Fahrer sagte, ich solle mich nach hinten zu den Frauen setzen.

Sobald der Bus voll war, fuhren wir los. Eine Frau neben mir, die fließend Englisch sprach, erzählte mir während der Fahrt, sie sei Amerikanerin. Seit Jahren sei sie mit einem Palästinenser verheiratet. Sie waren vor drei Jahren aus der amerikanischen Stadt Houston nach Ramallah umgezogen, aber das Leben sei schwer. Schuld daran seien die Israelis. Sie würden sich wie eine Kolonialmacht aufführen, selbst Frauen würden sie bei den Kontrollen nicht respektieren. An einer Straßenkreuzung gab die Frau dem Fahrer ein Zeichen, er solle anhalten. Zuerst hob sie ihre kleine Tochter aus dem Wagen, dann verabschiedete sie sich von mir und stieg aus. Als sie auf der Straße stand, zog sie erst ihr Kopftuch und dann das ihrer Tochter fester, die noch ein halbes Kind war. Strenggläubige Moslems sind der Ansicht,

Mädchen sollten sich bedecken, sobald sie das elfte Lebensjahr erreicht haben.

Solche Szenen sah man immer öfter in den besetzten Gebieten. Zweifellos hingen die Frustrationen mit der nie enden wollenden Besatzung, der israelischen Willkür an den Checkpoints und den wirtschaftlichen Problemen zusammen. Arafat allerdings hatte seinen Teil dazu beigetragen. Wie der pakistanische Präsident Musharaf hatte er radikale Gruppen überall, nicht nur in Jenin, gewähren lassen. Im staatlichen palästinensischen Fernsehen wurde der bewaffnete Widerstand verherrlicht. Bei jeder Gelegenheit förderte der Palästinenserchef islamische Tendenzen, selbst, wenn es gar nicht notwendig war. Auf dem offiziellen Briefpapier der Palästinenserverwaltung ließ er den Satz *Allah u akbar,* »Allah ist groß«, anbringen, nur um den Religiösen einen Gefallen zu tun.

Daud hingegen war ein Palästinenser der alten Garde. Jetzt wurde er aber zunehmend von beiden Seiten bedrängt; von islamischen Fundamentalisten auf der einen und von jüdischen Siedlern auf der anderen Seite. Seit er vor einigen Jahren aus Europa in den Nahen Osten, nach Ramallah, gekommen war, sah er von seinem Küchenfenster aus genau auf eine jüdische Siedlung. Im besetzten Gazastreifen gab es nur rund 8.000 Siedler, 15 Prozent des Gebiets waren aber konfisziert worden, um die Sicherheit dieser Siedlungen zu gewährleisten. Am Westjordanufer hingegen, wo Ramallah liegt, leben etwa 180.000 Siedler. Die aus dem Gazastreifen wurden im August 2005 auf Anordnung der israelischen Regierung nach langem Hin und Her schließlich abgezogen. Die Siedler aus dem Westjordanland wieder umzusiedeln, ist jedoch eine andere Sache. Jahrelang hatten alle israelischen Regierungen diese Siedlungspolitik gefördert, trotz beständiger internationaler Proteste. Für Israels Strengreligiöse gehörten Gaza und das Westjordanland ohnehin zu Großisrael. Die Gebiete aufzugeben war in ihrer Ideologie nicht vorgesehen.

Daud hatte sich schon als Jugendlicher in der PLO engagiert. Den Palästinensern eine eigene Heimat zu schaffen war sein einziges Anliegen gewesen, mit oder ohne Allah, das war ihm einerlei. Ursprünglich war die ganze PLO eine nichtreligiöse nationale Bewegung gewesen, die sich dem arabischen Nationalismus eines Abdul Nasser verschrieben hatte. Nation und Fortschritt waren wichtiger, als Heilige Kriege zu führen. Nachdem er mich im Zentrum abgeholt hatte, gingen wir direkt zu ihm nach Hause, denn wegen eines Streiks gegen die israelische Besatzung waren die meisten Restaurants in Ramallah geschlossen. Vor Dauds Wohnhaus döste ein Wächter mit einem Gewehr über den Knien. Nur Funktionäre der mittleren Ebene wie Daud wohnten hier. Arafats engste Berater hatten sich hingegen alle luxuriöse Villen am Stadtrand erbaut. Die Korruption in der Spitze der Palästinensischen Vertretung war groß. Erst kurz vor Arafats Tod wurde bekannt, dass mehrere hundert Millionen Dollar aus der Staatskasse der Palästinenser auf unerklärliche Weise verschwunden waren.

Während Daud in seiner Küche Wasser wärmte, erzählte er mir, dass aus den Häusern gegenüber, denen der Siedler, oft auf seine Küche geschossen werde.

Wenn man aus dem Fenster schaute, sah man einstöckige, friedlich aussehende Reihenhäuser in Reih und Glied. Um sie war jedoch hoher Stacheldraht gespannt. Vor dem Eingang stand ein Armeeposten. Da es immer wieder Angriffe auf die Siedlungen gab, waren die meisten Siedler bewaffnet. Zusätzlich wurden sie rund um die Uhr von israelischen Soldaten bewacht. Wenn Siedler einen Palästinenser angreifen würden, sagte Daud, wurden nicht sie, sondern wurde ihr Opfer verhaftet. Israels Armee sei vor allem dazu da, die Siedler zu beschützen, nicht, um für Recht und Ordnung zu sorgen. Wir sollten ins Wohnzimmer gehen, meinte Daud. Man könne nie wissen, was den Verrückten einfallen würde.

Seit ungefähr einem Jahr litt der Diplomat an einer schweren Augenkrankheit, die auch nach einer Operation in der Schweiz nicht besser geworden war. Eine weitere Genehmigung, ins Ausland zu fahren und wieder zurückzukommen, hatten ihm die israelischen Behörden wegen der zunehmenden Spannungen nicht ausstellen wollen. Also hatte er einen einheimischen Arzt in der Stadt Nablus im Westjordanland gefunden. Die lag von Ramallah nur 50 Kilometer entfernt, doch wegen zahlreicher Checkpoints musste Daud viele Umwege fahren. Manchmal brauchte er Stunden. Und nach Selbstmordattentaten, wenn das gesamte Westjordanufer abgesperrt wurde, gab es gar kein Durchkommen mehr.

Wir saßen im Wohnzimmer und tranken Kaffee, als es draußen knallte. »Die verrückten Siedler«, meinte Daud. Als ich zum Fenster ging, sah ich jedoch nur einen palästinensischen Polizisten mit einem Gewehr in der Hand auf der Straße marschieren. Es war nicht klar ersichtlich, warum er eine Kugel abgefeuert hatte.

In der ersten Zeit nach dem Oslo-Abkommen waren Palästinenser und Israelis ständig miteinander in Kontakt gekommen. Palästinenser hatten das Recht gehabt, ungehindert nach Israel zu fahren, was sie in Scharen taten. An den Stränden von Tel Aviv konnte man ganze Familien beim Picknick beobachten. Palästinenser hatten voll bekleidet im Sand gesessen, während daneben junge israelische Frauen in knappen Bikinis sonnenbadeten.

Andere, wie Daud, hatten die Gelegenheit genutzt, ihre ehemaligen Geburtshäuser zu besuchen. Dauds Familie hatte vor 1947 in der Stadt Jaffa ein Haus besessen. Dessen Bewohner waren nun Juden aus Marokko, die nach Israels Gründung von dort vertrieben worden waren. Daud war von den neuen Besitzern eingeladen worden einzutreten. Nachdem man sich eine Zeit lang über die jeweiligen Lebenserfahrungen ausgetauscht hatte, erzählte mir Daud, wäre man am Ende weinend dagesessen, der vertriebene Palästinenser und die vertriebene jüdische Familie. Man konnte sich aber nicht vorstellen, dass solche Szenen oft vorkamen.

Kein Punkt in den palästinensisch-israelischen Beziehungen ist heikler als die Frage der Rückkehr der Palästinenser nach Israel. Nach den internationalen Gesetzen hätten die Palästinenser das Recht, in ihre ehemaligen Häuser zurückzukehren und Wiedergutmachung zu verlangen. Nach dem heutigen Stand würde das beinahe fünf Millionen Flüchtlinge betreffen. Israel hat sechseinhalb Millionen Einwohner. Zusammen mit den Palästinensern, die schon im Land sind, würde das eine palästinensische Mehrheit ergeben, was Israel nicht akzeptieren will und kann, solange es noch Staaten wie Syrien, Saudi-Arabien und den Iran gibt, die Israels Zerstörung offen propagieren. Die Vertretung der Palästinenser hingegen will keinesfalls auf das Rückkehrrecht verzichten. Und so werden die immer mächtiger, die die Ängste und Vorurteile der einfachen Leute am besten auszunutzen wissen, eben die Radikalen.

Am nächsten Tag fuhr ich mit dem Linienautobus nach Tel Aviv, um dort zwei israelische Journalisten zu treffen. Trotz der ständigen Terroralarme wurde meine Tasche nur oberflächlich kontrolliert. Im Bus setzte sich dann eine junge israelische Soldatin neben mich. Man müsse trotz allem weiterleben, meinte sie, man hätte ja nur ein Leben.

Die beiden Journalisten, Hezi und Rennie, gehörten wie Daud zu den Befürwortern des Oslo-Abkommens. Nur der Rückzug Israels aus dem Gazastreifen und dem Westjordanland, glaubten sie, könne die Probleme lösen. Dort sollten dann die Palästinenser ihren eigenen Staat aufbauen. Der Prozess müsse auf der Basis des gegenseitigen Respekts und der Demokratie geschehen, sagten sie. Man dürfe sich von den Terroristen nicht vorschreiben lassen, was man zu tun habe. Aber es waren nicht sie, die Israels Politik im Nahen Osten machten. Es waren Leute wie Ministerpräsident Ariel Sharon, dem die Palästinenser als Gesprächspartner misstrauten. Auf palästinensischer Seite waren es neben dem unzuverlässigen Arafat die *Hamas* oder der *Islamische Heilige Krieg*, deren Selbstmordaktionen brutale Realitäten schafften.

Abends, als ich im Hotel saß, las ich nach, was Bin Laden über den israelisch-palästinensischen Konflikt gesagt hatte. Viel war es nicht. Wie sein Lehrer Azzam hatte er die Palästinenser zwar jedes Mal in seinen Erklärungen erwähnt, mit den September-Anschlägen in den USA hatte sich das Aktionsfeld aber verlagert. Die amerikanische Regierung überließ die Verhandlungen Sharon und Arafat und begann sich mehr und mehr um Saddam Hussein zu kümmern. Und im Vergleich zu dem, was dem Nahen Osten noch bevorstehen sollte, war der Palästinenserkonflikt zweitrangig – zumindest im Moment.

KAPITEL 4

Republik der Angst

Jordanien und Irak, August bis September 2002 »Lassen
Sie uns hinausgehen«, sagte Ali, der Sohn eines bankrotten schiitischen Kleiderfabrikanten, und stand abrupt auf. Ich folgte
ihm. Während wir das Hotelrestaurant des »Raschid« in Bagdad
durchquerten, merkte ich, wie die Angst in mir hochkroch.
In einem Krieg gab es Regeln, wenn auch nicht viele, doch in
Saddams Regime gab es keine. Es war schwer, sich an dieses
schlimmste Willkürregime in der gesamten arabischen Welt zu
gewöhnen, an Saddams »Republik der Angst«, wie der irakische
Autor Kanan Makiya Saddams Irak so treffend bezeichnet hatte.
Der Diktator wusste, schrieb der Exil-Iraker, ein Klima der Angst
sei wichtiger als brutale Gewalt.

Falls Ali sich fürchtete, dann ließ er sich zumindest nichts
anmerken, und ich folgte ihm, während er langsam den langen
Korridor hin zum Hoteleingang ging. Genau vor dem Eingang
befand sich ein Mosaik mit dem Kopf des Vaters des regierenden Präsidenten Bush. Ob man nun wollte oder nicht, man
musste notgedrungen auf dessen Bildnis treten. Auch so rächte
sich Saddam Hussein an seinen Feinden. Wenn sie glaubten, ihn
besiegt zu haben, fiel ihm immer noch etwas ein, um sie zumindest zu erniedrigen. Das Mosaik war einige Jahre nach Saddams verheerender Niederlage im Kuwait-Krieg angebracht
worden. Gleich nachdem die irakische Armee aus dem benach-

barten Ölstaat vertrieben worden war, hatte Saddam an Iraks rebellierenden Schiiten und Kurden um vieles brutaler Rache genommen. Hunderttausende hatte er von seinen Sicherheitsdiensten, den verschiedenen *Muhabarat*, massakrieren lassen. Es hieß, Saddam habe insgesamt sechs Sicherheitsdienste, die sich zusätzlich gegenseitig kontrollierten. So konnte niemand entwischen, nicht einmal die Agenten selbst. Das »Raschid«-Hotel war voll von diesen Männern. In Diktaturen wie der von Saddam verstecken sie sich meistens nicht einmal. Schnurrbart, keine Krawatte, nur Hemd und Hose, daran konnte man sie leicht erkennen. Ein griesgrämiges, verschlossenes Gesicht gehörte ebenfalls zu ihren Merkmalen.

Im Jahresbericht der Menschenrechtsorganisation Amnesty International stand, Mitglieder des *Muhabarat* würden in Bagdad Frauen auf offener Straße enthaupten, wenn nur der kleinste Verdacht bestand, der Ehemann würde gegen das Regime arbeiten. Prostituierten oder Frauen, die man der Prostitution verdächtigte, drohte seit neuestem dasselbe Schicksal. Das Saddam-Regime, das sich stets seiner Laizität gerühmt hatte, hatte die Religion als zusätzliche Waffe entdeckt. Wem der Irak mit seinen sich ständig ändernden Regeln und seinen Schergen nicht passte, dem drohte Gefängnis oder Exil. 20 Prozent der gesamten Bevölkerung, vier von 21 Millionen Irakern, hatte das Saddam-Regime ins Ausland vertrieben. Kein Land der Welt hatte eine höhere Rate an Exilanten.

Wir waren auf dem Parkplatz angelangt, als Ali meinte, ich müsse ihn verstehen, aber er würde nicht gerne mit einer Ausländerin gesehen in diesen Tagen. Er sagte, im Restaurant seien jede Menge Mikrophone angebracht. Diese Geschichte kannte ich seit Jahren. Genauso gab es jede Menge Gerüchte unter den Reportern, hinter den mannshohen Spiegeln in den Zimmern seien Fernsehkameras versteckt. Ich war immer skeptisch gewe sen, ob das nicht Teil einer gezielten Propaganda war, nicht mehr. Erst viel später, nach Saddams Fall, würden wir herausfinden, dass es zwar Kameras und Mikrophone gegeben hatte, die meisten aber nur Schrott waren.

Trotzdem, mit jemandem wie Ali über die Kriegspläne der Amerikaner zu reden wäre ungeschickt gewesen, mit oder ohne Mikrophone. Ein Durchschnittsiraker, der mit Reportern gesehen wurde, erregte automatisch den Verdacht des *Muhabarat*. Dabei war unser Treffen mehr als banal. Weil Alis Familie kein Geld mehr hatte, wollte er Journalist werden. Er hatte mich kontaktiert, um herauszufinden, ob er für uns arbeiten könnte. Nach seinem Namen zu schließen war er Schiite, und vielleicht war das der Grund, warum er wahrscheinlich keine Erlaubnis bekommen würde, in unserem Büro im Informationsministerium zu arbeiten.

Als wir den Hotelparkplatz erreicht hatten, schrieb mir Ali sicherheitshalber seine E-Mail-Adresse auf. Fahrer, die auf dem Parkplatz herumstanden, spähten nun in unsere Richtung. Die Abhörtechnik im Hotel funktionierte zwar nicht, der Dienst besaß jedoch ein riesiges Reservoir an aufmerksamen Mitarbeitern. Man konnte davon ausgehen, dass jeder zweite Fahrer im »Raschid« als Spitzel tätig war und die entsprechenden Stellen darüber informierte, wer ein- und ausging. Iraker, die man nicht kannte, wurden gleich an der Schranke bei der Einfahrt aufgehalten, während Botschafter, Waffenhändler, Reporter, aber auch Friedensaktivisten aus dem Westen, also für das Regime wichtige Leute, im »Raschid« wohnten. In kleinen Gruppen waren die ersten Pazifisten bereits eingetroffen. Zu ihnen gehörten Rechtsextreme wie Mitglieder der nationalistischen französischen Partei des Jean-Marie le Pen, kommunistische Abgeordnete oder einfache Pazifisten, die überzeugt waren, ein neuer Krieg stehe bevor. Auf Einladung des Regimes tourten sie einige Tage durch das Land und fuhren dann wieder ab.

In diesem Sommer 2002 wies einiges auf einen bevorstehenden Waffengang hin. Dass er nicht so leicht sein würde wie in Afghanistan, lag auf der Hand.

Im Gegensatz zu Afghanistan war der Irak kein kleines, unwichtiges Land, sondern hatte in der gesamten islamischen Welt eine besondere Stellung. Ab dem 8. Jahrhundert war die irakische Hauptstadt Bagdad das Zentrum des Abessinischen Reichs gewesen, mit seinem legendären Kalifen Harun al Raschid, dem Helden aus dem Epos *Tausendundeine Nacht*. Damals galt sie als die reichste Stadt der Welt und als Kreuzungspunkt zwischen den Handelszentren in Ost und West. Im 13. Jahrhundert schließlich war sie von den Mongolen erobert und zerstört worden. 300 Jahre später fiel das Gebiet des heutigen Irak unter die Herrschaft der Türken.

Die Frage, die sich vielen auch sofort stellte, war, was sollte denn aus Afghanistan, Bin Laden und der Jagd nach den verbleibenden Taliban werden?

Saddam war aber ein unberechenbarer Zeitgenosse. Ein Mann, der mit Moskau seit den 70er Jahren einen Beistandspakt hatte, zugleich aber von den Franzosen einen Atomreaktor und von deutschen Firmen Bestandteile für chemische Kampfstoffe geliefert bekommen hatte und den die Amerikaner jahrelang umschwärmt hatten. Dass US-Verteidigungsminister Donald H. Rumsfeld Saddam im Jahr 1983 besucht hatte, sollte Washington lange vorgeworfen werden. In Wahrheit hatte Saddam aber keinerlei stetige Verbündete, Ideologien oder Freunde. Er war ein Nahost-Macho, der es liebte, von Großmächten geliebt zu werden. Für seine Anhänger, zu denen auch die Palästinenser gehörten, war er eine Art arabischer Revolutionär, der es eben mit jedem aufnahm. Dass er gerne Kriege vom Zaun brach, vergrößerte noch seinen Ruhm, auch wenn er diese ständig verlor.

Seit Saddam an der Macht war, hatte es kaum ein Jahr gegeben, in dem kein bewaffneter Konflikt ausgebrochen war. Nur ein Jahr nach seiner Machtübernahme 1979 hatte er das Nachbarland Iran angegriffen und acht Jahre lang Krieg geführt. Kaum war dieser Konflikt mit einem Unentschieden beendet, hatte er einen anderen Nachbarn, Kuwait, attackieren lassen, von wo seine Armee aber bald vertrieben worden war. Dazwischen ließ Saddam sowohl an der Front gegen die Iraner als auch gegen die eigene Bevölkerung, gegen das Dorf Halabja, Giftgas einsetzen. In Halabja hatten dabei 5.000 Kurden elendig ihr Leben verloren.

Kein noch so grausamer Giftgaseinsatz hatte aber Saddams Beziehungen zum Westen so belastet wie der Kuwait-Krieg. Der war eine Wende gewesen, denn viele hatten erwartet, er würde mit Saddams Sturz enden. In allerletzter Minute pfiff der damalige Präsident George Bush seine Truppen zurück. Die Gründe dafür lagen auf der Hand. Saddams Fall hätte die Landkarte des gesamten Nahen Ostens dramatisch verändert. Der Irak, das Land mit den zweitgrößten Ölreserven, wäre in Chaos oder gar Bürgerkrieg versunken. Die Sorge um die Stabilität war vorgegangen. Iraks Schiiten und Kurden hatten damals den Preis dafür bezahlt, mit der Niederwerfung ihrer Aufstände durch Saddams immer noch intakte Geheimdienste.

Aber es handelte sich um einen unbeendeten Krieg, *an unfinished war*. Jeder amerikanische Präsident, ob Republikaner oder Demokrat, hatte das so gesehen. Im Dezember 1998 hatte Bush-Nachfolger Bill Clinton Stellungen der irakischen Armee eine Woche lang bombardieren lassen, nachdem Saddam die UN-Waffeninspektoren des Landes verwiesen hatte. Vier Jahre lang sollten diese Inspektoren dann von Saddam nicht mehr in den Irak gelassen werden. Erst im Herbst 2002 würden sie ihre allerletzten Inspektionen beginnen, während im UN-Sicherheitsrat diskutiert werden würde, wie lange denn nun diese Inspektionen dauern sollten. Nicht ewig, lautete die klare Ansage der Amerikaner.

Die UN-Inspektoren, Experten für Waffen, Raketen und biologische und chemische Kampfstoffe, waren 1991 nach Ende des Kuwait-Kriegs von der internationalen Gemeinschaft in den Irak geschickt worden, um mögliche Massenvernichtungswaffen auszuforschen. Nach dem verlorenen Krieg hatte sich der Irak dazu verpflichtet, diese freiwillig offen zu legen, sich aber nicht daran gehalten. Erst nach Beendigung der Arbeit der Inspektoren könnten die UN-Sanktionen gegen den Irak aufgehoben werden. Auf diese Aufhebung arbeiteten die Franzosen bereits hin, in der Hoffnung, dann ein paar fette Ölverträge mit dem Irak an Land ziehen zu können. Der Irak-Krieg im März 2003 würde ihnen auch deshalb sehr ungelegen kommen.

Zwischen den USA und Saddam ging das Katz-und-Maus-Spiel unentwegt weiter, bis sich aufgrund des 11. September das amerikanische Interesse auf den Nahen Osten konzentrierte. Und in dieser Region voller Diktatoren war der störrische, selbstherrliche Saddam einfach nicht zu übersehen. Präsident George W. Bush hatte außerdem noch eine Rechnung offen, weil ein Attentatsversuch von Saddam gegen seinen Vater während eines Besuchs in Kuwait im Jahr 1993 nur knapp vereitelt worden war.

Im Umkreis des Präsidenten gab es einflussreiche Gruppen, die für ein Ende der Saddam-Diktatur, ja aller Diktaturen im Nahen Osten plädierten. Es waren die so genannten Neokonservativen, die am meisten auf einen Waffengang gegen den Irak drängten. Man nannte sie neokonservativ, weil ihre Anhänger in ihrer Jugend politisch eher links gestanden hatten und erst später nach rechts gerückt waren. Ihr Rezept für die Lösung der Nahost-Probleme lautete folgendermaßen: Bin Laden hatte im Nahen Osten viele Anhänger für seine Ideen, weil kein arabisches Land eine Demokratie war. Um Bin Laden und damit dem Terror das Wasser abzugraben, durfte man die Diktatoren nicht nur kritisieren. Demokratien wie Amerika hätten die Aufgabe, die Tyrannen mit Angriffskriegen zu besiegen. Entwickelt worden war diese Theorie nach seiner Emigration in die USA von dem deutschstämmigen Professor Leo Strauss, der den Anstieg des Nationalsozialismus als eine Schwäche der Demokratie angesehen hatte. Strauss galt als der ideologische Vater der Neokonservativen, der amerikanische Präsident George Bush hingegen als deren williger Vollstrecker. *Was für einen Kriegsplan haben Sie für den Irak?*, hatte Bush seinen Verteidigungsminister Rumsfeld im November 2001 gefragt, eine knappe Woche nach dem Fall des afghanischen Taliban-Regimes.

Inwieweit die Ölreserven des Irak, die zweitgrößten der Welt, in diesen Überlegungen eine Rolle gespielt hatten, blieb unklar.

Während ich Ali in Richtung Tor begleitete, konnten die Taxifahrer ihre Blicke nicht von uns lassen. Bevor er sich verabschiedete, meinte Ali, er würde auch für uns arbeiten, wenn wir ihn nicht dafür bezahlten. Aber so funktionierte es einfach nicht. Jeder Journalist hatte einen eigenen »Aufpasser«, der ihm zugeteilt worden war. Unserer hieß Qutaiba. Ich konnte mir nicht vorstellen, dass der seinen Job freiwillig aufgeben würde. Es hatte mich schon gewundert, dass man Ali überhaupt ins Hotel gelassen hatte. Als er durch die Sperre am Tor wollte, hielt ihn jemand am Ausgangstor auf und ich beobachtete, wie er Ali ausfragte. Dann ließ man ihn aber unbehelligt gehen.

Unsere Arbeit im Irak war eine unsichere und willkürliche Angelegenheit, die vom Wohlwollen des Informationsministeriums abhing. Groteskerweise wurde sie dadurch erleichtert, dass Saddams Staatsapparat funktionierte wie die Mafia. Es herrschte zwar Furcht vor dem obersten Boss, aber wer konnte, verfolgte seine eigenen Interessen und bereicherte sich so sehr wie nur möglich. Das ging so weit, dass innerhalb des Ministeriums

Leute, die mit uns Reportern zu tun hatten, regelmäßig ausgetauscht wurden. Immer dann, wenn der Minister glaubte, der Konsul in der jordanischen Botschaft in Amman, wo unsere Visa ausgestellt wurden, hätte bereits genug für Reporter-Visa kassiert, wurde dieser zurückberufen. Natürlich musste er einen Anteil seiner Einnahmen an den Minister abliefern. So aber bekam ich gegen ein Honorar, das wir an den jeweiligen Konsul zahlten, immer wieder ein Visum. Was nicht hieß, dass man alles machen durfte, was einem einfiel. Wie bei der Mafia war es nicht ratsam, den Boss, Saddam, zu beleidigen. Journalisten, die kritische Artikel über den Diktator geschrieben hatten, wurden nicht mehr ins Land gelassen. Nach dem Kuwait-Krieg wurde ich einige Jahre lang auf eine schwarze Liste gesetzt. Zum kafkaesken System der Willkür gehörte, dass man nie erfuhr, warum einem das Visum verweigert wurde.

Danach überlegte ich zweimal, was ich berichtete. Und ich war nicht die Einzige, die sich von dem undurchsichtigen, mafiösen Klima einschüchtern ließ. Es gab Reporter, die Dankesbriefe an Saddams Schergen im Ministerium schrieben, was mir, bei aller Angst vor Visa-Entzug, aber sehr schwer gefallen wäre.

Nach meinem Treffen mit Ali blieb ich noch ungefähr eine Woche im Hotel »Raschid«. Beinahe täglich konnte man sehen, wie sich die Spitzel vermehrten. Mindestens 100.000 arbeiteten für die Sicherheit. Da sie einem ständig über die Schulter schauten, wagte keiner offen zu reden. Das erschwerte zusätzlich jede Berichterstattung und wir verließen den Irak.

Ausgerüstet mit einem neuen Visum, für das wir in Amman den üblichen Preis gezahlt hatten, kehrte ich einige Wochen später zurück. Es war inzwischen September geworden. Während in Washington die Neokonservativen ihre Kriegspläne gegen den Irak auffrischten, sickerte in der Presse durch, dass der Irak für den Kriegsfall Tausende Gasmasken im Ausland bestellt

hatte. Darauf angesprochen hatte der damalige irakische Ministerpräsident Tarek Aziz es nicht abgestritten. Man wolle sich damit gegen einen US-Giftangriff schützen, sagte er. Es konnte
aber auch anders ausgelegt werden, nämlich dass der Irak diese
Waffen einsetzen würde. Zweideutigkeit war Teil des Vorkriegs-
spiels, bewusst gestreut vom Saddam-Regime, so scheint es jedenfalls im Nachhinein.

In Wahrheit wusste niemand, ob der Irak überhaupt noch
Massenvernichtungswaffen besaß. Selbst europäische Geheimdienste, auch der deutsche, gingen damals davon aus, dass mindestens noch 7.000 Liter Anthrax im Irak verschwunden blieben. Mehrmals hatte Bagdad erklärt, es habe längst alles zu
Beginn der 90er Jahre vernichtet. Spuren dieser Vernichtung
hatten aber die UN-Inspektoren niemals gefunden.

Heute, drei Jahre später, wissen wir, dass Saddam nichts
mehr besaß oder so versteckt hatte, dass niemand es finden
konnte. Vorzutäuschen, dass er aber vielleicht doch noch Massenvernichtungswaffen haben könnte, war Teil seines selbst
aufgebauten Mythos. Wie Bin Laden hatte Saddam niemals in
seinem Leben eine militärische Schlacht gewonnen. Er tat aber
so, als wäre er ein erfolgreicher Kriegsherr, eine lokale Supermacht, die in der ersten Liga mitspielen konnte, während er offenbar nichts als ein Papiertiger war.

Am 16. September 2002 gab der Irak seine Zustimmung,
dass die Inspektoren nach vierjähriger Abwesenheit zurückkehren durften. Ende November würden die Inspektionen beginnen und damit das große, aber vorerst letzte Katz-und-Maus-
Spiel des Regimes.

Eines Abends tauchte Ali in unserem Büro im Erdgeschoss des
Ministeriums auf. Kaum hatte ihn Qutaiba erblickt, befahl er
ihm, sich hier nie wieder blicken zu lassen. Ab diesem Zeitpunkt
traf ich Ali nur noch, wenn unser Aufpasser gerade beschäftigt
war. Einen Job bekam Ali erst nach Saddams Fall.

Die mafiöse Art zu regieren war nicht auf unser Ministerium beschränkt. Der gesamte Irak funktionierte so und, wenn man so will, ein Großteil der arabischen Welt.

Im Jahr 2001 war der erste Teil des »Arabischen Berichts über die menschliche Entwicklung« der UNO veröffentlicht worden, der ausschließlich von Experten aus der Region verfasst worden war. Darin war zu lesen, dass die arabischen Länder selbst im Vergleich mit dem weniger entwickelten Afrika deutlich hintenan standen. Mangel an Demokratie war nur ein Faktor. Ihre Rückständigkeit zeigt sich in der mangelhaften Achtung der Menschenrechte genauso wie auf anderen wichtigen Gebieten. Allein in Griechenland, hieß es in der Studie, wurden pro Jahr mehr Bücher aus Fremdsprachen übersetzt als in der gesamten arabischen Welt. Als der Report im Internet auf Arabisch und Englisch zugleich veröffentlicht wurde, wurde er rund eine Million Mal heruntergeladen, im Irak genauso wie in Saudi-Arabien oder in Syrien.

Wenn also die Bush-Regierung die Demokratie nicht nur in Afghanistan, sondern auch im Nahen Osten einführen wollte, dann würde sie alle Hände voll zu tun haben. Allein in einem der Länder, dem Irak, schien die Aufgabe schier ein Ding der Unmöglichkeit zu sein. Zur Größe des Landes und Saddams Brutalität kam auch eine besonders komplizierte Bevölkerungsstruktur hinzu.

Wie in Afghanistan besteht Iraks Bevölkerung aus mehreren Volksgruppen und Religionen. Mit Ausnahme von ungefähr fünf Prozent Christen sind alle Moslems. Die Moslems wiederum werden in verschiedene Glaubensrichtungen unterteilt, in Schiiten und in Sunniten. Die Unterschiede zwischen den beiden gehen auf einen Streit nach dem Tod des Propheten Mohammed zurück. Eine Gruppe, die Schiiten, wollte, dass ein Mitglied aus der Familie Mohammeds zu seinem Nachfolger bestimmt werde. Sie kämpfte für dessen Schwiegersohn Ali. Andere wiederum wollten einen aus der »Gemeinschaft der Gläubigen«, der *Ulema*, wählen. Da bei arabischen Stämmen die Tradition, Führer zu wählen, *sunna* heißt, wurde diese Gruppe daraufhin Sunniten genannt. In den darauf folgenden Jahrhunderten kam es zu bewaffneten Konflikten zwischen Sunniten und Schiiten, wobei der entscheidende im Jahr 680 n. Chr. in der Nähe der Stadt Kerbala stattfand, die im heutigen Irak liegt. Bei dieser Schlacht wurden zwei Enkel des Propheten getötet. Damit war das Schicksal der Schiiten als Minderheit ein für alle Mal besiegelt. Von Marokko bis nach Syrien stellen seither die Sunniten die Mehrheit der jeweiligen Bevölkerung, während sich die Schiiten ganz auf den Osten beschränken müssen. Zuerst einmal auf den Iran, wo die schiitische Version des Islam seit Jahrhunderten Staatsreligion ist. In dessen Nachbarland, in Saddams Irak, gibt es ebenfalls eine Mehrheit an Schiiten.

Der Irak ist also eines der wenigen arabischen Länder, in denen Schiiten zahlenmäßig dominieren. Während die Sunniten nur eine Minderheit von ungefähr 20 Prozent der Bevölkerung stellen, waren sie in den Jahrhunderten der türkischen Herrschaft über die arabische Welt bevorzugt behandelt worden, denn die Türken sind selbst Sunniten. Am Ende des Ersten Weltkriegs war Großbritannien zur Kolonialmacht über den Irak bestimmt worden, aber das änderte nichts an den Machtverhältnissen zwischen Sunniten und Schiiten. Die Schiiten mit 60 Prozent der Bevölkerung blieben genauso wie die Kurden von der Macht ausgeschlossen. Staatsangestellte und Armeeangehörige wurden hauptsächlich aus der sunnitischen Minderheit rekrutiert, die sich als eine heimliche Elite des Landes zu betrachten begann. Wenn schon jemandem die Macht zustehen sollte, dachte sie, dann ihnen. Proteste und Revolten der Schiiten und der Kurden, wie die von 1991, wurden insofern leicht niedergeschlagen, als sie schlecht bewaffnet waren, während Armee und Staatsapparat jede Menge moderner Waffen zur Verfügung hatten – auch dank der Lieferungen der Sowjets, Franzosen, Deutschen und Amerikaner.

Ursprünglich waren es die Briten gewesen, die nach dem Zweiten Weltkrieg König Faisal auf den Thron dieses instabilen Irak gesetzt hatten, der zehn Jahre später, im Jahr 1958, ermordet wurde. Ständige Militärputsche und Palastintrigen folgten. Ein paar Monate nach Faisals Tod wurde sein Nachfolger Oberst Salam Arif von Militärs gestürzt, aber schon fünf Jahre später kehrte er aus dem Exil zurück und rächte sich, indem er Tausende seiner Gegner grausam ermorden ließ. 1966 starb Arif bei einem Hubschrauberabsturz und sein Bruder trat seine Nachfolge an, bevor der von einem Mitglied des sunnitischen *Albu Nasir*-Stammes ersetzt wurde – von Saddam Hussein al Tikriti aus der gleichnamigen Stadt Tikrit. Selbst im Vergleich zu seinen brutalen Vorgängern war Saddam ein besonderer skrupelloser Fall: Am Tag seiner Machtergreifung ließ er jene, die ihn unterstützt hatten, hinrichten, und besetzte alle wichtigen Stellen im Staat mit Mitgliedern seiner Großfamilie – Brüder, Onkel und andere Verwandte. Mit den immensen Einnahmen aus dem Erdöl, dass bereits Anfang des 20. Jahrhunderts entdeckt worden war, modernisierte Saddam den Irak. Bevor er aber eine einzige Schule für die Schiiten errichtete, baute er lieber zwei Universitäten für seine eigenen Leute, die Sunniten.

Auf nichts hatte sich Saddam während seiner Herrschaft mehr verlassen als auf die Stämme der Sunniten, die auch nach seinem Fall eine große Rolle spielen sollten. Die Wurzeln für deren Macht hatte Saddam bereits nach der Kuwait-Niederlage gelegt. Im Jahr 1991 hatte er die einflussreichsten sunnitischen Stammesführer zu sich rufen lassen, mächtige, reiche Herren nicht nur über riesige Dattelplantagen, sondern auch über bewaffnete Milizen, in deren Dienst die jeweiligen Stammesmitglieder standen. Weil seine Armee in Kuwait beinahe völlig aufgerieben worden war, brauchte Saddam nun diese Mini-Armeen und schloss mit den Stammesführern einen ungeschriebenen Vertrag: Im Ernstfall würden sie für ihn kämpfen, im

Austausch dafür überließ ihnen Saddam einen Teil seiner Macht. Wie in den Jahrhunderten zuvor durften Stammesfürsten nun wieder über moralische Verbrechen wie Ehebruch urteilen. Seine Sunniten beauftragte Saddam zusätzlich, die UN-Sanktionen zu umgehen und so viel Erdöl wie möglich an den UN-Kontrolleuren vorbeizuschmuggeln. So wurde gefördertes Erdöl in Lastwagen auf dem Landweg nach Jordanien gebracht und von dort aus via Zwischenhändler weiterverteilt. Teile des Erlöses gingen in die Taschen der Schmuggler, andere landeten in Saddams Staatskassen. Mit dem Rest wurden Politiker, Journalisten und sogar UN-Vertreter bestochen, aber erst nach Saddams Fall sollte das ausgeklügelte System ans Tageslicht kommen. Durch seine Schlauheit, die Stämme für sich zu gewinnen, konnte der angeschlagene Saddam überleben.

Und niemand wusste, was Saddam im Schilde führte, falls ihm eine endgültige Niederlage drohte. Die USA hatten seit dem Kuwait-Krieg 1991 keine Botschaft mehr in Bagdad. Ein CIA-Umsturzversuch Mitte der 90er Jahre war von Saddam aufgedeckt worden, bevor er überhaupt begonnen hatte. Der Mann, der den Umsturz im Auftrag des US-Geheimdiensts damals hätte ausführen sollen, Robert Baer, schrieb nach diesem Desaster verzweifelt, *im Nahen Osten spielt sich das Leben hinter hohen Mauern ab, vor den Blicken von Fremden verborgen – vor allem vor den Blicken von Ausländern. Und diese Mauern waren nicht nur solche, die aus Steinen und Mörtel bestanden. Der Nahe Osten ist eine Region, in der sich alles auf die Verschleierung der Wahrheit spezialisiert hat. Die Fernsehsender und die Zeitungen bringen keine echten Nachrichten: Sie verbreiten die Propagandameldungen, die die jeweilige Regierung zu verbreiten wünscht. Enthüllungsjournalisten existieren nicht. Was es an Büchern über Politik oder über die Gesellschaft gibt, ist es nicht wert, gelesen zu werden. Ein Skandal dringt nur dann an die Öffentlichkeit, wenn die Regierung entschieden hat, dass dies zu ihrem Nutzen ist. Auf der Ebene persönlicher Beziehungen verhält es sich nicht anders. Die Menschen im Nahen Osten glauben, je weniger sie über sich preisgeben, desto vorteilhafter sei es für sie.*

Obwohl der Kalte Krieg seit einem Jahrzehnt beendet war, hatte die CIA viele Mitarbeiter, die Russisch sprachen, aber zu wenige, die des Arabischen mächtig waren. Während der Ost-West-Konfrontation waren sie nicht gefragt gewesen, jetzt aber schon.

So einfach, wie man sich im Weißen Haus Saddams endgültigen Fall vorgestellt hatte, würde es also nicht werden. Die kriegsmüden Afghanen waren eine Sache, die nationalistischen, stolzen Iraker eine andere. Dass sie auch religiöser geworden waren, dafür hatte der Diktator seit einem Jahrzehnt gesorgt.

Immer wenn ich in jenen Monaten in den Irak zurückkehrte, konnte ich von meinem Zimmer in den oberen Stockwerken des »Raschid«-Hotels aus die Fortschritte an der imposanten neuen Moschee sehen, die Saddam errichten ließ. Sie sollte mindestens so groß werden wie die Gebetshäuser in Mekka und Medina und natürlich sollte sie Saddam-Moschee heißen. Wenn wir in den Straßen von Bagdad drehten, sahen wir immer mehr Frauen mit umgebundenem Kopftuch. Durch die Sanktionen verarmt, wandten sich die Iraker Allah zu, ihnen war ja nichts anderes geblieben. Und Saddam zog im Hintergrund die Fäden, auf dass die Religion auch so aussehen würde, wie er und sein ältester Sohn Udai sich das vorstellten – radikal und kämpferisch.

Bereits nach dem Kuwait-Krieg hatte Saddam befohlen, auf jede irakische Fahne quer die Worte *Allah u akbar*, »Allah ist groß«, schreiben zu lassen. Bald danach wurde im staatlichen irakischen Fernsehen eine neue Sendung eingeführt, in der Kindern der Koran gelehrt wurde.

Udai, der seit einem Anschlag teilgelähmt war, schickte seine Leibwächter regelmäßig aus, um in den Straßen der irakischen Hauptstadt hübsche Irakerinnen für ihn zu kidnappen. Zugleich aber hatte er seit seiner Gehunfähigkeit, so widersprüchlich es klingt, den Islam entdeckt. Es hieß, er verbringe Stunden mit dem Lesen des Korans und sei überzeugt, der Irak müsse von Grund auf erneuert werden. Und so ließ er schon Ausweise für die Bevölkerung vorbereiten, in denen vermerkt sein sollte, ob man Gläubiger oder Ungläubiger sei. Genau so, wie Fundamentalisten die Welt einteilten: in ein Haus des Islam, ein *dar al islam*, das »Haus der Gläubigen«, während der Rest der Welt, alle anderen Religionen, in einem »Haus des Kriegs«, einem *dar al harb*, lebte.

Während also Udai sich zu einem Mini-Bin-Laden entwickelte, trainierte sein Bruder Kusai, Saddams zweiter Sohn, eine neue Einheit, die *Fedajin*, die »Opferbereiten«. 20.000 Mann stark war diese neue Truppe, die keine Panzer und keinerlei Artillerie besaß.

Hunderte Kilometer entfernt, im pakistanischen Grenzgebiet, hielt sich Bin Laden weiter versteckt. Ruhig war es um ihn geworden. Auch wenn er kein Kalifat mehr besaß und als Vertriebener umherirrte, hatte er die Hoffnung wahrscheinlich nicht aufgegeben, dass seine Stunde wieder kommen würde. Einem Bin Laden musste der Irak-Krieg, der sich langsam am Horizont abzeichnete, wie ein Geschenk Gottes vorkommen.

KAPITEL 5

Der Krieg, den es nicht gab

Irak, Januar bis April 2003 Die Mittel, die dem Saddam-Clan für einen Krieg zur Verfügung standen, waren begrenzt. Seine stärkste Waffe, die Angst, hatte Saddam bereits zu lange eingesetzt – sie war schon beinahe stumpf geworden. In Krisensituationen, wie sich jetzt eine anbahnte, konnte sie jedoch über Nacht wieder wirksam werden. Ende Januar kehrte ich nach Bagdad zurück mit dem Vorsatz, so lange zu bleiben, bis entweder Saddam oder George W. Bush gewinnen würden. Die UN-Waffeninspektoren arbeiteten überall im Land. Ein Großteil der internationalen Staatengemeinschaft war dafür, dass sie ihre Suche nach möglichen Massenvernichtungswaffen zumindest noch ein paar Monate weiterführen sollten.

US-Militärstrategen sahen das anders: Ende April begann im Irak die Zeit der gefährlichen Sandstürme, dann einen Krieg mit hochmodernen, aber sensiblen Kampfbombern, Panzern und lasergesteuerten Raketen zu führen, war ein Risiko. Kein US-General wollte es eingehen. Ein Feldzug gegen Saddam musste also schon ziemlich bald beginnen, spätestens Ende Februar oder im März.

Während dieser Zeit des Wartens und des Abwägens würde Condoleezza Rice, die damals noch den Posten der Sicherheitsberaterin innehatte, den Vorsitzenden der UN-Überwachungskommission UNMOVIC, Hans Blix, zu schnelleren Inspektionen drängen. Sie sprach *von der Schwierigkeit, eine ganze Armee in Kampfbereitschaft zu halten.*

Nach dem Afghanistan-Krieg war die US-Armee nicht in ihre jeweiligen Basen in den USA oder sonst wo zurückgekehrt. Sie saß »untätig« auf Flugzeugträgern und im neuen Luftwaffenstützpunkt Al Udeid in Qatar herum. Dorthin, nach Al Udeid, waren die US-Einheiten bereits Ende März 2002 umgezogen. Zuvor hatte sich ihr Hauptquartier in Saudi-Arabien, im Süden der Stadt Riad, befunden. Bin Ladens Proteste gegen die Anwesenheit der »Ungläubigen« auf heiligem saudischem Boden hatten den Umzug bewirkt. Ein nicht unwichtiger Sieg für den Terror-Chef.

In unseren Gerätekoffern und Kisten hatten wir zwischen Kamerabatterien und Lichtstativen mehrere Gasmasken der Bundeswehr, Atropinampullen sowie Einwegspritzen versteckt, die im Fall eines Giftgaseinsatzes als Gegenmittel einzusetzen waren. Versteckt deshalb, weil die irakischen Behörden verboten hatten, Schutz gegen Giftgas zu importieren. Kugelsichere Westen ließen wir hingegen von einem jordanischen Fahrer auf dem Landweg nach Bagdad schmuggeln. Sie waren zu schwer und zu auffallend, um sie im Fluggepäck mitzunehmen. Außerdem hatten wir mehrere Satellitentelefone mit. Auch das war nicht legal. Nichts von unserer Ausrüstung konnte ich in unserem Büro verstecken. Es war zu klein. Unser Aufpasser Qutaiba saß ständig mit gespitzten Ohren da.

Einige Wochen vor Kriegsausbruch wurden die Regeln für Aufpasser und Reporter verschärft. Filmen ohne Genehmigung war schon bisher nicht gestattet und man musste jeden Termin beim zuständigen »Vertreter der Sicherheit« im Ministerium melden. Männer wie unser Qutaiba gehörten nur zum Fußvolk, das zu gehorchen hatte. Die Repräsentanten des Sicherheitsdienstes waren hingegen clevere, gerissene Apparatschiks. Die meisten von ihnen waren in einer jahrelangen Ausbildung in Moskau in allen Künsten der Bespitzelung oder Spionage geschult worden. Einer der wichtigsten Vertreter, ein gewisser Said*, war für uns Journalisten aus dem Westen zuständig. Später sollte Said eine unserer Kontaktpersonen zu den irakischen Aufständischen werden. Zu dieser Zeit ließ er sich jedoch von keinem von uns in die Karten schauen.

Es war nicht schwer zu verstehen, wie das Ministerium funktionierte, man musste nur die Augen aufhalten, um zu merken, dass in Wahrheit alles auf der üblichen Willkür aufgebaut war. Leute kamen und verschwanden. Am Morgen waren sie Aufpasser, am Nachmittag gefeuert. Der ständig von Panik geplagte Qutaiba erzählte mir, dass einer seiner Freunde, der für einen britischen Sender verantwortlich war, seinen Job wegen einer einzigen Szene verloren hatte. Man sah darauf einen Esel, der zufällig vor einer Saddam-Statue pinkelte. Irgendein irakischer Botschaftsangestellter in London hatte den Bericht gesehen und nach Bagdad gemeldet, dass es da jemanden gab, der den irakischen Präsidenten beleidigen wollte. Daraufhin flog Qutaibas Freund aus dem Ministerium. Die Aufpasser wurden ihrerseits von den Geheimdiensten, von Leuten wie Said, kontrolliert.

Die zweite Waffe Saddams, seine Armee, war hingegen nicht mehr wiederzubeleben. Sie war dahin, ein für alle Mal. Die Hälfte aller zehn Divisionen der irakischen Eliteeinheiten, der Republikanischen Garden, war ohnehin bereits 1991, im Kuwait-Krieg, aufgerieben worden. Die ständigen Bombardements hatten das meiste Kriegsmaterial zerstört. Im Süden von Bagdad lag eines der größten Militärlager im gesamten Nahen Osten, das Militärlager Raschid. Es war unter der Türkenherrschaft errichtet worden. Jetzt war es nur noch ein Abstellplatz für kon-

* Name geändert

ventionelles Kriegsmaterial, das Saddam jahrzehntelang von seinen sowjetischen Verbündeten im Austausch gegen Öllieferungen bekommen hatte: unbrauchbar gewordene Panzer, Militärlastwagen und schwere, veraltete Artillerie.

Kusais *Fedajin*, die neue Armee, die der Saddam-Clan sich herangezogen hatte, brauchte keine Waffen aus der Zeit des Kalten Kriegs. Sie war in kleine Einheiten von Kämpfern aufgeteilt, die nur mit Schnellfeuergewehren, Pistolen und Handgranaten ausgerüstet waren. Einige hatten auch SAM-Raketenwerfer, die von den Sowjets gebaut worden waren und ideal für einen Guerillakrieg sind. Auf den ersten Blick konnte man die *Fedajin* nicht von anderen halbwüchsigen Irakern unterscheiden, denn sie waren in Jeans und Turnschuhe gekleidet. Als uns das Informationsministerium zu einem der Ausbildungsplätze der *Fedajin* brachte, erklärte mir Qutaiba, sie seien nicht die einzige neue Geheimwaffe. Mobile Kommandos würden trainiert werden, um die Amerikaner in einem urbanen Guerillakrieg zu besiegen. Sie würden alle gläubige Moslems sein. Und tatsächlich schrieen die Kämpfer den Schlachtruf der Gotteskrieger in unsere Kameras: *Allah u akbar*, »Allah ist groß«.

In Wahrheit war ein Großteil der *Fedajin* rekrutiert worden, als Saddam im Oktober des Jahres 2002 die Tore seines berüchtigsten Gefängnisses, die Haftanstalt in Abu Ghraib im Westen von Bagdad, geöffnet hatte. Der Anlass war eine Präsidenten-Amnestie als Dank dafür gewesen, dass Saddam bei einem Referendum für weitere fünf Jahre wiedergewählt worden war. Offiziell hatte er 100 Prozent der Stimmen bekommen, ein Traumergebnis, selbst für einen Diktator. Überall in Bagdad waren damals bereits Gerüchte aufgetaucht, verurteilte Schwerverbrecher, Raubmörder und vielfach verurteilte Vergewaltiger würden frei herumlaufen und die Bevölkerung terrorisieren.

Nach dem Fall von Bagdad würden diese Kriminellen an den Plünderungen von Geschäften und Banken teilnehmen.

Zu den *Fedajin* gesellten sich bald noch die Freiwilligen aus den arabischen Ländern. Bereits Anfang Februar wurde uns eine erste Einheit auf einem Schulhof am Stadtrand der irakischen Hauptstadt präsentiert. Alle sagten, sie seien in den Irak gekommen, um im Fall eines Angriffs zu sterben. Einige trugen Palästinensertücher vor dem Gesicht, um nicht erkannt zu werden. Um die Schultern hatten sie kurze Jacken hängen, deren Taschen mit Sprengstoffattrappen ausgestopft waren. Die meisten von ihnen waren zwischen 18 und 22 Jahre alt. Um uns ihren Kampfeswillen zu demonstrieren, sprangen die Jugendlichen aus Ländern wie Syrien und dem Libanon über Hürden, angefeuert von irakischen Ausbildern. In Afghanistan trugen alle Gotteskrieger einen Bart, aber diese jungen Männer hatten nicht die Zeit gehabt, sich einen wachsen zu lassen. Mit einer Ausnahme waren alle glatt rasiert, aber man sah ihnen an, dass sie sich als die Nachfolger der afghanischen Kämpfer fühlten.

Einheimische *Fedajin*, Kriminelle und Freiwillige aus arabischen Ländern versammelten sich also bereits vor dem Beginn des Kriegs im Irak, um, nach Afghanistan, den nächsten Heiligen Krieg zu kämpfen. Die meisten von ihnen waren zu jung, um jemals in Afghanistan gegen die Sowjets im Einsatz gewesen zu sein, aber alle hatten von Bin Laden gehört. Viele bewunderten ihn für seine Terroranschläge. Und auch Saddam hatte bei den Radikalen keinen schlechten Ruf. Jeder hatte von seinen großzügigen Geldzuweisung für die Familien von palästinensischen Selbstmordattentätern gehört. Dass er damit sowohl die Israelis als auch die Amerikaner ärgerte, erhöhte nur die Bewunderung für ihn.

Saddam war also genauso wenig wie Bin Laden vom Himmel gefallen, er war ein Produkt eines Nahen Ostens, in dem Nationalismus, Islam, Hass auf Israel und Feindlichkeit gegenüber dem Westen sich mischten – genau so, wie Saddam es jahrzehntelang gepredigt hatte.

Im Nachhinein fragten sich viele, ob Saddam alles so vorbereitet und geplant hatte. Wahrscheinlich ist es nicht. Im besten Fall muss ihm aber klar gewesen sein, dass seine Armee ohnehin keine Chance gegen die einzige verbleibende Supermacht der Welt hatte – außer, es würde zu seinen Bedingungen gekämpft werden.

Für die Amerikaner war es schwierig, Saddam mit einem hochmodernen Marschflugkörper zu finden und zu treffen, aber genauso schwierig war es für Saddam, mit einem Selbstmordattentäter ein Kampfflugzeug zur Strecke zu bringen. So konnte er eine Supermacht nicht aufhalten. Nur eines war sicher: Die beiden Kriegsstrategien konnten unterschiedlicher nicht sein. Zwischen den Amerikanern und ihren Feinden lagen Welten. Amerikas Kriegsmaschinerie war perfekt organisiert, beinahe zu perfekt, die irakische hingegen wurde eher dem Zufall überlassen.

Wenn man durch Bagdad fuhr, merkte man kaum etwas von den Kriegsvorbereitungen, außer, dass Gräben ausgehoben wurden. Aber in den Schulen wurden Waffenlager angelegt. Ganz in der Nähe des *Al Kindi*-Krankenhauses wurde eine Luftabwehr aufgestellt, wollte man die aus der Luft unschädlich machen, würde der Pilot ganz genau zielen müssen, sonst würde das Hospital getroffen. Mit diesen kleinen Fallen wollten die Iraker den Amerikanern ihren hochmodernen Krieg so schwer wie nur möglich machen – und es sollte ihnen zum Teil gelingen.

Die Amerikaner hingegen wollten einen schnellen, wenn möglich sauberen Krieg ohne einen Tropfen Blut führen, so unrealistisch das auch klang. Amerikas Bevölkerung war zwar mehrheitlich für den Waffengang, aber Blut wollte sie keines sehen, nicht auf der Seite der Iraker und noch weniger auf der eigenen. Nur 150.000 Mann der amerikanischen Armee, unterstützt von britischen und anderen Truppen, warteten deshalb an der Grenze zwischen dem Irak und Kuwait auf den Befehl loszumarschieren. Für die Eroberung eines Landes wie den Irak waren es wenige.

Die Hauptaufgabe hatte die US-Luftwaffe übernommen. Auf Flugzeugträgern im Persischen Golf oder im Mittelmeer waren bereits Hunderte Kampfbomber stationiert, beladen mit lasergesteuerten, hochpräzisen Marschflugkörpern. Während des Kuwait-Kriegs zwölf Jahre zuvor sollen nur ungefähr zehn Prozent aller abgefeuerten Raketen so genannte Präzisionswaffen gewesen sein. Jetzt waren es beinahe alle, 90 Prozent. Gerüchte besagten auch, bisher nicht erprobte Waffen würden eingesetzt werden, wie zum Beispiel eine, die auf einen Schlag jede Elektronik zerstören würde. Ein bisher nicht bekannter technologischer Präzisionskrieg kündigte sich also an. Wer in Berlin oder London gegen den Waffengang der Bush-Regierung protestierte, dem konnte das ziemlich einerlei sein. In Bagdad war es aber von größter Bedeutung, wie der Krieg geführt werden würde. Das entschied über Leben und Tod einer Fünfmillionenstadt. Jeder Bewohner in der irakischen Hauptstadt hörte also genau zu, wenn Präsident Bush versprach, man würde nicht gegen die Bevölkerung des Irak Krieg führen, sondern nur gegen das Saddam-Regime.

Die Amerikaner versuchten, jeden Aspekt des Kriegshergangs so gut wie möglich unter Kontrolle zu behalten. Bei den US-Truppen waren zum ersten Mal seit Jahrzehnten wieder Journalisten »eingebettet«. Damit sollte die öffentliche Meinung in Amerika zugunsten der eigenen Seite beeinflusst werden. Propaganda begleitete seit jeher die Kriege. Alvin Toffler, ein Zukunftsforscher, beschrieb die wichtigsten Aufgaben dieser Beeinflussung der Öffentlichkeit lange vor der Irak-Invasion so: *Die Presseoffiziere bei der Armee haben in all den Jahren immer wieder sechs verschiedene Werkzeuge eingesetzt, um den Verstand zu beeinflussen. Eines der am meisten verbreiteten ist die Beschuldigung des Gegners, Gräueltaten zu verüben [...], wobei die Propaganda nicht unbedingt falsch sein muss. [...] Das zweite gebräuchliche Werkzeug ist eine erhöhte Bedeutung dessen, worum es im Krieg geht. Soldaten und der Zivilbevölkerung wird erklärt, dass alles, was ihnen lieb und teuer sei, auf dem Spiel stehe. Präsident Bush stellte den Golfkonflikt als einen Krieg für eine neue und bessere Welt dar. [...] Was Saddam betrifft [...], so ging es – behauptete er – um die gesamte Zukunft der Arabischen Nation. Ein drittes Werkzeug ist die Dämonisierung und Entmenschlichung des Gegners. [...] Für Bush war Saddam ein »Hitler«, während das Radio Bagdad amerikanische Piloten als Ratten und räuberische Biester bezeichnete. [...] Ein viertes Werkzeug ist die Polarisierung: »Wer nicht mit uns ist, ist gegen uns.« Ein fünftes ist die Inanspruchnahme des göttlichen Segens. [...] Das wahrscheinlich mächtigste Werkzeug ist die Meta-Propaganda, die die Propaganda der anderen Seite als solche entlarvt. Die Sprecher der Koalition in der Golf-Region sagten ständig, dass Saddam die absolute Kontrolle über die irakischen Medien hatte [...]. Meta-Propaganda ist besonders wirksam, denn anstatt eine einzelne Begebenheit in Frage zu stellen, wird alles, was vom Feind kommt, in Frage gestellt. Ihr Ziel ist es, allgemeinen Argwohn gegenüber allem zu erzeugen.*

Niemand ging davon aus, dass Saddam sich einschüchtern lassen und kampflos aufgeben würde. Das war schon abzusehen, bevor die ersten amerikanischen Marschflugkörper in der Nacht vom 19. auf den 20. März südlich von Bagdad einschlugen. Dort hätte sich nach den Informationen der US-Armee in jener Nacht der irakische Diktator samt seiner engsten Berater aufhalten sollen. Doch bevor noch die Sonne aufging, war klar, dass man ein leeres Gebäude getroffen hatte. Aus dem schnellen Blitzkrieg aus der Luft, wie ihn sich das Weiße Haus vorgestellt hatte, war also nichts geworden.

Von unserem Hotel aus, dem »Palestine«, wohin uns das Informationsministerium umgesiedelt hatte, konnte man diese ersten Treffer am fernen Horizont kaum wahrnehmen. Die Einschläge waren zu weit weg. Aber es waren mehrere mächtige 1.000-Kilo-Bomben, die umsonst abgeworfen worden waren. In den darauf folgenden Tagen und Wochen sollte die amerikanische Luftwaffe unentwegt die Hauptaufgabe in diesem Krieg innehaben. Jedem Vorstoß der Bodentruppen sollten massive Bombardements der irakischen Stellungen vorausgehen, bis auch die letzte Waffe der Feinde zertrümmert war. Im Süden von Bagdad hatten die Iraker ihre allerletzten betriebsbereiten Panzer eingesetzt. Genauer gesagt, sie hatten sie in den Feldern der Bauern eingegraben. So, glaubten sie, würden die Amerikaner es nicht wagen, sie anzugreifen. Sie irrten sich, und als die US-Kampfflieger ihre tödliche Last abschossen, trafen sie genau. Und wenn nicht, dann wurden in den Häusern Zivilisten verletzt. Präsident Bush hatte zwar versprochen, Zivilisten zu schonen, aber die Stellungen der Iraker zwangen seine Luftwaffe dazu, genau dort zu bombardieren, wo auch Frauen und Kinder lebten. Dass er sein unrealistisches Versprechen nicht einhalten konnte, machte den Amerikanern keine Freunde unter der irakischen Bevölkerung.

Der irakische Informationsminister Sahaf hatte auf den ersten Blick propagandatechnisch gegenüber der Supermacht USA wenig anzubieten, außer ein leeres Ministerium. Geschulte Presseoffiziere hatte er keine. Und Leute wie Qutaiba, der nicht einmal einen geraden Satz herausbekam, konnten mit den Amerikanern erst recht nicht mithalten. Im Erdgeschoss seines gespenstischen Gebäudes begann Sahaf aber – an einem improvisierten Pult mit einem Foto von Saddam Hussein im Hintergrund – nach dem ersten missglückten Schlag der Amerikaner seine Pressekonferenzen abzuhalten. Er erzählte blumig und wortgewaltig, wie die USA ständig erniedrigt würden und wie viele US-Soldaten bereits getötet worden wären. Die zweite Kriegswoche mit nächtlichen Bombardements, gefolgt von Sahafs morgendlichen Pressekonferenzen, brach an. Dann die dritte.

Eines Morgens aber, während der Minister einem arabischen Sender auf dem Flachdach des Hotels wieder einmal ein Interview gab, tauchten auf der anderen Seite des Tigris mehrere mächtige US-Abrams-Panzer auf. Ausgerechnet auf dem Areal des Palasts der Republik, Saddams wichtigstem Hauptquartier. Sahaf wandte den Kopf und erklärte, die Panzer seien nichts als Attrappen. Die Kampfpanzer stießen unentwegt vor. Explosionen waren zu hören, aber Sahaf wich nicht von seiner Meinung ab. Die Amerikaner, wiederholte er unentwegt, seien dabei, den Krieg zu verlieren. Von weiter oben, wo unsere Zimmer lagen, beobachtete Aufpasser Qutaiba neben mir den überraschenden amerikanischen Vorstoß aus nächster Nähe. Aber auch er meinte nur, es sei nichts als ein Täuschungsmanöver. Wie er glaubten Millionen Araber, die den Krieg an ihren Fernsehern verfolgten, nicht den amerikanischen Armeepressesprechern, sondern Sahaf. Während er im Westen zu einer Lachnummer wurde, verehrte man ihn in Bagdad bis zur letzten Minute wie einen Heiligen. Wenn Sahaf sagte, dass der Krieg noch lange nicht ausgefochten sei, dann könne es nur so sein.

Wochen nach Kriegsende, im Juni 2003, würde mir die Nummer zwei des Ministeriums, Udai Atai, erzählen, er hätte gesehen, wie Saddam auf einem Schimmel in Richtung Flughafen geritten sei und sich dort nur mit einem Säbel bewaffnet vor die Panzer der Amerikaner geworfen habe.

Aus Sicherheitsgründen verließen die Amerikaner ihre Panzer nicht einmal, um am Flughafen gegen die Iraker zu kämpfen – und um Saddam festzunehmen, falls er es tatsächlich gewesen war, was aber unwahrscheinlich erschien. Noch am selben Tag, als die Abrams am anderen Flussufer aufgetaucht waren, wurde das Hotel »Palestine« von einem Panzer beschossen. Zwei Kameramänner wurden schwer verletzt und starben später. Auch da hatten die Amerikaner ihre Panzer keine Sekunde lang verlassen.

Als ich an diesem Abend zu Bett ging, konnte ich nicht einschlafen. Ich war wahrscheinlich nicht die Einzige in Bagdad. Immer dann, wenn ich glaubte, das müsse der letzte Bombentreffer gewesen sein, hörte ich neue Einschläge. Manche waren weit entfernt, manche ganz in der Nähe, und im Halbschlaf schien es, als wäre das Hotel nochmals getroffen worden. Irgendwann in der Nacht stand ich auf und stellte eine der Matratzen quer vor das Balkonfenster, um zumindest vor den Glassplittern geschützt zu sein, falls es doch einen weiteren Treffer geben sollte. Es war gegen drei Uhr, als ich erschöpft einschlief. Am nächsten Tag fiel Bagdad.

Gleich am frühen Morgen zogen wir unsere kugelsicheren Westen an und fuhren durch das menschenleere Zentrum der Stadt. Plötzlich, als wir am Ende der Raschid-Straße angelangt waren, begann jemand ganz in der Nähe zu schießen. Dann war für eine Minute alles ruhig. Als amerikanische Panzer auf die Stellungen der *Fedajin* an der Raschid-Brücke schossen, hatten wir gerade umgedreht, um zu sehen, was denn vor sich ginge. Unser Fahrer Achmed gab Gas und raste weg von dem Platz vor der Brücke, wo sich die Kämpfer versteckt hielten. Eines der Geschosse der Amerikaner landete mitten in einem Wohnhaus. Wir konnten den Einschlag hören, als wir beim *Al Kindi*-Krankenhaus ankamen. Dort trafen aber keine *Fedajin*, sondern Zivilisten ein. Die meisten waren bei den nächtlichen Luftangriffen der Amerikaner verletzt worden. Zu den Opfern gehörten Kinder, die mit unzähligen Splittern im Rücken still vor sich hin weinten. Eine Bombe, erklärte mir der Vater eines verletzten Mädchens, habe einige Häuser weiter eingeschlagen, in dem Haus seien alle tot. Seine Tochter hätte aber auch etwas abgekommen. Kollateralschäden wurden diese Verletzungen in der Sprache der Militärs genannt. Dass sie niemals zu vermeiden waren, hatte der kurze, schnelle und hochmoderne Krieg gegen Saddam Hussein gezeigt. Man konnte es denn Patienten ansehen, dass sie nicht verstanden, warum sie für den Sturz des Diktators zahlen sollten – noch dazu nach den Bush-Versprechen, man würde sie, die Zivilisten, schonen.

Als ich zum Eingang des Krankenhauses zurückging, hörte ich einen Mann schreien. Er wurde gerade auf einer Bahre gebracht. Die Faust erhoben, brüllte er »Hoch lebe Saddam!«. Sein Oberschenkel war nichts als ein riesiger Blutfleck. Man sah ihm an, dass er gerne noch gekämpft hätte, nur gab es niemanden, gegen den er Krieg führen konnte. Als wir das Krankenhaus verließen und zurück zum Hotel fuhren, waren die ersten Banden von Plünderern unterwegs. Amerikaner sahen wir erst, als wir einer Einheit von US-Marines begegneten, die sich Meter um Meter dem Zentrum näherte. Erst zwei Stunden später waren sie einen Kilometer weiter, am Platz vor unserem Hotel angelangt, wo eine riesige Saddam-Statue vor laufenden Kameras gestürzt wurde. Symbolisch jedenfalls war der Krieg beendet.

Absurderweise war auch bei den siegreichen Soldaten die Enttäuschung groß. Marines, die unter dem Schutz der Luftwaffe als Allererste vorgestoßen waren, klagten, der Krieg wäre ziemlich lächerlich gewesen. Iraks Armee hätte nicht kämpfen wollen, man wäre im ganzen Land kaum auf Widerstand gestoßen. Im Süden der Stadt hätte es keinerlei nennenswerte Verteidigungslinien gegeben. Und noch verwunderlicher: Als man Bagdad erreicht hatte, kam es nicht zu dem befürchteten Häuserkampf. Obwohl die Marines jedes Viertel regelrecht durchkämmten, trafen sie auf wenig Widerstand. Sie sagten mir, sie hätten nicht mehr als 20 Mann verloren, als diese in einen Hinterhalt geraten waren.

Im Südirak hatte ein US-Kommandant während des Vorstoßes Probleme mit seiner Truppe, weil sie keinerlei Kriegshandlungen ausgesetzt war. Eines Abends waren ein paar seiner Soldaten verschwunden. Als der Kommandant es bemerkte, sagte man ihm, die Männer seien in eine nahe Stadt kämpfen gegangen. Sofort hatte er sie zurückholen lassen.

In dieser Mischung von Frustration der einen, die zu wenig gekämpft hatten, und der anderen, die verloren hatten, wusste niemand so richtig, was als Nächstes zu tun war. Die US-Armee hatte den Auftrag gehabt, Bagdad zu erobern, wenn möglich mit einem Minimum an Toten. Und so lungerten bald vor unserem Hotel Gruppen von arabischen Gotteskriegern in Jeans und Tennisschuhen herum, in Sichtweite der amerikanischen Soldaten. Die hatten jedoch keine Befehle, Zivilisten festzunehmen, und so rührten sie keinen Finger.

Um herauszukommen, was die Gotteskrieger vorhatten, versuchte ich zusammen mit einem italienischen Kollegen, die Jungs zum Reden zu bringen. Zuerst wollte keiner etwas sagen. Schließlich meinte einer, sie seien nur zufällig in Bagdad, weil sie in einem Hotel gearbeitet hätten. Ein zweiter erzählte, er sei keineswegs ein Gotteskrieger, sondern sei nur gekommen, um seinen Bruder abzuholen, der irgendwo im Irak verschwunden war. Man bekam aus ihnen nichts heraus – die Zeit der Interviews war vorbei. Aber die Männer waren wütend, das konnte man ihnen ansehen, über die neuerliche Erniedrigung einer arabischen Armee.

Weil die US-Militärs aber geradewegs ins Zentrum gefahren waren, hatten sie ihren größten Coup ganz einfach versäumt. Die Gefangennahme von Saddam plus Dutzenden Gotteskriegern in einem von Bagdads heißesten Bezirken, in Adamija.

Das Viertel liegt im Nordwesten von Bagdad, eigentlich auf der Route der Marines. Doch die hatten nur ein paar Mal aus einem ihrer Panzer auf eine Moschee gefeuert, aus der sie beschossen worden waren. Dann waren sie weitergefahren. Die Moschee von Adamija hieß *Abu Hanifa* und ist eines der größten Heiligtümer der Sunniten. Nicht weit von *Abu Hanifa* entfernt, im Keller eines Hauses, hielt sich Saddam versteckt. Kurz nachdem die US-Abrams-Panzer durchgefahren waren, war er mit ein paar Leibwächtern in der Nähe eines Kaffeehauses aufgetaucht und hatte sich feiern lassen. Die Aufnahmen von Saddam, der umringt und beklatscht wurde, verkaufte ein Bewohner Adamijas für 1.000 Dollar an einen arabischen Fernsehsender. So erfuhr die ganze Welt, dass Saddam noch lebte.

Einige der Kämpfer, die von dem Minarett von *Abu Hanifa* aus auf die feindlichen Panzer geschossen hatten, kamen bei dem Beschuss durch den US-Panzer um und wurden im Garten der Moschee begraben. Bald wurden sie von Adamijas Bevölkerung, die zu den fanatischsten Anhängern des Saddam-Regimes gehörte, als Märtyrer gefeiert. Nirgendwo sonst hatte Saddams Partei, die Baath-Partei, mehr Anhänger. Beinahe alle höheren Beamten des irakischen Innenministeriums stammten aus diesem Viertel. Wer immer sich mit dem Irak und Saddam beschäftigte, musste das wissen. Warum hatten die Amerikaner also Adamija nicht gleich besetzt?

Später sollten sie bereuen, Adamija nicht sofort unter ihre Kontrolle gebracht zu haben. Denn während die Saddam-Statue im Zentrum vom Podest gestürzt wurde, flohen in aller Ruhe Dutzende hoher Regime-Funktionäre aus Adamija in Richtung Norden und Westen, in das Sunnitische Dreieck. Von dort aus würden sie dann einen neuen Krieg führen; nur würde der zu ihren Bedingungen stattfinden.

KAPITEL 6

Wo beginnt das Chaos?

Irak, Juni 2003   150.000 ausländische Soldaten mit einem überhöhten Testosteronspiegel blieben nach dem Krieg im Irak im Einsatz: US-Marines, Spezialtruppen, Infanterie und die Männer der 82. Luftlandedivision. Letztere sahen wir aus der Ferne auf der anderen Straßenseite daherkommen und ich befahl dem Fahrer, langsamer zu fahren, damit ich sie mir besser ansehen konnte. Sie marschierten im Gänsemarsch daher, die Gewehre in Hüfthöhe, so als wären sie jederzeit bereit abzudrücken. Es waren große, mächtige Männer. Keiner war kleiner als 1,80 Meter. Alles, was sie brauchten, trugen sie an ihrem Körper, die kugelsicheren Westen um den Oberkörper, Munitionstaschen an den Gürteln und auf dem Rücken flache Thermosflaschen, die mit Wasser gefüllt waren. Es herrschte eine unerträgliche Mittagshitze. Alle Flüge von und nach Bagdad waren für Zivilmaschinen vorübergehend eingestellt worden. Der ehemalige Saddam-Hussein-Flughafen, der nun Internationaler Flughafen Bagdad hieß, wurde ausschließlich von der amerikanischen Armee angeflogen. Also kehrten wir auf dem Landweg in die irakische Hauptstadt zurück. Noch waren wir ungefähr 400 Kilometer von Bagdad entfernt.

Wenn man gegen fünf Uhr morgens aus Amman losfuhr, konnte man schon am frühen Nachmittag in Bagdad sein, aber wir waren an der Grenze aufgehalten worden. Es hatte dort einen unvorstellbaren Stau gegeben, weil Tausende Iraker in Jordanien Autos kauften – alle Importsteuern waren von der amerikanischen Besatzungsmacht erlassen worden. Die irakischen Zollbeamten waren nach Saddams Fall wie vom Boden verschluckt. Nichts ging also mehr an dem Kontrollposten. Ein paar US-Soldaten versuchten das Chaos zu regeln, aber trotzdem belegten die Importautos alle Fahrspuren. Stundenlang kam man keinen Zentimeter weiter. Als wir die Grenze schließlich passiert hatten, verloren wir wegen einer Reifepanne unserer Kollegen, die mit einem zweiten Wagen hinter uns fuhren, erneut Zeit. Wir hatten ausgemacht, im Konvoi nach Bagdad zu fahren.

Die Autobahn gehörte inzwischen zur gefährlichsten Straße im ganzen Irak. Neben den Plünderungen in Bagdad hatte es gleich nach Kriegsende auf dieser Autobahn vermehrt Überfälle gegeben. Anfangs hatte sie niemand besonders ernst genommen. Das Muster der Überfälle zeigte aber, dass es professionelle Banditen waren. Das Opfer wurde von einem Wagen mit getönten Fenstern überholt und wenn der auf gleicher Höhe war, sah man plötzlich, wie ein Gewehrlauf aus dem Fenster geschoben wurde und man wurde an den Straßenrand abgedrängt. Dann ging alles sehr schnell. Bevor man überhaupt merkte, was geschah, waren die Typen bereits mit dem gesamten erbeuteten Geld am Horizont verschwunden. Sie hatten schnelle Autos, mit Vorliebe fuhren sie BMWs. Es steckte ein System dahinter, denn sie hielten vor allem Ausländer an, besonders Journalisten oder Mitglieder von Hilfsorganisationen – anders gesagt Leute, von denen man annehmen konnte, dass sie Geld bei sich hatten. Deshalb hieß es, man solle als Ausländer am besten auf der jordanischen Seite voll tanken und bis Bagdad nicht stehen bleiben. Angeblich wurden die Ausländer an den Tankstellen und in den Raststätten beobachtet. Jemand informierte dann die Banden per *Thuraya*, zu jenem Zeitpunkt das einzig funktionierende Kommunikationssystem, und schon war man dran. Ursprünglich war das *Thuraya* ein Satellitentelefonnetz, das von der amerikanischen Armee entwickelt worden war und den Vorteil hatte, dass die Apparate nur doppelt so groß waren wie ein ganz normales Handy. Man konnte sie also leicht benutzen. Im Vergleich dazu waren alle anderen Satellitentelefone umständlich, denn sie hatten die Größe eines Aktenkoffers und funktionierten erst, nachdem man die Antenne eingerichtet hatte. Beim *Thuraya* hatte man innerhalb von einer Minute eine funktionierende Leitung. Seit eine ganze Reihe *Thurayas* Reportern bei Raubüberfällen geklaut worden waren, hatte die Kriminalität auf der Strecke nach Bagdad noch zugenommen.

Banden zu jagen, dafür waren die knallharten Soldaten der 82. Luftlandedivision nicht ausgebildet worden. Unser Fahrer hatte sie fasziniert beobachtet, sodass er beinahe in eine Straßensperre fuhr, die von der Einheit auf unserer Straßenseite errichtet worden war. Plötzlich hatten wir drei Schnellfeuergewehre auf uns gerichtet. Gleich neben dem Straßengraben lag einer auf dem Bauch und zielte mit seinem Scharfschützengewehr genau auf meinen Kopf, während ich ausstieg. Erst jetzt sah ich einen weiteren Soldaten weiter weg auf dem steinigen Wüstenboden liegen. Dabei handelte es sich nur um eine ganz normale Straßenkontrolle, um zu verhindern, dass geklaute Autos aus Jordanien importiert wurden. Der verantwortliche Offizier ließ sich überhaupt nicht davon beeindrucken, dass wir Journalisten waren. Er machte ziemlich deutlich, dass seine Leute das nächste Mal schießen würden, wenn wir nicht weit vor der Straßensperre anhielten. Etwas weiter weg, dort, wo ungefähr der zweite Scharfschütze gelegen hatte, standen jetzt ein paar Iraker, die Hände hinter dem Kopf verschränkt. Ein Soldat kontrollierte ihre Ausweise. Zwei Frauen, die offenbar zu den Verdächtigen gehörten, begannen zu schreien und zu jammern, was den Offizier sichtlich nervös machte.

Ich bin kein Militärexperte, aber sogar ich weiß, was die 82. Luft-landedivision ist, jedenfalls keine Einheit aus höflichen Verkehrs-polizisten. Wenn in der amerikanischen Armee eine Truppe wusste, was Krieg bedeutete, dann war es diese Division. Während des Zweiten Weltkriegs waren die Männer der 82. Luftlan-dedivision als Erste über der Normandie abgesprungen. Bei den anschließenden Kämpfen um einen ersten Brückenkopf hatte die Hälfte der Soldaten ihr Leben gelassen. Keine andere ameri-kanische Einheit war so hoch dekoriert.

Nach dem 11. September hatte US-Verteidigungsminister Donald Rumsfeld die Division sofort in Alarmbereitschaft ge-setzt und in den Afghanistan-Krieg geschickt. Von dort aus kam sie direkt in den Irak.

Ohne Unterbrechung waren diese Soldaten nun schon seit eineinhalb Jahren unterwegs. So lange in Kampfgebieten statio-niert zu sein, erzeugt einen hohen psychologischen Druck, dazu kamen noch die für den Irak typischen hohen Temperaturen. Die USA hatten aber einfach nicht genug Soldaten und so musste diese reine Kampfeinheit in der schwierigsten Gegend, im Sunnitischen Dreieck, Polizeiarbeiten übernehmen.

Auf einer Landkarte betrachtet sieht es aus wie ein riesiges Dreieck, daher der Name. Im Westen dieses Dreiecks verläuft die Grenze zu Jordanien und zu Syrien, wo ebenfalls Sunniten le-ben. Nach dem Ersten Weltkrieg hatten die Kolonialmächte die Grenzen gezogen, indem sie ein Dreieck zeichneten. So wurden zahlreiche sunnitische Großfamilien getrennt. Iraker hatten Verwandte in Syrien und umgekehrt. Nach Kriegsende war für Sunniten, die sich vor den Amerikanern verstecken wollten, also nichts nahe liegender, als im Nachbarland unterzutauchen. Den Irak zu verlassen war nicht schwer. An der syrisch-irakischen Grenze standen genauso wenig Posten wie an der zu Jordanien, außerdem war diese Grenze 700 Kilometer lang und führte durch unbewohntes Gebiet. Des Nachts konnte man sie zu Fuß leicht passieren.

Der ganze Saddam-Clan war ebenfalls untergetaucht, einige von Saddams Neffen waren in Syrien. Saddams Frau und Töchter hingegen waren in der jordanischen Hauptstadt gelandet und hatten sich dort in den teuersten Vororten luxuriöse Villen angemietet. In den Monaten darauf würden sie nicht durch politische Aktivitäten auffallen, sondern durch ihre Einkaufszüge durch Ammans Shopping-Zentren.

Das schwierige Sunnitische Dreieck war eigentlich noch relativ ruhig. Nicht einmal während des Vorstoßes der US-Truppen hatte es von Seiten der Stämme der Sunniten bemerkenswerten Widerstand gegeben.

Stammesführer waren nicht nur von amerikanischen Unterhändlern bestochen worden, sondern hatten auch versprochen bekommen, man würde sie im neuen Regime bei der Verteilung der Pfründe berücksichtigen. Ein Stamm kann bis zu 100.000 Leute umfassen. Ein Stammesführer, der etwas auf sich hält, muss seinen Untertanen Arbeitsplätze beschaffen. Im Irak, dessen größter Reichtum die verstaatlichte Ölwirtschaft war, bedeutete das, er musste so viel wie möglich seiner Leute in Ministerien, in der Armee, der Polizei sowie im Geheim- und Schuldienst unterbringen. Zumindest unter Saddam war das so. Zuerst kamen die Sunniten dran, weil Saddams Clan sunnitisch war, dann erst die anderen. In Zukunft würde es wohl anders werden, mussten sich die Stammesführer sagen. Die Schiiten würden Ansprüche erheben, und genauso die Kurden. Reines Überlebenskalkül war also der Grund dafür, dass die Anführer ihre Clan-Männer aufgefordert hatten, nicht gegen die Invasoren zu kämpfen. Doch bald gab es die ersten Probleme. In einer Kriegsnacht hatte die US-Luftwaffe irrtümlicherweise ein Haus des allerwichtigsten Stammes, der *Duleimis*, mit einer lasergesteuerten Bombe zerstört. Sieben Menschen waren getötet worden und zusätzlich waren Hunderte Schafe umgekommen. Nach den Stammesgesetzen musste der Tod von Verwandten mit Blut gerächt werden. Die Amerikaner hatten hohe Schadensersatzzahlungen in Aussicht gestellt und so hielten die *Duleimis* vorerst den Mund, was aber nicht hieß, dass man den Amerikanern jeden Wunsch von den Augen ablesen würde. Iraks Stämme waren konservative, strengreligiöse Gemeinschaften. Werte wie Familie, Blut und Ehre und eben Rache zählten. Ihnen vorzuschreiben, was zu tun sei, war für Außenstehende schwierig. Und auch wenn nicht alle Sunniten in Stämmen lebten, waren sie in der einen oder anderen Form mit ihnen verknüpft oder zumindest zum Gehorsam verpflichtet. Es waren starke Verbindungen, die seit Jahrhunderten bestanden. Sie innerhalb kurzer Zeit abzuschütteln war ein Ding der Unmöglichkeit. Einen wie Saddam hätte kein Sunnite jemals an die Invasionsmacht ausgeliefert. Der eine oder andere muss sogar gehofft haben, er würde zurückkehren. Ein Vierteljahrhundert war Saddam der Führer der Sunniten gewesen, und sie hatten von ihm profitiert. Die meisten warteten also ab.

Trotzdem braute sich etwas zusammen. Gotteskrieger strömten in die Region. Eine radikale Gruppe, die sich *Ansar al Islam*, »Unterstützer des Islam«, nannte, hatte seit Jahren im Nordirak operiert. Von den Amerikanern wurde sie verdächtigt, ein Ableger von Bin Ladens *Al Qaida* zu sein. Der Norden, das Gebiet der Kurden, war für sie zu unsicher geworden, also flohen sie entweder nach Syrien oder versteckten sich im Sunnitischen Dreieck.

Es war also eine regelrechte Koalition aus Verlierern, Ex-Saddam-Treuen und Gotteskriegern, die sich im Sunnitischen Dreieck versammelte. Dazwischen befanden sich die Haudegen der 82. Luftlandedivision. Man musste kein Prophet sein, um zu ahnen, dass das nicht lange gut gehen konnte.

So hatte es schon Ende April einen wenig beachteten blutigen Zwischenfall gegeben. In Bagdad wurde zu diesem Zeitpunkt noch geplündert, in Falludja aber bereits gegen die Amerikaner gekämpft.

Nach Kriegsende errichtete die 82. Luftlandedivision mitten in Falludja einen Stützpunkt in einer Schule. Von deren Dach aus überwachten die Armeeangehörigen mit Fernstechern alles, aber bald hieß es, die Soldaten würden mehr die Frauen betrachten, die auf den Dächern Wäsche aufhängten. In den Sommermonaten schlief man im Irak außerdem auf den Dächern, weil es in den Nächten da kühler war. Es dauerte nicht lange, da breitete sich in der ganzen Stadt wie ein Lauffeuer das Gerücht aus, dass die Spiegelbrillen vieler Soldaten in Wirklichkeit mit neuartigen Röntgenscheiben ausgestattet seien: Damit könnten die Militärs Frauen nackt sehen.

Am 28. April war es schließlich vor der Schule zu einem antiamerikanischen Protest gekommen und US-Soldaten schossen in die demonstrierende Menge, wobei sie 16 Menschen töteten und Dutzende verletzten.

Die Amerikaner sagten, sie wären angegriffen worden, was leicht möglich sein kann, denn der 28. April ist Saddams Geburtstag und in Falludja hatten viele der Saddam-Anhänger eine zweite Heimat gefunden. Andere Augenzeugen berichteten, die Menge wäre von den Soldaten in ihren Stellungen auf dem Dach grundlos angegriffen worden.

Es wurde nie geklärt, wer zuerst geschossen hatte, aber beide Seiten hätten ihre Gründe gehabt. Die Männer der 82. Luftlandedivision litten unter Hitze, Staub und eintönigen Wachdiensten. Mit ihren gestärkten Muskeln, die sie sich beim täglichen Gewichteheben erwarben, saßen sie tatenlos auf dem Dach. Elitekämpfer, die man zu Hauswarten gemacht hatte.

Ihre Gegner, die Saddam-Anhänger, standen ebenfalls unter Druck. Sie mussten relativ schnell agieren, bevor sie ganz in Vergessenheit gerieten und andere, die schiitische Mehrheit, ihnen die Macht abnehmen würden. *Es ist äußerst unwahrscheinlich,* schrieb der Irak-Experte Reuel Marc Gerecht, *dass die Schiiten nach der brutalen Unterdrückung, unter der sie seit dem Zusam-*

menbruch des Osmanischen Reichs gelitten haben, jemals wieder die Vorherrschaft der Sunniten akzeptieren werden.

Noch aber gab es außer den Überfällen auf der Autobahn, die ständig zunahmen, keinerlei Anzeichen eines bewaffneten Kampfs. Wenn wir die Konvois, die in Richtung Bagdad rollten, überholten, konnten wir sehen, dass trotz der UN-Sanktionen die meisten Iraker Geld gespart hatten. Neben Autos wurde alles Mögliche importiert und auf den Dächern von PKWs nach Bagdad transportiert: Waschmaschinen, Klimaanlagen und Fernsehgeräte. Absurd war nur, dass in großen Teilen des Landes die Stromversorgung zusammengebrochen war und die neuen Elektrogeräte also nichts nützten. Die Sache mit der Stromversorgung war kompliziert. Unter Saddam hatte sie genauso wenig funktioniert, aber da sich damals niemand traute, sich darüber zu beschweren, war dies relativ unbekannt. Außerdem fand ein jeder einen Weg, Strom irgendwo illegal abzuzweigen. In einigen Teilen von Bagdad bestanden die Stromleitungen aus einem regelrechten Salat an dicken und dünnen Drähten, von denen niemand mehr wusste, wer sie installiert hatte, mit Sicherheit jedoch nicht das staatliche Elektrizitätswerk.

Für die Amerikaner war diese improvisierte Stromversorgung unannehmbar. Die Ingenieure der Armee befürchteten mögliche Katastrophen und es schalteten sich sogar Anwälte ein, die vor Schadensersatzforderungen warnten, denn nach internationalem Recht war die Besatzungsmacht bei eventuellen Unfällen haftbar.

Man beschloss also, alles von Grund auf zu reparieren. Von den vier Stromwerken, die Bagdad versorgten, wurden zwei wegen akuter Mängel sofort abgeschaltet. Unter Saddam wurden die Hauptstadt und Städte wie Falludja zusätzlich von einem Stromwerk im Süden gespeist, aber die Amerikaner ließen den Strom von dort jetzt in die Schiitenstadt Nasrija umleiten. Diese hatte Saddam jahrelang mit Stromentzug dafür bestraft, dass sie sich nach dem Kuwait-Krieg gegen ihn erhoben hatte.

Wenn man mit den Sunniten zwischen der jordanischen Grenze und Bagdad sprach, dann waren die vor allem darüber verbittert, dass ausgerechnet ihnen die 82. Luftlandedivision geschickt worden war. Sie meinten, dass diese Männer das Wort Höflichkeit nicht kannten.

Im Arabischen gibt es unzählige Formeln für eine höfliche Begrüßung, um sich zuerst über den Gesundheitszustand des anderen und dann über den seiner Familie zu erkundigen. Nirgendwo sonst war die sprichwörtliche Höflichkeit mehr Tradition als bei den Wüstenstämmen, auch wenn sie vor allem ein Zeichen der Unterwerfung war. Man war höflich, weil man in den rauen, unbewohnten Wüstenregionen nie wusste, wem man begegnete. Solche Sitten, bei denen man viel Zeit verlor, den Soldaten der 82. Luftlandedivision klar zu machen war unmöglich.

Als ich einmal einen Stammesfürsten traf, beklagte er sich über eine Beleidigung durch den amerikanischen General John Abizaid, der versprochen hatte, er würde einem ihrer Stammestreffen beiwohnen. Er hätte sich aber nur eine halbe Stunde Zeit genommen, obwohl das Treffen einen halben Tag gedauert habe.

Auch andere, wichtigere Versprechen wurden von den Amerikanern gebrochen. Aus der ausgemachten Aufrechterhaltung der alten Privilegien wurde nichts.

Das wurde Mitte Juni klar, als plötzlich Zehntausende Iraker arbeitslos wurden.

Der Chef der CPA, der Civil Provisional Administration im Irak, der zivilen Übergangsverwaltung, Paul Bremer, ordnete an, dass sowohl Saddams Baath-Partei als Armee, Innen- und Informationsministerium aufgelöst werde. 100.000 ehemalige Mitarbeiter der verschiedenen Sicherheitsdienste wurden fristlos entlassen. 30.000 Mitglieder der Baath-Partei wurden aus den verschiedensten Ministerien entfernt. Jeder Militär ab dem Rang eines Obersts wurde arbeitslos. Die meisten davon waren Sunniten, weil sie unter Saddam in diesen Einrichtungen ihre Versorgungsposten hatten. Und die wenigsten waren bereit, sang- und klanglos zu akzeptieren, dass dies nicht mehr so sein sollte.

Doch was wäre die Alternative gewesen? Hätte Saddams Armee aufrechterhalten bleiben sollen? Seine Geheimdienste, die wegen ihrer Brutalität bei der Bevölkerung gefürchtet waren? Tatsache war, viele Sunniten hingen an ihrem Saddam wie an einem Mafia-Boss, der ihnen Schutz gewährte.

Zumindest die gemäßigten Sunniten versuchten sich neu zu organisieren. Wenn man die ersten Vororte von Bagdad erreichte, kam man an der *Umm al Mahare*-Moschee vorbei, der Moschee der »Mütter aller Kämpfe«. Vier ihrer Minarette hatten die Form von Kalaschnikows, die restlichen vier waren russischen Scud-Raketen nachempfunden. In der Moschee lag ein Koran, der angeblich mit dem Blut Saddams geschrieben worden war, obwohl Saddam-Gegner das als Legendenbildung abtaten und behaupteten, es sei das Blut seiner Opfer gewesen. Für Sunniten aber war die Moschee unter Saddam bereits eine Art Pilgerstätte, weil ihre Minarette an die Triumphe der irakischen Nation erinnerten. Saddam hatte die Moschee in Erinnerung an den Kuwait-Krieg erbauen lassen, der zwar verloren worden war, von ihm jedoch als ein Sieg dargestellt wurde.

Nur einige Wochen nach Saddams Fall versammelte sich ausgerechnet in dieser Moschee, die man von der Autobahnabfahrt gut sehen konnte, eine Gruppe von sunnitischen Vorpredigern und gründete das »Komitee der muslemischen Ulema«, einen Zusammenschluss aus insgesamt 3.000 verschiedenen Geistlichen.

Dieses Komitee war zwar ein schwacher Ersatz für den Diktator, aber immer noch besser als überhaupt keine Führung.

Später fungierte es als Vermittler zwischen Banden von Entführern und ausländischen Regierungen, die versuchten, ihre Landsleute freizubekommen – Reporter, Lastwagenfahrer, Diplomaten. Keiner war mehr sicher, als die Sunniten begannen, mit allen Mitteln um die verlorene Macht zu kämpfen.

In Bagdad, wo wir nach unserer Ankunft drei Wochen verbrachten, um über die Lage zu berichten, herrschte weder Krieg noch Frieden. Überfälle fanden am helllichten Tag statt. Taxifahrer waren ihres Lebens nicht mehr sicher. Schüsse waren zu hören. Und das, obwohl Präsident Bush am 1. Mai 2003 den Irak-Krieg offiziell für beendet erklärt hatte. Manchmal waren die Salven ganz nahe, wenn Banden Geschäfte auf der Raschid-Straße überfielen. Kein einziger amerikanischer Soldat war in der Nähe und genauso wenig sah man Sicherheitskräfte in anderen Vierteln.

Gruppen von Polizisten waren aus Amerika eingeflogen worden, aber es waren viel zu wenig. Und des Nachts herrschte in Bagdad das Recht des Stärkeren.

Jeden Morgen fuhren wir zum staatlichen Leichenschauhaus von Bagdad, das hinter dem Gesundheitsministerium lag. Wenn man zwischen sieben und neun Uhr morgens vor dem Holztor wartete, sah man gespenstische Szenen. Alle zehn Minuten kam ein Auto mit einem Holzsarg auf dem Dach, frische Blutspuren waren auf dem Sarg zu sehen. Schweigend warteten die, welche ihre toten Verwandten gebracht hatten, bis der übermüdete Amtsarzt den Sargdeckel aufmachte, die Wunde schnell überprüfte und ein Attest ausstellte. So ging es in einem fort.

Einmal zählte ich innerhalb von zwei Stunden 40 Tote. Rechnete man das hoch, kamen monatlich mindestens tausend Menschen ums Leben. Bei nächtlichen Raubmorden durch die Kriminellen, die Saddam freigelassen hatte, so sagten die Leute. Oder bei Racheaktionen, wenn Familien, die offene Rechnungen mit einer anderen hatten, die Gunst der Stunde nutzten. Natürlich wurden Sunniten am häufigsten umgebracht, denn ihnen war am meisten vorzuwerfen. Hohe Mitglieder der Baath-Partei, die es nicht geschafft hatten, nach Syrien zu fliehen, wurden mit durchschnittener Kehle aufgefunden. Auf Militärs, die an den Massakern gegen die Schiiten teilgenommen hatten, wurden am helllichten Tag auf offener Straße Schüsse abgefeuert, aber auch auf kleine Geheimdienstleute, harmlose Beamte, pensionierte Minister, einfach keiner war mehr sicher in diesem blutigen Krieg. Die Sunniten ließen sich das nicht lange bieten und brachten ihrerseits all jene um, die für die Amerikaner arbeiteten, als Übersetzer, Köche oder was auch immer. Es herrschte Chaos, Unsicherheit und Angst.

Nicht viel später, Anfang August, explodierte vor der jordanischen Botschaft die erste Autobombe, dann eine zweite vor dem UN- Quartier. Zu diesen beiden Anschlägen bekannte sich eine Gruppe, von der niemand zuvor je was gehört hatte. Sie nannte sich *Jesh Mohammed*, die »Armee Mohammeds«, und kündigte an, die Amerikaner aus dem Irak zu vertreiben. Ein ehemaliger Angestellter des aufgelösten Informationsministeriums, Said, brachte uns nach diesem Anschlag zu den Aufständischen. Man sah sofort, sie besaßen nicht viel, ein paar AK-47-Schnellfeuergewehre, Mörser und Sprengstoff – doch gerade genug, um einen Guerillakrieg zu führen.

KAPITEL 7

Wie wird man Millionär?

Afghanistan, Ende September 2003   Wie ein Albtraum war das Regime der Taliban nun ausgeträumt. In dem Jahr nach seinem Fall wurde die Lage in Afghanistan ruhiger. Mit einem kränklichen Bin Laden auf der Flucht, der angeblich an Nierenschwäche litt, einer neuen afghanischen Regierung sowie internationaler Hilfe hatte die Bedrohung eines Gottesstaats, eines Kalifats in der moslemischen Welt, seine Kraft verloren. Was jedoch nicht hieß, dass es dafür keine Sympathien mehr gab.

Nur ein kleiner Teil der Frauen in Kabul wagte es, ohne *Burka* auf die Straße zu gehen. Auf dem Land war es nicht einmal eine Minderheit. Aber die Glanzzeiten des fanatischen, saudischen Millionärs waren in Afghanistan vorbei. Nicht er, sondern der legendäre Kommandant aus dem Krieg gegen die Sowjets, Achmed Massud, war in jenen Tagen der Held.

Anders als viele Gotteskrieger galt er nicht als radikal. Er war auch eindeutig mutiger als Bin Laden, der im Afghanistan-Krieg selten seinen Kopf riskiert hatte. Niemand hatte den Sowjets mehr Fallen gestellt und schlimmere Niederlagen bereitet als Massud. Nach jedem seiner militärischen Siege tauchte die Rote Armee im Panschirtal im Norden von Kabul, in Massuds schluchtenartigem Versteck, auf, um Vergeltung zu üben. Meist hatte sie auf der Suche nach seinen furchtlosen Kämpfern in den Dörfern brutale Razzien durchgeführt. Im Zuge des erbarmungslosen Abnutzungskriegs wurden Ernten vernichtet und Felder abgebrannt. Seit Jahrhunderten gab es in der südlich gelegenen Schomali-Ebene, einer der fruchtbarsten Gegenden Afghanistans, Bewässerungssysteme für Plantagen, auf denen die besten Früchte des Landes geerntet worden waren. Als die Sowjets endlich abzogen, stand kein Baum mehr. Teile der Ebene hatten sich in Wüste verwandelt und die meisten Bauern waren nach Kabul geflüchtet.

Am Ende aber hatte der radikale Bin Laden Massud doch besiegt. Anfang September 2001, nur wenige Tage vor den Anschlägen in Amerika, hatten zwei Reporter, die für eine arabische TV-Anstalt arbeiteten – so sagten sie zumindest –, den Kriegshelden um ein Interview gebeten. Nach langem Hin und Her hatten sie einen Termin bekommen. In Massuds Hauptquartier hatten sie ihre Kamera aufgestellt und als Erstes eine Frage zu Osama Bin Laden gestellt. Noch bevor Massud antworten konnte, erschütterte eine heftige Explosion den Raum. Der Kameramann war auf der Stelle tot, sein Kollege, der angebliche Reporter, versuchte zu fliehen, wurde aber von Massuds Leibwächter erschossen. Für den Kommandanten kam jede Hilfe zu spät. Er starb schwer verletzt einige Tage später an den Folgen des Attentats, das mit Sprengstoff, der im Gürtel des Kameramanns versteckt gewesen war, verübt worden war. Wenige hatten damals Massuds Tod eine große Bedeutung beigemessen. Ein Großteil von Afghanistan wurde von den radikalen Taliban regiert, an die man sich beinahe schon gewöhnt hatte. Massud, der außerhalb seiner Heimat, dem Panschirtal, wenig von Afghanistan kontrollierte, wurde ohnehin als ein Überbleibsel des Kalten Kriegs angesehen, einer, der nicht aufhören konnte zu kämpfen. Nur führte er zuletzt nicht mehr gegen die Sowjets Krieg, sondern gegen die Taliban.

Doch nach den Anschlägen in Amerika erhielt Massuds Tod plötzlich eine ganz andere Bedeutung: *Al Qaida* und die Taliban hatten Afghanistans besten Kommandanten ausgeschaltet, für den Fall, dass er sich auf die Seite einer amerikanischen Vergeltungsaktion schlagen würde. Genauso war es dann geschehen – auch ohne Massud. Seit dem Fall des Taliban-Regimes hatten die Einheiten des verstorbenen Heroen, die Nordallianz, Kabul in ihrem Besitz.

Der tote Massud jedoch wurde von den Tadschiken, seiner Bevölkerungsgruppe, noch mehr verehrt als zu Lebzeiten. Die 39-jährige Saidah, die wir besuchen wollten, gehörte zu ihnen. Sie wohnte an einem steilen Hügel und atemlos stiegen wir ihn hinauf, bis man das niedrige Lehmhaus sehen konnte. Als wir uns näherten, rührte sich nichts, nur ein Hund bellte. Zuerst schien es, als ob wir zu spät gekommen waren. Sie musste samt Mann und Kindern längst zurückgekehrt sein in ihr Panschirtal, wo mehr gekämpft worden war als irgendwo sonst in Afghanistan. Auf dem Hügel stand nur das eine Haus, aber auf den Anhöhen drumherum gab es unzählige Behausungen aus demselben graugelben Lehm. In diesem Viertel Nordkabuls lebten ausschließlich Flüchtlinge, bis zu 20 Personen in einem Haus. Es gab weder Strom noch Wasser und wir konnten, als wir oben waren, die Frauen gut sehen, die unten aus einem Brunnen Wasser heraufholten. Überall standen Plastikeimer herum. Um den Kopf hatten die meisten Frauen nur locker ein Tuch gebunden, wie es Sitte war bei nordafghanischen Frauen, den Tadschiken und Usbeken. Wenn man in Kabul Frauen in *Burkas* sah, waren es meist Mitglieder paschtunischer Familien.

Dort, wo unser Fahrer sein altes, gelbes Taxi geparkt hatte, befand sich ein schmuckloses Gebäude, eine ehemalige Kaserne, die man jetzt in eine Mädchenschule umgewandelt hatte. Seit dem Fall der Taliban waren Schulen für Mädchen in der Hauptstadt wie Pilze aus dem Boden geschossen. Im Austausch für das Wohnrecht in dem Haus weiter oben musste Saidahs Familie die Schule bewachen. Zu ihren Aufgaben gehörte es, Gaffer zu vertreiben, die auf der anderen Straßenseite herumlungerten. Oft waren es harmlose Familienväter, die auf Brautschau für ihre Söhne waren. In Afghanistan wird früh damit begonnen, eine Achtjährige für eine spätere Ehe auszusuchen ist nicht ungewöhnlich, 14 ist das durchschnittliche Heiratsalter für Mädchen.

Dann sah ich Saidah kommen. Sie lief uns mit drei ihrer Töchter entgegen, wobei sich eines der Mädchen auf einem Stock abstützte und stark humpelte. Sie war hübsch wie ihre Mutter, aber mit einem deformierten Fuß auf die Welt gekommen. Als Saidah vor mir stand, streckte sie mir regelrecht ihren kleinen Sohn entgegen, den sie auf dem Arm hielt. Er war ihr zweites Sorgenkind. Der Junge, eine Frühgeburt, war mit einer Hasenscharte zur Welt gekommen. Blass und kränklich sah er aus. Ich dachte mir, wir hätten lieber einen guten Arzt mitbringen sollen als Spielzeug.

Ich hatte Saidah und ihre Familie kurz nach Ende des Afghanistan-Kriegs kennen gelernt, im Dezember 2001. Neben der aktuellen Berichterstattung hatten wir damals begonnen, eine längere Reportage über afghanische Frauen zu drehen, um die uns der deutsch-französische Sender *ARTE* gebeten hatte. Es gab kein Thema, das die Welt mehr interessierte als dieses: Die Lage der Frauen im neuen Afghanistan, nach fünf Jahren Taliban-Terror.

Als eine der ersten Maßnahmen war damals das Arbeitsverbot für Frauen und das Verbot, Mädchen zu unterrichten, aufgehoben worden. Im Hauptquartier der neuen afghanischen Gendarmerie in Kabul wurden jedoch weiter junge Frauen in einem separaten Trakt festgehalten, wobei ihr einziges Verbrechen oft darin bestanden hatte, gegen alteingesessene Traditionen verstoßen zu haben. Wir hatten uns in das Gefängnis eingeschlichen. Eine 19-Jährige, die wir in einer Zelle aufgefunden hatten, war bereits seit einem Jahr auf Anordnung ihres Vaters in Haft. Der hatte sie wegschließen lassen, weil sie sich geweigert hatte, einen ihrer entfernten Onkel, den die Familie für sie ausgesucht hatte, zu heiraten. Eine andere war früher mit einem Taliban-Kommandanten verheiratet gewesen, der sie grün und blau geprügelt hatte und, als sie ihm davonlief, einsperren hatte lassen. Nach dem Regimewechsel war sie vorübergehend freigelassen worden. Dann wurde ihr Ehemann zum Chef der Gendarmerie befördert und ließ sie erneut inhaftieren. Wächterinnen in dunkelgrünen Uniformen bewachten die weiblichen Häftlinge. Vor dem Haupttor saß ein alter Mann mit einem Gewehr auf dem Knie, der jedes Mal ein Gebet murmelte, wenn eine Frau ohne *Burka* an ihm vorbeiging.

Täglich wurden Frauen misshandelt, obwohl die Koranschüler längst weg waren. Eine, die es gewagt hatte, die Ehre der Familie zu beschmutzen, musste gar mit dem Tod rechnen.

Für junge afghanische Frauen war Heirat deshalb oft die einzige Überlebenschance. Während unserer Dreharbeiten damals hatten wir eine Familie gefunden, die zustimmte, dass wir die Hochzeit ihres Sohnes filmten. Vater, Brüder und Onkel des Bräutigams waren angesehene Polizisten. Das Familienfest fand in einem Haus am Stadtrand von Kabul statt und wir waren hingefahren, um dort die Zeremonie und die anschließende Feier zu drehen. Im Garten war ein einfaches Essen vorbereitet worden, Reis und Fleischstücke schmorten in riesigen Trögen. Die Gäste langten mit ihren Fingern in das dampfende Essen hinein und formten daraus kleine Kugeln, die sie sich in den Mund schoben. Tische gab es nicht, Musik genauso wenig, dabei konnte man im Zentrum von Kabul Flötenspieler und Trommler für einen Tag mieten. Das Honorar, das die Musiker verlangten, war nicht hoch. Für die Familie, die zwar nicht in Lehmhütten wohnte wie meine Bekannte Saidah, aber sonst nicht viel besaß, war es aber trotz allem unerschwinglich. Der Bräutigam war nur für einige Tage aus dem Iran zurückgekehrt. Dort verdiente er als Bauarbeiter seinen Lebensunterhalt und dorthin wollte er in den kommenden Tagen auch zurückkehren. Seine Frau würde bei seiner Mutter blei-ben und dieser im Haushalt helfen. Es war die Mutter, die das Mädchen ausgesucht hatte, wie es in jeder zweiten Familie in Afghanistan üblich war. Hochzeiten wurden arrangiert, wobei Brautleute oft entfernte Verwandte waren, als Garantie dafür, dass Boden und Besitz nicht aufgeteilt werden mussten. Der Bräutigam war 37 Jahre alt, das Mädchen erst 17. Während der ganzen Zeremonie hatte die Braut kein einziges Wort gesprochen und als ich mich ihr näherte, drängte mich jemand zur Seite. Dann versuchte mein Kameramann ein paar Mädchen zu filmen, die nicht einmal zehn Jahre alt waren. Frauen, egal welchen Alters, dürften wir nicht aufnehmen, sagte man uns daraufhin bestimmt. Die Männer hingegen schon. Die stellten sich im Halbkreis hin und schauten stolz und selbstbewusst in die Kamera.

Erst am frühen Abend, nachdem ein Teil der Verwandtschaft bereits gegangen war, wollte uns der Bräutigam erlauben, seine Frau zu interviewen. Im Austausch dafür verlangte er aber, unser Satellitentelefon benutzen zu dürfen. Also erlaubte ich ihm, seinen Bruder, der in London im Exil lebte, anzurufen. Nachdem die Verbindung hergestellt war und er zehn Minuten gesprochen hatte, warf er uns hinaus, bevor wir mit seiner Frau reden konnten, und kein Überreden und Betteln half mehr.

Ohne Kameramann war ich zwei Tage danach in den Vorort zurückgekehrt. Ich hatte ein Telefon und eine kleine Kamera in der Tasche. Nun brachte man mich sogar in das Zimmer der beiden Jungvermählten. Die Vorhänge waren zugezogen, über dem Bett hingen Girlanden. Aus dem Nebenraum hörte man Küchengeräusche und als die Frauen merkten, dass Besuch da war, kamen sie herbei, betrachteten mich von oben bis unten und kicherten. Die Braut stand noch im Brautkleid scheu in einer Ecke, geschminkt wie am Hochzeitstag. Wieder wollte der Bräutigam verhandeln. Nun wollte er mir ein Interview geben, aber im Austausch gegen einen Anruf bei einem seiner Freunde, der im Iran mit ihm auf einer Baustelle arbeitete. Ich machte zuerst das Interview mit ihm und gab ihm erst anschließend das Telefon. Für nichts auf der Welt hätte er mir aber erlaubt, mit seiner jungen Frau ein Gespräch zu führen.

Zu unserem Glück hatten wir bald darauf eine von Saidahs Töchtern in einer Schule kennen gelernt. Als wir ihre Mutter aufsuchten, ließ sie uns filmen, so lange und so oft wir nur wollten. Sie war für afghanische Verhältnisse eine ungewöhnlich aufgeschlossene Frau. Doch dafür hatte sie einen hohen Preis bezahlt.

Jetzt, als wir zurückkamen und mitgebrachte Luftballons, Puppen, Zeichenblöcke und Lebensmittel in der Küche abgestellt hatten, führte Saidah uns in das Innere des Hauses. Ein paar Frauen und zwei bärtige alte Männer saßen bereits da und Saidah stellte sie uns als ihre Verwandten aus Panschir vor. Sie würden in Kabul Arbeit suchen. Als ich wissen wollte, was denn aus den Plänen, in den Norden zurückzuziehen, geworden sei, erwiderte Saidahs Mann, man würde vorerst noch warten. Noch sei die Lage zu unsicher in den Dörfern. Die Felder würden teilweise noch vermint sein, wie solle man sie da bebauen können? Er hockte in einer Ecke, die Beinprothese neben sich liegend. Als die Familie vor den Kämpfen aus dem Norden geflohen war, war er auf eine Landmine getreten. Das Bein wäre noch zu retten gewesen, aber da die Verwundung nicht sofort behandelt werden konnte, musste auch der Oberschenkel amputiert werden. Er war schon Saidahs zweiter Mann. Man hatte ihn ihr aufgezwungen.

Saidah und ihr erster Mann, mit dem sie bereits sechs Kinder hatte, drei Jungen und drei Mädchen, hatten im Panschir ein paar Felder und Schafe besessen. Sie konnten von dem Ertrag ihrer Landwirtschaft mehr schlecht als recht leben, bevor der Mann sich Massuds Einheiten angeschlossen hatte und bei einem der Angriffe ums Leben gekommen war. Seine Familie verlangte daraufhin von Saidah, den älteren Bruder ihres toten Mannes zu heiraten. So, wie es Tradition war, wenn eine Frau ihren Ehemann verloren hatte. Als sie sich weigerte, warfen die Verwandten sie samt der Kinder aus dem Haus. Nicht einmal ein Stück Brot durften sie mitnehmen. Eine Woche war Saidah dann herumgeirrt, konnte aber weder Arbeit noch Unterkunft finden. Sie schlief mit ihren Kindern auf der Straße. Zermürbt war sie zurückgekehrt und hatte den Bruder geheiratet. Mit ihrem zweiten Mann hatte sie vier weitere Kinder bekommen, von denen eines inzwischen auf dem nahen Friedhof hatte begraben werden müssen.

Wenn ihre Kinder nicht gleich starben, dann waren sie verkrüppelt. Während drei ihrer insgesamt zehn Schwangerschaften hatte sie Medikamente gegen Rückenschmerzen genommen, ohne zu wissen, was sie einnahm. Sie war, wie die meisten Afghaninnen, Analphabetin. Als Folge der Medikamente waren zwei Kinder behindert auf die Welt gekommen. Da Saidahs Ehemann ebenfalls nicht lesen und schreiben konnte, war von ihm keine Hilfe zu erwarten. Als gläubige Moslemin ging Saidah nun zu einem Islamgelehrten, einem *Mullah*, der ihr erklärte, die Missbildungen seien ihre Schuld. Auf ihr würde ein böser Fluch lasten, den man mit Hilfe des Korans aber beseitigen könne. Jedes Mal, wenn Saidah ihn aufsuchte, schrieb er eine neue Koransure auf ein Stück Papier, sprach dann ein paar Gebete und beauftragte die Frau, die Sure bis zum Ende ihres Lebens aufzubewahren. Geholfen hatten die Gebete des Klerikers bisher nicht. Seine Heilkünste mussten aber bezahlt werden.

Jede Art von Empfängnisverhütung war vom Islam – wie auch von anderen Religionen – hingegen verboten.

Es war später Nachmittag und angenehm kühl in dem dunklen Zimmer mit den winzigen Fenstern. Im Winter musste in der Mitte des Raums jedoch ein Ofen aufgestellt werden. Dort wurden abends Steine gewärmt, die Saidah nachts unter die Decken ihrer Kinder legte, damit sie weniger froren. Die Winter sind kalt in Kabul und Holz war teuer. Alle Hügel um die Hauptstadt waren längst kahl geschlagen. Für die, die es sich leisten konnten, gab es in den Herbst- und Wintermonaten importiertes, teures Holz zu kaufen. Saidah sammelte hingegen das ganze Jahr über Holzstücke oder schickte eines der Kinder los, um Zweige einzusammeln. Auch die meisten Grundnahrungsmittel wie Reis und Öl konnte die Familie nicht bezahlen. Eine der Töchter stellte sich stundenlang bei einer der Hilfsorganisationen dafür an. Nicht zu verhungern war für eine zwölfköpfige Familie in Kabul eine Vollzeitbeschäftigung. Frauenrechte waren da nicht unbedingt vorrangig.

Zwei von Saidas Töchter gingen jetzt immerhin in die Schule, die dritte, die älteste, musste allerdings der Mutter im Haushalt helfen. Sie war erst elf Jahre alt.

Ständig hörte man draußen Hunde heulen, während Saidah erzählte, dass ihr Leben besser geworden wäre, seit wir einander zum letzten Mal gesehen hatten. Alles habe sich verbessert, meinte sie, seit die Taliban weg seien. Die Mädchen konnten in die Schule gehen und man sah ihr regelrecht an, wie stolz sie darauf war.

Wir verabschiedeten uns. Hinter dem Vorhang, der Wohnzimmer und Küche trennte, steckte ich ihr ein paar Scheine zu, die sie aber nur nach einigem Zögern annahm, dann gingen wir den Hügel hinunter und plötzlich brach es los.

In der Dämmerung konnte ich unseren Fahrer sehen, wie er mit dem Rücken zum Wagen stand und mit einem Stock auf kreischende Kinder einschlug. Der Platz vor der Schule war voll. Je mehr der Fahrer sich aufregte, desto mehr bedrängte ihn die Menge, bis er sich kaum mehr rühren konnte. Als wir ihm helfen wollten, tauchten ein paar Männer auf, die begannen, auch uns zu umringen. Bewaffnet war zwar keiner, einige von den Größeren begannen jedoch laut zu schreien und sahen dabei wütend aus. Latif, unser neuer Übersetzer, versuchte vergeblich, sie zu beruhigen. Die Männer und Kinder wurden nur noch zorniger. »Lasst uns abhauen«, sagte ich schließlich. Nachdem der Fahrer eine Tür mit einem Ruck geöffnet hatte, zwängten wir uns alle in das Taxi und der Fahrer gab Gas.

Wir waren ein paar Straßen weiter, in Sicherheit, als Latif zum ersten Mal andeutete, er habe keine Lust mehr, in Afghanistan zu bleiben. Je schneller er aus diesem Irrenhaus herauskäme, desto besser. Er werde alles tun, um dieses hoffnungslose Land zu verlassen, in dem es nur Mullahs und Idioten gäbe, die nicht wüssten, wie man sich heutzutage benehmen müsse. Zu dem Aufruhr, erklärte er, wäre es nur gekommen, weil sich das Gerücht verbreitet hatte, Ausländer wären da, um Lebensmittel zu verteilen. Aber nachdem der Fahrer erklärt hatte, wir hätten nichts für sie, wären die Leute einfach durchgedreht. Niemand hätte ihm geglaubt.

In dieser Atmosphäre von Armut, die an Verzweiflung grenzte, war Latifs Reaktion nicht verwunderlich. Die Jahre unter den Taliban waren für junge Leute in psychologischem und materiellem Sinn eine verlorene Zeit gewesen. Arbeit gab es unter den Taliban keine und wenn, wurde sie schlecht bezahlt. Die Bewegung der Koranschüler hatte aber zahlreiche Jugendliche in ihren Reihen gehabt. Ein Teil war mit Bin Laden in die Berge geflüchtet, andere waren jetzt Übersetzer für ausländische Fernsehanstalten wie Latif. Das hieß aber nicht, dass militante Gruppen nicht eines Tages für die Jugend wieder interessant sein würden.

Die ausländischen Soldaten, darunter eine Einheit Deutsche, die im Auftrag des NATO-Militärbündnisses in Afghanistan waren, waren eine Besatzungsmacht, die sich nicht so nannte. Sie hatten in mehreren leeren Kasernen an der ehemaligen Ausfahrtstraße, die nach Jalalabad und weiter nach Peschawar führte, Quartier aufgeschlagen. Es sah ganz danach aus, als ob es nicht nur für einige Monate wäre. Niemand hatte vergessen, was in den dunklen Jahren geschehen war, als sich niemand um Afghanistan gekümmert hatte: Es war zu einem Umschlagplatz für Terroristen, Drogen und Fanatiker geworden. So etwas sollte kein zweites Mal passieren. Zug um Zug wollten die Militärs das ärmste Land der Welt in eine Demokratie verwandeln, aber auch Wohlstand bringen. Nur beides zusammen wurde, zu Recht, als Garantie gegen die Herrschaft von Extremisten angesehen.

Als eine der ersten Neuerungsmaßnahmen wurde eine massive Alphabetisierungskampagne in Gang gesetzt, immerhin konnten 60 Prozent der Frauen und 40 Prozent der Männer weder lesen noch schreiben. Ob in alten Kasernen wie in Saidahs Viertel oder in Zelten, überall wurden Mädchen oder Buben unterrichtet. Neben einer eigenen Polizei wurde auch ein neues afghanisches Heer aufgebaut. Bevor das jedoch einsatzbereit war, musste die Macht der Kriegsherren, der ehemaligen Kommandanten der Gotteskrieger, die nicht alle so beliebt waren wie Massud, gebrochen werden. Klar versuchte ein jeder von denen, seine Macht noch schnell zu festigen.

In den Jahren des Heiligen Kriegs gegen die Sowjets waren diese Anführer nützliche Allianzen mit islamischen Geistlichen eingegangen, wobei einer der mächtigsten islamischen Gelehrten Abdul Sayyaf war, ein Freund von Bin Laden und anderen Radikalen. Es waren Leute wie Sayyaf gewesen, die die Flamme des Heiligen Kampfs hochgehalten hatten, wenn sie zu erlöschen drohte. Im Krieg waren ihre extremen Interpretationen des Koran angebracht gewesen, jetzt sollten sie von einem gemäßigten Islam ersetzt werden. Sayyaf und seine Anhänger fürchteten jedoch, so ihre Macht zu verlieren, und blieben fest bei ihrem Kurs. Übergangspräsident Karzai, der die Unterstützung des Westens hatte, war ständig um Ausgleich bemüht. Also akzeptierte er, dass der radikale Sayyaf auf einen der wichtigsten Posten einen seiner Männer setzte. Das Amt des Obersten Richters besetzte ein Radikaler. Das ehemalige Bündnis zwischen Religiösen und Kriegsherren blieb intakt.

Verlangten die fremden Soldaten also, Waffen und Munition abzuliefern, schafften die Kriegsherren genug Gewehre und Granaten beiseite, um weiterhin gerüstet zu sein.

Dann waren da noch die ehemaligen Kommunisten, Leute wie Najibullah, der Onkel unseres Übersetzers. Früher war Najibullah Mitglied des gefürchteten Geheimdiensts gewesen, in Afghanistan *Khalk* genannt. Während der sowjetischen Besatzung hatten Experten aus der DDR, die im Zuge der internationalen Kooperation zwischen den kommunistischen Staaten in Kabul im Einsatz waren, die Einheimischen nach allen Regeln der Kunst ausgebildet. Tausende Verhaftungen und Foltertode gingen auf das Konto des *Khalk*, der im *Pul e Charki*-Gefängnis radikale Mullahs jahrelang festgehalten hatte, ebenso wie rebellische Studenten. Unter den Taliban war die Haftanstalt weiterhin voll gewesen, nun aber mit Leuten, die man verdächtigte, nicht religiös genug zu sein. Was sich trotz aller Umbrüche nie änderte, war der *Khalk*, ob unter der sowjetischen Besatzung oder im Gottesstaat. Und Latifs Onkel, der geschulte Kommunist, blieb all die Jahre über ein Spitzel. Auf seinem allerletzten Posten war er in der Taliban-Hochburg Kandahar stationiert. Als er nach dem Fall der Taliban nach Kabul zurückgekehrt war, war er plötzlich arbeitslos. Weder Amerikaner noch sonst jemand konnten einen Geheimdienstler aus der Zeit des Kalten Kriegs gebrauchen.

Am Tag nach unserem Besuch bei Saidah aßen wir zu Mittag im Haus von Latifs Familie. Wir saßen im Kreis auf dem Teppich, während Latifs Mutter Teller mit Reis, Hammelfleisch und ge-

118

kochtem Spinat brachte. Ihr Mann, ein Ingenieur, war der Einzige, der eine feste Arbeit hatte. Eine Baufirma hatte ihn beauftragt, an der Instandsetzung der Straße zwischen Kabul und Kandahar mitzuarbeiten. Weil das Projekt von den Amerikanern finanziert wurde, hatte sich Onkel Najibullah geweigert, mitzumachen. »Die Amerikaner walzen alles nieder, was ihnen in den Weg kommt«, sagte er und meinte damit nicht nur die Bauarbeiten. »Die ganze Welt walzen sie nieder, wenn es sein muss, aber die einzige Kultur, die ihnen Widerstand leistet, ist der Islam, nur die ist stark genug, sich nicht fressen zu lassen.«

Kabul sei ruhig, aber im Süden, da sei die Hölle los, wusste er zu berichten. Mädchenschulen würden von Taliban in Brand gesetzt. Niemand wolle die Schulen dort. Weil sie Angst hätten, nicht mehr lebend rauszukommen, würden sich die Vertreter der Karzai-Regierung nicht einmal in die Gegend wagen. Ich fragte Najibullah, woher er das wisse, und er sagte, man habe jede Menge Verwandte in den Dörfern, die einem das erzählen würden.

Während Latifs Mutter ständig neue Gerichte auftischte, meinte Najibullah, Außenstehende würden die afghanische Kultur nicht verstehen. Nachdem die Afghanen in der Zeit nach dem Krieg mit den Ausländern schlechte Erfahrungen gemacht hatten und von allen im Stich gelassen wurden, würden sie niemandem mehr so leicht trauen. Auf seine Neffen deutend meinte er, diesen Leuten traue er mehr als dem amerikanischen Präsidenten. *Allah u akbar*, »Allah ist groß«, sagte der ehemalige Kommunist.

Als wir das Haus gegen drei Uhr verließen, begann Latif, der die ganze Zeit über geschwiegen hatte, zu reden. Und wie er Afghanistan sah, klang ganz anders: »Sehen Sie sich dieses rückständige Land hier an«, sagte er. »Über Jahrhunderte konnten bei uns nur die Mullahs lesen und schreiben. Ihr Leben lang haben sie nur ein Buch gelesen, den Koran, und nicht einmal den haben sie verstanden.« Latifs Hass auf fanatische Koranschüler und Stammesfürsten war nicht zu übersehen. Die Frage war, wie er dem entkommen konnte.

Wenn man im Land umherfuhr, dann konnte man leicht alle Hoffnungen verlieren.

Zwei Tage später, an einem frostigen, klaren Morgen, waren wir unterwegs auf der neu asphaltierten Straße in Richtung Kandahar. Wir kamen gut voran und nach ungefähr einer Stunde erreichten wir die erste Kleinstadt auf dem Weg in den Süden, Maidan Schah. Auf einer Anhöhe gelegen, konnte man von dort aus alle Hügelzüge in der Umgebung überblicken. Maidan Schah in seiner Hand zu haben war für jeden wichtig gewesen, der diesen Teil von Afghanistan kontrollierte. Westlich gab es nur einen schwer befahrbaren Pass, östlich das Logar-Tal, durch das eine schlecht ausgebaute Straße führte. Der Gouverneur der Provinz war also ein bedeutender Mann. Er wollte uns das auch zeigen, und nachdem wir am Vortag unseren Besuch angekündigt hatten, ließ er unseretwegen alle Dorfältesten versammeln. Jeder einzelne hatte einen frischen Turban aufgesetzt und wartete geduldig darauf, gefilmt und befragt zu werden. Dann lud uns der Gouverneur zum Essen ein, was wir schlecht ausschlagen konnten.

Die Reaktion afghanischer Männer auf weibliche Reporter war eine ganz andere als die auf ihre eigenen Frauen. Ich wurde eingeladen, am Tisch inmitten der Männer Platz zu nehmen, und mir wurde sogar das beste Stück Fleisch serviert. All das war nicht verwunderlich. Frauen aus dem Westen wurden als »drittes Geschlecht« angesehen, als jemand, den man ohnehin schlecht einordnen konnte.

Es war beinahe normal, dass der Gouverneur und seine Männer mich als ihren Gast höflich behandelten und mir genau das erzählten, was ich hören wollte. Es gäbe keinerlei Schwierigkeiten mit Mädchenschulen in der Provinz. Vielmehr wäre es so, sagte der Gouverneur, dass man mehr Schulen gebaut hätte, als man brauchen würde. Daraufhin schaute er ernst und sorgenvoll in die Runde. Drogenanbau sei aber ein ungelöstes Problem. Afghanische Drogenhändler würden vor nichts zurückschrecken. Erst vor kurzem, sagte der Gouverneur, sei er selbst Opfer eines Angriffs dieser Banditen geworden.

Es war beinahe vier Uhr nachmittags, als wir uns erhoben und verabschiedeten. Im Hof zeigte uns einer der Leibwächter noch den Landrover, in dem der Gouverneur angegriffen worden war. Einschusslöcher schmückten eine Wagentür.

»Es gibt viele gefährliche Leute hier«, sagte der Mann. »*Be careful!* Passen Sie auf sich auf!«« Das war ein wohlgemeinter Rat. Wir fuhren trotzdem weiter.

Drei Wochen zuvor waren weiter im Süden auf derselben Straße sechs Wächter im Schlaf umgebracht worden. Sie waren von einer Baufirma angeheuert worden, die für einen Abschnitt der Verbindungsstraße nach Kandahar verantwortlich war. Weil es auf weiten Strecken zwischen Kabul und Kandahar kaum Dörfer gibt, geschweige denn Hotels, hatte das internationale Konsortium, das die Restaurierung dieser Straße, des *Highway One*, übernommen hatte, die Arbeiter unter Bewachung in Zelten übernachten lassen. Die Instandsetzung des *Highway One* war eines der wichtigsten und ehrgeizigsten Projekte im neuen Afghanistan. Es war ein Monsterprojekt, mit dem die Straße von Kabul nach Kandahar und weiter in die Stadt Herat wiederhergestellt werden sollte. Schon in den 30er Jahren war diese Verbindung erstmals ausgebaut worden. Während der Kriegs gegen die Sowjets war sie in Teilen zerstört und drei Brücken, die über Trassen führten, waren gesprengt worden. Zudem waren große Teile vermint.

Nach dem Fall der Taliban hatte es keine einzige Baumaschine mehr in ganz Afghanistan gegeben. Also musste alles importiert werden, Bagger, Traktoren, Messgeräte, das gesamte Baumaterial, inklusive Steine und Tonnen von Asphalt. Und natürlich jede Menge Minensuchgeräte. 200 Millionen Dollar betrugen die Kosten allein für das 400-Kilometer-Stück von der Hauptstadt nach Kandahar. Diesen *Highway* schnell fertig zu stellen war für die amerikanische Regierung, die neben der japanischen der größte Geldgeber war, sehr wichtig. Die Firmen wurden angehalten, den angekündigten Termin Ende 2003 einzuhalten, zur Not ohne Rücksicht auf die Qualität der Arbeit.

Die Dämmerung brach herein, während wir weiter in Richtung Süden fuhren. Zumindest wollten wir sehen, wie es mit den Mädchenschulen in der Provinz des Gouverneurs aussah. Dabei enthüllte Latif folgende Geschichte über ihn: Es war einige Monate her, da war er noch Gouverneur einer Provinz weiter im Osten. Damals hätten seine Männer ein paar Esel abgefangen und in deren Hängetaschen eine beachtliche Menge Opium, rund 40 Kilo, gefunden. Alles deutete darauf hin, dass die Drogen einem einflussreichen Händler gehörten. Anstatt aber die gesamte beschlagnahmte Ware an die Regierung abzuliefern, gab der Gouverneur nur einen Teil den Behörden in Kabul, den Rest behielt er für sich. Da die Regierung die Angelegenheit als immensen Sieg feierte und stolz veröffentlichte, wie viel sie beschlagnahmt hatte, hörte der Drogenhändler davon und zog seine Schlüsse daraus. Das war der wahre Grund, warum der Landrover des Gouverneurs angegriffen worden war. Es war eine Racheaktion des Drogenbarons gewesen. Als Präsident Karzai von den Hintergründen der Geschichte erfuhr, ließ er den Gouverneur zur Strafe nach Maidan Schah versetzen, doch der war inzwischen auf den Geschmack gekommen und handelte nun selbst mit Drogen. »Antonia«, fragte Latif, »wie soll ich jemals in diesem Land auf anständige Weise Millionär werden, wenn ein jeder nichts als Lügengeschichten erzählt?«

Die Sonne verschwand und wir machten bei einem Dorf Halt. Nicht weit entfernt waren ein paar Zelte aufgestellt. Daneben befand sich ein Gebäude, das bis auf die Grundmauern abgebrannt war, und ein Mann, der vorbeikam, erzählte uns, dies sei früher eine Mädchenschule gewesen. Bereits vor vielen Jahren sei sie von Gotteskriegern, die eine Mädchenschule als Beleidigung Allahs ansahen, zerstört worden. Der Mann sagte, er sei Lehrer und könne uns die Zelte von innen zeigen. Drinnen gab es nicht einmal Bänke und keine Tafeln. Die Buben, erklärte der Mann, würden auf dem Boden sitzen. Ich fragte ihn, ob es denn nun keine Mädchenschule gäbe, und er erwiderte, Mädchen würden nicht in die Schule gehen. Herumstreunende Taliban würden das verhindern. Während wir zu unserem Auto zurückgingen, meinte er plötzlich, Mädchen, die sich nicht fügen würden, würden keineswegs von den Taliban umgebracht werden. Die Familie brächten sie um. Normalerweise würden die Brüder die Mädchen erstechen. Auf dem Land sei es Tradition, Mädchen nicht zu erschießen. Dieser Tod sei Männern vorbehalten.

In Afghanistan war es schwer, dem düsteren Weltbild von Fundamentalisten wie Bin Laden zu entkommen.

In Kabul waren wir in einem Gästehaus in der Nähe der indischen Botschaft im Bezirk *Shahr i Naw* abgestiegen, wo man uns in einem Nebenhaus untergebracht hatte. Im Haupthaus auf der anderen Straßenseite stand eine weitläufige, einstöckige Villa. Dort hatte in Taliban-Zeiten eine von Bin Ladens Ehefrauen gewohnt. Ein Nachbar erzählte mir, Dutzende arabische Wächter hätten das Anwesen damals bewacht. Die entlegene Seitenstraße, in der das Gebäude lag, wurde zeitweise abgesperrt, sodass niemand wirklich wissen konnte, ob Bin Laden zu Besuch war oder nicht. Mehr war jedoch nicht zu erfahren. Der ehemalige britische Kameramann, der das ganze Anwesen vor kurzem erstanden hatte, tat alles Mögliche, um mit dem Namen Bin Laden Gäste anzulocken. In keinem der Zimmer hatte er aber den geringsten Hinweis darauf gefunden, wie der gefürchtetste Mann der Welt seine Tage verbrachte. Man konnte aus dem Haus nur schließen, dass er eine Villa in einem vornehmen Bezirk der Armensiedlung, in der Saidah und ihre Familie wohnten, vorgezogen hatte. Über Bin Ladens Privatleben wusste man wenig. Als er 17 Jahre alt war, hatte er zum ersten Mal eine entfernte Verwandte geheiratet, die aus Syrien stammte, während seine letzte und vierte Frau, die dieses Haus in Kabul bewohnte, Jemenitin war. Bin Laden hatte sie im Jahr 2000 in Kandahar geehelicht. Vier Frauen waren nichts Ungewöhnliches für einen Moslem seiner Art. Mohammed Bin Awad Bin Laden, Osamas Vater, hatte mindestens sieben Frauen, mit denen er seine vielen Kinder zeugte.

Osama Bin Ladens Jemenitin wurde niemals in der Öffentlichkeit gesehen. Das Haus soll sie nur verlassen haben, als sie zusammen mit anderen Frauen und Leibwächtern einige Tage vor dem 11. September plötzlich verschwand. Daraufhin stand das Haus leer, bis es dann der geschäftstüchtige Brite entdeckte.

Jetzt wohnten Mitarbeiter von Hilfsorganisationen dort. Eines Morgens beim Frühstück kam ich mit einem ins Gespräch. Er wäre, sagte er, seit vielen Jahren in Afghanistan im Einsatz. Seiner Erfahrung zufolge könne ein so rückständiges Land nicht einfach über Nacht in eine Demokratie verwandelt werden. Alles, was nach dem Sturz der Taliban geschehen sei, käme für die meisten Afghanen viel zu schnell. Es sei genau so, als würde man sie aus dem Mittelalter direkt ins 21. Jahrhundert katapultieren.

In seiner Erklärung klang eine gewisse Wehmut mit. Warum denn alles ändern? Wäre es nicht besser, die Afghanen so leben zu lassen, wie seit Jahrhunderten üblich?

Offenbar dachte zumindest einer nicht so, Latif. Ein paar Wochen nach unserer Abreise bekam er mit unserer Hilfe ein

Schengen-Visum und damit hatte er seinen Ausweg gefunden. Anstatt sich, wie ausgemacht, drei Monate lang bei RTL ausbilden zu lassen, tauchte er vier Wochen nach seiner Ankunft in Köln unter. Auf ein Stück Papier, das er mir hinterließ, hatte er geschrieben, er wolle so schnell wie möglich illegal nach Kanada gelangen. *Mein Leben in Afghanistan ist zu hart, ich kann nicht wieder zurück, es tut mir Leid.*

Für Latif war das Leben in der afghanischen Gesellschaft trotz des Sturzes der Taliban zu hart. Für andere war diese Gesellschaft weit davon entfernt, so islamisch zu sein, wie sie es sich vorstellten. Bin Ladens Traum und der vieler anderer war keineswegs ausgeträumt. Und es waren nicht nur Kriegsherren, enttäuschte Kommunisten oder bitterarme Afghanen, die dem nachhingen. Es gab im Nahen Osten genug Leute, die so vermögend waren wie Bin Laden – und ebenso radikal.

KAPITEL 8

Wein trinken,
Wasser predigen

Jordanien, Dezember 2003   Der Geheimdienst, der *Muhabarat* war da, genauso wie Polizisten und Mitglieder einer jordanischen Spezialeinheit in blau gescheckten Camouflage-Uniformen. Alle standen in Gruppen auf der anderen Seite der Schalter. Mit unverhohlener Aufmerksamkeit spähten sie in unsere Richtung, damit ihnen ja nichts entginge. Junge männliche Passagiere, selbst wenn sie harmlos aussahen, betrachteten sie besonders genau, denn jeder konnte ein möglicher Selbstmordattentäter sein, und wenn er unerkannt durch die Flughafenkontrollen in Amman schlüpfte, dann war er beinahe schon an seinem Ziel angelangt: im Nachbarland, dem Irak, dem neuen Tummelplatz von Radikalen. Kaum ein Tag verging, ohne dass es Bomben oder Anschläge gegen die Besatzungsmacht gab. Organisiert wurden die amerikanischen Angaben zufolge längst von Musab Al Sarkawi, einem Führungsmitglied von Bin Ladens Organisation *Al Qaida*. Sarkawi war Jordanier und die Beamten auf dem Flughafen mussten den Mann eigentlich gut kennen, doch er hatte von Amman aus mehrmals eine Maschine genommen, ohne dass er aufgehalten worden war. Es war die übliche Methode vieler Nahost-Regierungen, die Augen einfach zuzumachen und ihre Radikalen lieber zu exportieren. Vor fünf Jahren war Sarkawi zum letzten Mal ausgereist – direkt zu Bin Laden nach Afghanistan, nachdem er aus einem jordanischen Gefängnis entlassen worden war. Er war begnadigt worden.

Jetzt kontrollierten die Beamten hinter den Schaltern sorgfältig jeden einzelnen Passagier und alle Stempel in den Pässen. Hatte einer einen pakistanischen Stempel in seinem Reisedokument, dann war er schon verdächtig. Viele der Selbstmordkandidaten, die in den Irak wollten, hatten entweder selbst in Afghanistan gekämpft oder in einem der Lager zumindest in einer schnellen Ausbildung gelernt, wie man den Sprengstoff anbrachte und zündete. Dafür mussten sie notgedrungen über Pakistan reisen. Die Freiwilligen wurden über islamische Hilfsorganisationen oder über die Vorprediger in den Moscheen rekrutiert und kamen zumeist aus Ländern wie Libyen, Marokko oder Saudi-Arabien. Kampfeslustige Moslems aus Europa waren ebenfalls darunter, per Internet konnte man sich mit Gruppen in Verbindung setzen, die einem halfen. Bevor wir nach Amman geflogen waren, hatte ein libanesischer Journalist für uns Recherchen zu diesem Thema gemacht. Kompliziert schien es nicht zu sein, ein Heiliger Krieger zu werden, aber der Nachteil für jeden Freiwilligen war, dass er die Kosten für seine Reise selbst tragen musste. Treffpunkt im Nahen Osten war entweder Beirut, die Hauptstadt des Libanon, oder Amman. Freiwillige Kämpfer zu finden, was wir vorhatten, schien also nicht schwer.

Wir reihten uns am letzten Schalter ein, dort, wo sich die Ausländer anstellten, die kein Visum hatten. Es war am Flughafen nicht schwierig, eines zu bekommen, denn König Abdallah war in keiner Beziehung ein Tyrann.

Das Königreich Jordanien ist eines der gemäßigten arabischen Länder. Seit seiner Unabhängigkeit im Jahr 1946 wurde es von der Herrscherfamilie der Haschemiten regiert. Ursprünglich war den Haschemiten von der britischen Kolonialmacht versprochen worden, dass die heiligen Städte Mekka und Medina ihnen zufallen würden, aber schließlich wurden diese dem neu gegründeten Saudi-Arabien zugesprochen. Abdallahs Urgroßvater musste später eine noch viel größere Erniedrigung einstecken, als 1948 die UNO der Teilung Palästinas zustimmte und damit die Gründung Israels besiegelte. Der Krieg, den mehrere arabische Armeen daraufhin gegen Israel anzettelten, ging mit einer Niederlage der Araber zu Ende. Abdallah konnte gerade noch einen Teil des westlichen Ufers des Jordan besetzen sowie den Ostteil von Jerusalem, der drittwichtigsten Stadt für Moslems nach Mekka und Medina. Der Prophet Mohammed soll von Jerusalem aus in den Himmel aufgestiegen sein. 1951 wurde Abdallahs Urgroßvater von einem religiösen Fanatiker ermordet und 1952 wurde dessen 17-jähriger Enkel Hussein der nächste König. Wieder gab es Kriege, die mit Niederlagen endeten. 1967, im Sechs-Tage-Krieg, griff König Hussein Israel an der Seite der syrischen und ägyptischen Armee mit an. Am Ende war seine Armee so aufgerieben, dass nicht nur der Gazastreifen, sondern auch das Westjordanufer und Ostjerusalem von der Armee des Gegners besetzt wurden. Wie schon 1948 war eine neuerliche Flüchtlingswelle von Hunderttausenden Palästinensern nach Jordanien die Folge. Inzwischen machen diese 60 Prozent der Bevölkerung aus und bestimmen den Lauf der jordanischen Politik mit. Nur drei Jahre nach dem verlorenen Krieg von 1967 hatte die damalige Palästinenserführung unter Yassir Arafat den Versuch unternommen, gegen den König eine Revolte anzuzetteln, die man den Schwarzen September nannte. Nachdem diese niedergeschlagen worden war, hatte der König sowohl Arafat als auch zahlreiche Palästinenser aus dem Land in den benachbarten Libanon vertrieben. Aber König Husseins Probleme hörten damit nicht auf. Unentwegt gab es Anschläge auf sein Leben. Ein Friedensvertrag mit Israel fünf Jahre vor seinem Tod hatte seine Popularität nicht eben vergrößert, sein Sohn Abdallah trat 1999 ein schweres Erbe an.

Überall in der Flughafenhalle hingen Fotos des jungen Königs. Es hieß, dass er abends gerne unerkannt durch Amman zog, um die Stimmung mit eigenen Augen und Ohren zu erforschen. Gutes allein könne er dabei nicht hören. Die Hälfte der jordanischen Bevölkerung war unter 16 und Abdallah hatte der Jugend nicht viel zu bieten. Jeder Zweite war ohne Arbeit. Jordaniens Haschemiten haben gegenüber Radikalen wie Bin Laden aber den unschätzbaren Vorteil, als direkte Nachkommen des Propheten Mohammed zu gelten. Deshalb zollen ihnen selbst die Fundamentalisten Respekt. Nachkomme Mohammeds zu sein hat im Islam eine besondere Bedeutung. Damit sind Pflichten, aber auch Rechte verbunden, wie sie sonst keiner besitzt. Das Ausrufen des Heiligen Kriegs ist nur eines von Abdallahs Privilegien. Ob er es jemals nutzen wird, steht auf einem anderen Blatt, die religiöse Rolle gibt Jordaniens Herrschern jedoch gewisses Gewicht. König Hussein hatte sich kurz vor Ausbruch des Kuwait-Kriegs im Jahre 1991 plötzlich einen Bart wachsen lassen. Er wollte damit daran erinnern, wer er war, Herrscher und gläubiger Moslem zugleich. Gläubige Moslems rasieren sich als Zeichen der Trauer oder auch in Krisenzeiten nicht.

In den Augen der meisten Moslems besitzen die Haschemiten wie kaum ein anderes Herrscherhaus in der arabischen Welt diese doppelte Autorität. Sie sind sowohl geistige als auch weltliche Führer des Königreichs und damit eigentlich mächtiger, als es ein Monarch im Westen je gewesen ist.

Diese enge Einheit von Religion und Politik hat es im Christentum nie gegeben, schrieb der Islam-Experte Gilles Kepel, *weil das westliche Denken sich seit seinen Anfängen aus zwei Quellen nährt: einerseits der christlichen Doktrin, andererseits dem weltlichen römischen Recht. Über alle Jahrhunderte des Christentums hinweg wurden diese beiden Prinzipien miteinander verflochten, sie wurden miteinander in Beziehung, aber niemals gleichgesetzt. Der Islam hingegen beruht auf dem Konzept von*

Tawhid, der grundlegenden Einheit. Die Unterscheidung zwischen [...] dem Geistlichen und dem Weltlichen ist für die islamische Doktrin völlig widersinnig, da die Regeln für das Verhältnis des Menschen zum Göttlichen wie auch die Grundlagen des sozialen Lebens in ein und demselben Text enthalten sind, im Koran, den Gott auf den Propheten Muhammad herabgesandt hat. Nie gab es eine Verflechtung mit einem weltlichen Rechtssystem, wie sie zwischen der christlichen Doktrin und dem römischen Recht bestand.

Zwei Frauen hinter uns in der Schlange, beide westlich und teuer gekleidet, offenbar Mutter und Tochter, betrachteten eine Zeit lang unsere Ausrüstung, die unser Kameramann Jean-Jacques Feron neben sich auf den Boden gestellt hatte, und begannen dann wie aus dem Nichts über die Amerikaner zu schimpfen. Die ältere Frau sagte, Journalisten sollten nicht vergessen, dass Saddam unschuldig gewesen sei, er sei von den Amerikanern manipuliert worden. Ohne Washington hätte er sich nie so lange an der Macht halten können.

Wegen der strengen Sicherheitsvorkehrungen ging die Abfertigung an den jeweiligen Schaltern in der Ankunftshalle nur zäh voran, wobei wir befürchten mussten, dass man uns noch genauer als alle anderen filzen würde. Schuld daran waren nicht nur die üblichen Stempel in unseren Pässen, die Reporter im Lauf von Reisen so zusammensammeln. Auffallend war vor allem die Kamera, dazu noch unsere zwei Rucksäcke, in denen wir Computer, Walkie-Talkies und Ersatztelefone mittrugen. In zwei riesigen Koffern hatten wir eine Schneideeinheit, Kabel und Kassetten, Lampen und Ladegeräte für Batterien sowie ein Stativ. Das alles hatten wir jedoch schon vor dem Abflug aufgegeben, ebenso wie zwei kugelsichere Westen und unsere Helme. Seitdem Gotteskrieger über Amman in den Irak gelangten, durfte nichts, was nach militärischer Ausrüstung aussah, ohne eine Sondergenehmigung der lokalen Behörden nach Jordanien importiert werden. Wer immer damit erwischt wurde, riskierte im besten Fall die Beschlagnahme der Ausrüstung. Im schlimmsten Fall landete er im Gefängnis. Normalerweise mussten Journalisten, die auf der Durchreise in den Irak waren, alles in einem eigenen Raum am Zoll hinterlassen und durften es erst beim Weiterflug wieder abholen. Damit wollten die Jordanier verhindern, dass jemand das Zeug illegal über die Grenze in den benachbarten Irak brachte oder in die Palästinenserlager um Amman. Ein zusätzlicher Grund war, dass ein japanischer Reporter nach dem Irak-Krieg eine Handgranate als Erinnerungsstück in seinem Gepäck mitgenommen hatte. Ausgerechnet beim Zoll war diese explodiert und hatte einen Zöllner getötet.

Unsere Westen waren im Privatgepäck versteckt und da es in der Ankunftshalle keine Röntgenmaschine gab, war ziemlich unwahrscheinlich, dass man sie finden würde.

Die Warterei nahm kein Ende. Die beiden Frauen begannen wieder zu reden. Nun meldete sich die jüngere zu Wort. Der gesamte Nahe Osten werde sich erheben, sagte sie, und einen Heiligen Krieg gegen die Amerikaner führen. So werde man sie ein für alle Mal vertreiben.

Es klang, als wären wir auf zwei Anhängerinnen von Bin Laden gestoßen, aber die beiden Frauen drückten nur aus, was man in der arabischen Presse ständig lesen konnte: dass die amerikanische Invasion mehr Schlechtes als Gutes gebracht habe. Massenvernichtungswaffen, sie waren der offizielle Kriegsgrund gewesen, habe man im Irak bisher nicht entdeckt. Amerikanische Soldaten starben weiter, irakische Zivilisten genauso, in nicht unerheblicher Zahl. Die Einführung der Demokratie im Irak sei ebenfalls zum Scheitern verurteilt. Besonders heftig wurde reagiert, nachdem im November 2003 US-Präsident Bush in einer Rede alle Regimes im Nahen Osten indirekt attackiert hatte, als er sagte, *in vielen Ländern des Nahen Ostens von gro-*

ßer strategischer Bedeutung hat die Demokratie noch keine Wurzeln geschlagen und es stellt sich die Frage, ob die Völker des Nahen Ostens jenseits der Freiheit leben müssen. Sind Millionen von Männern und Frauen von der Geschichte und der Kultur dazu verdammt, in Despotismus zu leben? Werden sie sich nie selbst entscheiden können?

Davon fühlten sich alle betroffen, nicht nur die Bin-Laden- und Saddam-Anhänger. Auch langjährige amerikanische Verbündete wie Ägypten mussten fürchten, fallen gelassen zu werden. Ägypten war in der ganzen Region neben Israel der zweitgrößte Empfänger von amerikanischer Militär- und Wirtschaftshilfe. Und Demokratie zu fordern beinhaltete notgedrungen auch eine indirekte Kritik am Königshaus Saudi-Arabiens, ein Land, in dem nicht einmal politische Parteien erlaubt waren. Saudi-Arabien war zwar Heimat von Bin Laden und anderen Fundamentalisten, zugleich jedoch seit Jahrzehnten Amerikas engster Alliierter.

Nicht zu reden von Ländern wie dem Iran oder Syrien, die auch ohne die Bush-Rede einen unverhohlenen anti-amerikanischen Kurs hielten. Demokratie ist in den Augen der Mullahs und der syrischen Machthaber nichts anderes als eine Camouflage für westlichen Imperialismus. Sie wollten zwar nicht wie Bin Laden den Heiligen Krieg gegen die Ungläubigen führen, aber zumindest eines: in Ruhe gelassen werden.

Nicht jeder lehnt von vornherein die Demokratie ab. Vereinzelte Stimmen in der arabischen Welt oder Araber im europäischen Exil meinen, die islamische Welt könne sich so oder so nicht länger vom Rest der Welt isolieren. Der internationale Trend seit Ende des Kalten Kriegs zu mehr Demokratie könne im Nahen und Mittleren Osten nicht für alle Zeiten ignoriert werden. *Natürlich*, meinte ein irakischer Schriftsteller, *ist es im 21. Jahrhundert in einer Welt, die größtenteils frei ist, schwer, eine Besatzung zu akzeptieren, aber wer hat uns in diese Lage ge-*

bracht? Ist es nicht Saddams Schuld, dass die Iraker nur mit Waffengewalt und direkter militärischer Besatzung ihr Regime stürzen konnten? Wer hat uns denn in diese Lage gebracht [...], ist es nicht das Schweigen der anderen arabischen Länder, das daran Schuld trägt?

Es sind aber wenige, die so denken. Jedenfalls nicht die beiden Frauen, die plötzlich von einem Zollbeamten aus der Reihe geholt wurden. Daraufhin brachte der Beamte, der sich bei den Frauen unterwürfig entschuldigte, sie an uns vorbei zu einem eigenen Schalter, und ohne dass jemand ihre Pässe kontrollierte, wurden sie durchgewinkt. Einer der Polizisten verneigte sich sogar tief. Am anderen Ende der Halle wartete ein Fahrer auf die beiden. Jedes Mal, wenn wir in Amman landeten, spielten sich dort solche Szenen ab. Weitläufige Verwandte des Königshauses, Mitglieder der Regierung oder Geschäftsleute, die für den Monarchen arbeiteten, wurden meist ohnehin an einem gesonderten Schalter abgefertigt, den die beiden Frauen offenbar auch hätten nehmen sollen. Dem engsten Familienkreis um den König stand zusätzlich ein separater Eingang zur Verfügung, den man von der Halle aus nicht sehen konnte.

Nachdem man unsere Pässe genau kontrolliert hatte und wir in der Gepäckhalle unsere Koffer und Taschen vom Band geholt hatten, wollten die Zöllner wissen, ob wir kugelsichere Westen dabeihätten. Ich verneinte, sie glaubten mir und ließen uns ziehen. Die beiden Frauen waren nirgends mehr zu erblicken.

Draußen wartete wie zuvor ausgemacht ein Fahrer auf uns. Bevor er uns zum Hotel brachte, wies ich ihn an, zuerst in den Osten der Stadt, in Richtung der Palästinenserlager zu fahren. In Amman gab es keinen besseren Ort, um festzustellen, wie die Stimmung unter den weniger Privilegierten war, unter den Palästinensern.

Viele hatten zwar die jordanische Staatsbürgerschaft erhalten, waren aber Bürger zweiter Klasse geblieben. Im Staatsdienst Arbeit zu bekommen war für sie beinahe unmöglich. Es gab einige, die ungewöhnliche Karrieren machten, dazu gehörte Königin Rania, die Frau Abdallahs, die aber ursprünglich aus einer reichen Handelsfamilie stammte, die sich in den arabischen Emiraten angesiedelt hatte. Die meisten ihrer Landsleute waren jedoch das geblieben, was sie immer waren, Flüchtlinge.

Wir kamen an den Lagern vorbei und sprachen mit ein paar alten Leuten vor einem Geschäft. Alles sei in Ordnung, sagten sie uns, und man sei zufrieden. Ob sie denn Jugendliche kennen würden, die in den Irak wollten, fragte ich sie, und die Männer erwiderten, das sei nichts als dummes Gerede. Kein gläubiger Moslem würde sich selbst umbringen, denn der Koran habe das ja verboten. Vielmehr seien es die Amerikaner, die die Anschläge selbst verübten, weil sie damit einen Grund mehr hätten, ihre Truppen auf ewig im Irak zu stationieren.

Wenn man die Straße weiter in den Norden nahm und Amman hinter sich ließ, gelangte man in die Hochburg der radikalen Palästinenser, in die Stadt Sarka. Der Bin Laden-Verbündete Sarkawi, der eigentlich Achmed Fadil Nezzal Al Khalayla hieß, stammte von dort. Bis zu seinem 18. Lebensjahr war Sarkawi nichts als ein palästinensischer Kleinkrimineller gewesen. Er war wegen verschiedener Delikte aufgefallen, bevor er Mitte der 80er Jahre nach Afghanistan gefahren war und dort neben dem radikalen Islam den Krieg entdeckte. In Kampfpausen, hieß es, hatte er in der pakistanischen Stadt Peschawar einen islamischen Geistlichen aufgesucht, dessen extreme Lehren bekannt waren. Es war niemand anderer als der radikale Prediger Abdallah Azzam, der inzwischen bereits Bin Laden zu seinen Schülern zählte. Bei Azzam müssen sich die beiden getroffen haben, der arme Flüchtling Sarkawi und der reiche Saudi. Beide verließen 1989 nach Abzug der Sowjets Afghanistan, aber für keinen von beiden war der Heilige Krieg vorbei. Während Bin Laden in

Saudi-Arabien von einer Moschee zur anderen zog, um den Umsturz aller Regimes zu predigen, die nicht seinen Vorstellungen entsprachen, gründete Sarkawi in seiner Heimat Jordanien die militante Gruppe *Al Tawhid*, »Einheit«. Geplant war, König Hussein zu ermorden und daraufhin in Jordanien einen islamischen Staat mit der entsprechenden Gesetzgebung einzuführen. Es kam aber anders. Bei einer Hausdurchsuchung bei der Sarkawi-Familie wurden Schnellfeuergewehre gefunden und der Afghanistan-Veteran wurde zu 15 Jahren Haft verurteilt. Im Zuge einer Amnestie nach König Husseins Tod wurde er jedoch freigelassen.

Nur Wochen später, im Herbst 1998, bestieg Sarkawi am Flughafen Amman eine Maschine in Richtung Afghanistan, wo er verschwand, bis er dann nach dem Krieg im Nachbarland Irak wieder auftauchte.

Lange vor unserer Reise nach Amman hatte uns ein Jordanier kontaktiert, der versprochen hatte, Beweise für die Finanzierung von Sarkawis Gruppe zu liefern. Er hatte angedeutet, dass alle Mittel für den Aufstand im Irak aus einem Fonds stammen würden, der von Saddam lange vor dem Krieg angelegt worden war. Alle Bankkonten, hatte der Mann mir in seiner E-Mail geschrieben, würden über libanesische Institute geführt. Die syrische Regierung verwalte die Konten. Dort liefen ohnehin alle Fäden des Aufstands gegen die Amerikaner zusammen.

Während ich im Hotel auf meine Kontaktperson wartete, riefen draußen unzählige *Muezzins* zum Abendgebet. Der Islam war unabkömmlicher Bestandteil der Herrschaft und des Alltags im Nahen Osten. Er war überall.

Radikale Fundamentalisten waren erstmals nach langer Zeit in den 30er Jahren des 20. Jahrhunderts aufgetaucht, als auch in Europa nationalistische und faschistische Bewegungen stark wurden. Unter all den arabischen Gruppen, die sich damals formierten, war die Moslem-Bruderschaft die bestorganisierte und erfolgreichste gewesen, insofern, als sich auch Bin Ladens *Al Qaida* auf sie zurückführen lässt. Damals wie heute ging es darum, Armeen genauso zu bekämpfen wie westliche Bekleidung, Fernsehprogramme, Literatur oder gleiche Rechte für Frauen – kurz alles, was nicht islamisch war.

Die Urorganisation, die Moslem-Bruderschaft, war im Jahr 1928 in Ägypten von einem Lehrer namens Hasan al Banna gegründet worden. (Al Banna wurde 1948 ermordet, wahrscheinlich im Auftrag der damaligen ägyptischen Regierung.)

Vor allem in den Kreisen, die bei der zunehmenden Verwestlichung Ägyptens unter die Räder gekommen waren, rekrutierte sie ihre Anhänger. Neben kleineren Geschäftsleuten gehörten viele Lehrer dazu, die bald das Rückgrat der Bewegung wurden. Beim Unterricht achteten sie darauf, dass westliches Gedankengut ausgespart blieb. Am Ende dieser Logik fand man dann die Koranschulen der Taliban.

Al Banna hatte selbst in einer Schule unterrichtet, bevor er die Politik für sich entdeckt hatte. Seine Bruderschaft, die wie ein Geheimbund operierte, hatte sich zum Ziel gesetzt, jede weltliche Herrschaft zu beenden und einen Staat zu errichten, in dem der Islam die einzige Grundlage der Gesetzgebung sein sollte. Al Banna wollte sein Ideal mit allen Mittel, auch dem der Gewalt, durchsetzen. »Allah ist unser Ziel, der Prophet unser Führer, der Koran unser Gesetz, der Heilige Krieg unser Weg und für Allah zu sterben unsere größte Hoffnung«, lautete der Wahlspruch der Moslem-Bruderschaft. Nachdem auf einen ägyptischen Ministerpräsidenten ein Anschlag verübt worden war, wurde die Gruppe verboten. Während sie im Untergrund weiter existierte, konnte sie ständig neue Anhänger für ihre Sache gewinnen. Und nicht nur in Ägypten, sondern auch in anderen arabischen Ländern wie Syrien oder Jordanien hatten sich bald lokale Schwesterparteien formiert, die ähnliche Ziele verfolgten. Logischerweise gehörte nach der Gründung Israels auch dessen Zerstörung zum Programm der inzwischen überall sesshaften Moslem-Bruderschaft. In einigen Ländern wie in Syrien kam es zu einem Kampf bis aufs Blut.

In Ägypten ermordeten im Oktober 1981 Anhänger der Untergrundorganisation der Moslem-Bruderschaft Präsident Anwar el-Sadat. Es folgten zahlreiche Massenverhaftungen und Hinrichtungen.

Im Königreich Jordanien hingegen waren die Moslem-Brüder erlaubt. Sie durften jedoch nicht diesen Namen tragen und mussten der Gewalt gegen das Königshaus offiziell entsagen. Was sie weiterhin fordern durften, war eine Änderung der Gesellschaft in Richtung einer deutlichen Islamisierung. Dazu gehörte neben der Trennung der Geschlechter in Schulen und Ministerien das Alkoholverbot. Der König, der sowohl mit seinen palästinensischen Flüchtlingen als auch mit linken und nationalistischen Gruppen zu kämpfen hatte, hatte sich sogar mehr und mehr auf die Moslem-Brüder gestützt. Nach Arafats Umsturzversuch war niemand anderer als die Moslem-Bruderschaft mit Solidaritätserklärungen für Hussein sofort zur Stelle gewesen. 19 Jahre später war nach plötzlichen Brotpreiserhöhungen der Volkszorn in Jordanien übergekocht und in der Stadt Maan brach eine offene Rebellion gegen den König aus. Wieder rettete ihn die Moslem-Bruderschaft. Auch bei darauf folgenden Wahlen hatte sie sich an die vereinbarten Spielregeln gehalten und allen möglichen Kräften, nur nicht den Haschemiten, die Schuld an den wirtschaftlichen Schwierigkeiten im Land zugeschoben. Obwohl die Moslem-Bruderschaft nicht als Partei Wahlkampagnen führen konnte, sondern nur mit Einzelpersonen, hatte sie damit viel Erfolg, mehr als dem König lieb sein konnte. Sie erhielt auf Anhieb ein Drittel der Sitze und als Dank für ihre Unterstützung bot der König ihr mehrere Ministerien, darunter das wichtige Erziehungsministerium, an. Das war nicht nur verantwortlich für das, was in Jordaniens Schulen gelehrt wurde, es war auch der größte Arbeitgeber im Land. Tausende und Abertausende Lehrer wurden vom Ministerium überall im Land beschäftigt. So hatte die Moslem-Bruderschaft Zugriff auf die Ausbildung ganzer Generationen. Erst als einer der Minister der Islamischen Aktionsfront, wie sich die Moslem-Brüder in Jordanien offiziell nannten, das Königshaus wegen Korruption und Misswirtschaft kritisierte, läuteten die Alarmglocken. Der Minister wurde sofort verhaftet und von einem Militärtribunal verurteilt. Den Moslem-Brüdern war also in Jordanien alles erlaubt, außer Kritik am eigenen Königshaus.

Korruption, Niederschlagung jeder Kritik und Verhaftungswellen in allen arabischen Ländern, all das trug über die Jahre genauso zum stetigen Zufluss für die Fundamentalisten bei wie der Palästina-Konflikt oder der Irak-Krieg.

Nachdem ich zwei Stunden lang vergeblich auf den Kontaktmann gewartet hatte und ihn per Handy plötzlich nicht mehr erreichen konnte, gab ich auf und wir gingen Abendessen. Am nächsten Tag spazierte ich zu Mohammed Aljounis neuem Büro, das nicht weit vom Hotel entfernt lag. Dank der ausländischen Kamerateams, für die er arbeitete, war er im Lauf der Jahre vermögend geworden, außerdem gehörte er zu einer alteingesessenen Familie von islamischen Richtern und war damit beinahe unantastbar. Selbst er durfte aber bestimmte Grenzen nicht überschreiten. Ein paar Monate zuvor hatte *Al Jazeera* einen kritischen Bericht über König Abdallah gesendet und Aljouni war der Vertreter des Senders in Jordanien. Die Genehmigung, für *Al Jazeera* zu arbeiten, wurde ihm vorübergehend entzogen. Im Nahen Osten gibt es deswegen wenige investigative Reporter. Sobald Nachrichten eine Bedrohung für das Regime darstellen, werden sie abgedreht, nicht nur bei *Al Jazeera*.

Als im Februar 1991, am Ende des Kuwait-Kriegs, der Sender *CNN* als Erster meldete, dass die irakischen Truppen aus dem Ölstaat vertrieben worden waren, konnte man *CNN* ab diesem

Zeitpunkt in Amman für ein paar Tage nicht mehr empfangen und im jordanischen Fernsehen wurde berichtet, der Krieg sei noch nicht entschieden. Am Tag von Saddams Niederlage spendete bei einer Wohlfahrtsveranstaltung eine Gruppe von jordanischen Frauen ihren Schmuck für den Krieg gegen die Amerikaner.

Heimlich, ohne dass jordanische Medien darüber berichten durften, waren zwölf Jahre später, in den Wochen vor Saddams endgültigem Fall, amerikanische und australische Spezialeinheiten nahe der Grenze zum Irak stationiert worden. Nach Kriegsbeginn waren diese von Jordanien aus ins Sunnitische Dreieck vorgestoßen. Als Gegenleistung für seine Unterstützung war dem haschemitischen Königreich US-Militärhilfe in Höhe von 200 Millionen Dollar zugestanden worden. Das sind die Amis, sagte unser Fahrer jedes Mal, wenn wir an der Basis vorbeifuhren. Wenn er das wusste, dann wusste es jeder im Land.

Unser Kontaktmann meldete sich auch am nächsten Tag nicht und so warteten wir. In der Zwischenzeit sollte einer von Aljounis Mitarbeitern, Moaq, uns bei den Recherchen begleiten. Er sprach perfekt Englisch. Bis kurz nach den September-Anschlägen hatte er in den USA gelebt, wohin seine Eltern ausgewandert waren, als er noch ein Kind war. Nach Jordanien war er aber zurückgekehrt, weil er sich in Amerika als Moslem ständig diskriminiert gefühlt hatte. Seine Ehefrau, die ein Kopftuch trug, und seine zwei Kinder waren mit ihm gekommen. In den USA hatte Moaq Filmwissenschaften studiert, aber nach seiner Rückkehr hatte er keine Arbeit beim jordanischen Fernsehen finden können, wie er gehofft hatte. Eine Zeit lang hatte er als Lehrer in einer Schule am Rand eines Palästinenserlagers seinen Lebensunterhalt mehr schlecht als recht bestritten. Bei Aljouni hatte er daraufhin einen besser bezahlten Job gefunden. Sein Monatslohn betrug nicht mehr als 100 Dollar, was nur ein Bruchteil der Summe war, die wir Aljouni zahlen mussten, wenn wir seine Leute beschäftigten.

Als wir in einem Restaurant zu Mittag aßen, entschuldigte sich Moaq und ich sah ihn, nachdem er sich die Hände gewaschen hatte, hinter einem Vorhang knien und beten. Später bat ich ihn, uns zu seiner ehemaligen Schule mitzunehmen. Sie war ein lang gestrecktes Betonhaus und niemand war zu sehen. Längst war der Unterricht beendet, aber als wir vorbeifuhren, erzählte Moaq, die meisten Lehrer seien Mitglieder der islamischen Aktionsfront geworden, weil sie sonst den Job nicht bekommen hätten. In seiner Schule, sagte er, wurde die Darstellung des menschlichen Körpers im Zeichenunterricht von der islamischen Front verboten. Beim Weiterfahren fragte ich Moaq, wie viele seiner ehemaligen Schüler seiner Einschätzung nach heute bei den Fundamentalisten gelandet seien. Er meinte, jedermann strebe nach einem besseren Leben. Wenn man ihm jede Aussicht darauf nehme, dann wolle er zumindest, dass sein Leben einen Sinn ergebe. Die Hälfte seiner Schüler seien tatsächlich Islamisten geworden, sagte er schließlich. Die andere Hälfte Kleinkriminelle. Es klang, als würde er bedauern, dass nicht alle zu den Islamisten gegangen waren.

Am übernächsten Tag verließen wir Jordanien. Unser Kontakt hatte sich gemeldet, aber was er anzubieten gehabt hatte, war nutzlos gewesen.

Kurz darauf, am 13. Dezember, wurde Saddam Hussein in der Nähe seiner Heimatstadt Tikrit von den Amerikanern gefasst und wir fuhren auf dem schnellsten Weg in den Irak. Von US-Seite war zu hören, dass dies der wohl wichtigste Schlag gegen die Aufständischen sei, obwohl noch eine ganze Reihe von hohen Vertretern des ehemaligen Regimes auf der Flucht war. Leute wie zum Beispiel Ibrahim Al Dura, die alte Nummer zwei auf der Liste der international gesuchten Terroristen. Es hieß, er sei der wahre Organisator der Rebellion. Aber die Aufnahmen des ehemals so mächtigen Diktators, der müde und deprimiert aussah, als er bei einer ärztlichen Untersuchung gefilmt wurde, verfehlten nicht ihre Wirkung. Zwei Tage nach Saddams Festnahme kam unser ehemaliger Übersetzer Qutaiba in unser Hotel zu Besuch. Seinen Unterhalt verdiente er sich weiterhin beim italienischen Fernsehen, seine Sympathien lagen aber, wie die vieler ehemaliger Aufpasser, eindeutig bei den Aufständischen. Er war beinahe zu Tränen gerührt gewesen, als er mir einige Wochen zuvor gestanden hatte, er würde ihn vermissen, seinen Präsidenten Saddam. »*We miss him so much!* Wir vermissen ihn sehr!« Nun war er so niedergeschlagen, wie ich ihn noch nie zuvor gesehen hatte. »Alles ist vorbei«, klagte Qutaiba. »Der Widerstand wird zusammenbrechen. Aus. Kein Geld mehr. Niemand wird sich mehr trauen, den Aufständischen zu helfen. Ohne unseren Saddam funktioniert das alles nicht mehr.« Es sollte sich bald herausstellen, dass er nicht Recht behalten würde.

An Geld sollte der Heilige Krieg niemals scheitern. In Afghanistan war er von den Amerikanern und den Saudis finanziert worden. Im Irak wurde er von reichen Moslems nicht nur mit Worten unterstützt. Kämpfen, sterben oder leiden überließ man hingegen den einfachen Fußsoldaten. Einen von ihnen sollten wir schließlich im Nachbarland, im Libanon, finden.

KAPITEL 9

Märtyrer sterben nicht

Libanon, Januar 2004   »50«, sagte ich und der Gotteskrieger zog die Augenbrauen unmerklich hoch, so als hätte
ich einen Scherz gemacht. »100«, sagte er, doch da schüttelte ich den Kopf. Dann schlug ich 60 vor und fügte hinzu,
das sei mein letztes Angebot, andernfalls würden wir wieder gehen. Joanne, die für uns im Libanon seit Jahren als
Übersetzerin arbeitete, redete eine Zeit lang auf ihn ein und
während sie versuchte, ihn zu dem Interview zu überreden,
rutschte er auf seinem Rollstuhl hin und her. Man merkte, dass er seine Geschichte loswerden wollte. Plötzlich lachte er auf und meinte, für 60 Dollar könne sich keiner in Beirut
ein Handy kaufen, aber wenn wir ihm ein neues besorgen würden, dann würde er umsonst mit uns reden. Vom Fenster
aus konnte man die malerische Küstenstraße, die an Beirut
entlangführt, sehen und es schien, als wäre es das Normalste
der Welt, mit einem Kriegsinvaliden, der als Freiwilliger in
den Irak-Krieg gezogen war, über ein neues Handy zu verhandeln. Ausgerechnet ein Handy wollte dieser Feind der modernen, westlichen Gesellschaft. Aber Libanesen sind eben nicht
nur die besten Geschäftsleute des Orients, sondern der ganzen Welt, eine kleine gemischte Nation aus Christen, Sunniten
und Schiiten. Wenn einer weiß, wie man verhandelt, dann sind
sie es.

Die ehemalige Kriegsstadt Beirut ist längst wieder aufgebaut als Bank- und Handelszentrum im Nahen Osten; sogar schöner als früher. In der *Hamra Street* steht ein Einkaufszentrum neben dem anderen, damit reiche Libanesen zum Einkaufen nicht mehr nach London oder New York fahren müssen.

Angezogen war der Gotteskrieger, der Nabil hieß, wie ein amerikanischer Rapper, mit einer Wollmütze auf dem Kopf und einem übergroßen T-Shirt. Als wir gekommen waren, hatte er gerade ferngesehen, Videos auf dem Musiksender *MTV*.

Ich konnte einfach nicht umhin, auf Nabils Beinstümpfe zu schauen, ein britischer Arzt hatte ihm in einer Notoperation im Irak beide Beine amputiert. Als ob ihn sein Körper nichts mehr anginge, schaute Nabil gleichgültig aus dem Fenster. Wenn ihn in diesem Augenblick etwas interessierte außer dem Musiksender, der leise im Hintergrund zu hören war, dann war es sein neues Handy. Ich konnte mir vorstellen, wie er sich in einem der neuen Beiruter Geschäfte das letzte Modell aussuchen würde. Aber im nächsten Moment könnte er genauso an den erstrebenswerten Märtyrertod denken; daran, dass ihn nach der Lehre des Koran im Paradies 72 Jungfrauen erwarten würden, falls er doch noch für seinen Glauben sterben würde. In einem Vorgespräch hatte er das Joanne versichert. Bei nächster Gelegenheit würde er nochmals in den Irak zu ziehen. Es war angesichts der Tatsache, dass er beide Beine verloren hatte, reines Wunschdenken.

Beinahe die Hälfte aller Freiwilligen, die in den Irak zogen, waren entweder Libanesen, Algerier oder junge Saudis. Aus dem bitterarmen Afghanistan kam bisher keiner. Es waren alles junge Leute wie Nabil, man könnte sagen zwischen Handy und Märtyrertod. Blickten sie auf die eine Seite, sahen sie ein *MTV*-Video, einen verführerischen Luxusgegenstand oder eben ein Mobiltelefon. Sahen sie hingegen auf die andere, stand da ein strenger Prediger, der sie aufforderte, allen irdischen Versuchungen zu widerstehen.

Inzwischen hatte sich unsere Übersetzerin auf einen Kompromiss mit Nabil geeinigt. Sie, Joanne, würde ihm am nächsten Tag ein Handy im Krankenhaus vorbeibringen, und im Austausch dafür würde er uns an diesem Morgen seine Geschichte erzählen. Während Jean-Jacques Stativ, Licht und Kamera aufstellte, fragte ich noch, ob er wirklich bereit sei, alles zu erzählen. »Kul«, »ja, alles«, erwiderte er. Aber als wir zu filmen begannen, wurde er nervös und sagte, er habe noch eine Bedingung, und die wäre, dass wir nur seinen Oberkörper aufnehmen.

Jean-Jacques und ich waren am Vortag nach Beirut geflogen, nachdem Joanne uns informiert hatte, von all den Leuten, die sie gefunden hätte, wäre nur einer bereit gewesen zu reden, eben dieser Nabil. In einer E-Mail hatte sie mir außerdem geschrieben, die meisten Kämpfer würden über den Libanon und Syrien in den Irak gelangen. Vor der Kamera reden wollte aber niemand. Ähnlich wie in Jordanien kontaktierten auch die libanesischen Freiwilligen via Internet Leute, die in Kontakt mit den irakischen Aufständischen standen und diese informierten. Wenn alles funktionierte, wurden die neuen Rekruten beauftragt, sich an einem bestimmten Ort zu melden, wobei es sich meist um eine Moschee oder eine Koranschule handelte. Organisiert wurde die Reise zwar von den Helfern, aber nicht nur die Reisekosten mussten von den Freiwilligen selbst bezahlt werden, sondern auch Verpflegung und Unterkunft. Ein Gotteskrieger, der später festgenommen worden war, hatte erzählt, die Iraker hätten von ihm Geld für die Matratze verlangt, auf der er in Falludja übernachtete. Nach der Ankunft in Falludja wurden die Gotteskrieger in verschiedene Gruppen eingeteilt. Hatte einer militärische Ausbildung und Erfahrung, wurde er beiseite genommen. Für alle anderen kam früher oder später der Befehl, sich als Selbstmordattentäter in die Luft zu sprengen. Fiel auf jemanden nur der kleinste Verdacht, ein möglicher Spitzel der Amerikaner zu sein, der sich einschleichen wolle, wurde er ganz oben auf die Liste der Attentäter gesetzt. Vorbereitung des Sprengstoffs, Beschaffung der Autos und Präparierung der Freiwilligen für ihren Einsatz oblag den Angehörigen von Saddams ehemaligem Geheimdienst, die nach dem Krieg begonnen hatten, mit irakischen Islamisten zusammenzuarbeiten. Ein Insider hatte das alles Joanne erzählt.

In den Wochen vor unserer Ankunft hatten Beamte des US-Finanzministeriums in Beirut die Bücher von mehreren Banken überprüft, um herauszufinden, wie die Aufständischen im Irak finanziert wurden. Libanons und Syriens Regierungen hatten den Amerikanern zwar versprochen, bei der Erforschung aller Saddam-Konten zu helfen. Nachdem nicht viel passierte, hatten die Amerikaner zu drohen begonnen und eben Beamte geschickt. Saddam hatte in den Monaten vor seinem Fall auf verschiedenen Banken im Nahen Osten ungefähr eine Milliarde Dollar deponiert, fanden sie heraus. Ein paar hundert Millionen lagen auf syrischen Banken, der Rest, 600 Millionen, auf libanesischen.

Noch vor unserem Treffen mit Nabil hatten wir eine Verabredung im anderen Teil von Beirut, dem des verführerischen Luxus. Ein Journalist namens Ali Ballut hatte in einer libanesischen Zeitung einen Artikel veröffentlicht, worin er verkündete, er habe Beweise dafür, dass der Aufstand im Irak von Saddam von langer Hand geplant worden wäre. In allen arabischen Ländern habe man vor Ausbruch des Kriegs Tausende junge Männer bereitstehen gehabt. Von Verstecken bis zu geheimen Kriegskassen sei alles gut vorbereitet gewesen. Der Treffpunkt, den Ballut uns angegeben hatte, war die Bar des neu errichteten Luxushotels »Mariott« an der Beiruter Küste.

Als wir in der Bar auftauchten, war Ballut gerade dabei, sich bei einer der Kellnerinnen einen zweiten Whiskey zu bestellen. Er begrüßte uns und reichte mir die Getränkekarte. 20 Dollar kostete das Mineralwasser, ein Orangensaft 24 und Balluts Getränk 35 Dollar. Am Nebentisch saßen zwei saudische Scheichs in traditionellen Gewändern und durch die verglaste Bar konnte man die Skyline des neuen Beiruts sehen. Restaurants, Nachtclubs, Diskotheken und Hotels wie das »Mariott« waren ständig ausgebucht.

Ballut wollte nicht so recht reden. Als ich ihn dann fragte, ob er denn ein Honorar verlangen würde, erwiderte er sofort, er hielte 20.000 Dollar für angemessen, woraufhin wir unsere Gläser leerten, die Rechnung verlangten und uns verabschiedeten. Als wir die Bar verließen und am Hoteleingang vorbeigingen, standen britische Luxusautos der Marke Rolls-Royce und aufgemotzte amerikanische Geländewagen in der Einfahrt. Hier war der Ort, an dem man im Libanon unbescheidene Informanten treffen konnte. In den restlichen Hotels machten Drogenhändler ihre Geschäfte, genauso wie syrische Geheimagenten, die sich in schwarzen Mercedes-Limousinen herumchauffieren ließen. Beirut war nicht billig, bot einem aber etwas für sein Geld.

Joanne hatte herausgefunden, dass es vor gar nicht langer Zeit ausgerechnet in diesem Babylon des Nahen Ostens einen Rücktransport von verletzten Freiwilligen aus dem Irak in den Libanon gegeben hatte, der ohne viel Aufhebens verlaufen war. Er war vom Roten Halbmond, dem moslemischen Gegenstück zum Roten Kreuz, organisiert worden. Ungefähr 20 Verletzte waren zuerst nach Beirut gebracht worden und dann in ihre entsprechenden Heimatländer, nach Algerien, Saudi-Arabien oder Marokko. In einer kleinen libanesischen Klinik war aber einer der Kriegsveteranen noch in Behandlung. Beinprothesen sollten ihm angefertigt werden. Zuallererst war Joanne in das Dorf des invaliden Gotteskriegers gefahren und hatte mit der Familie geredet. Dabei hatte sie erfahren, dass alle Bewohner seines Dorfes sehr stolz auf ihn waren, außer der Familie. Niemand war wütender auf Nabil als seine Mutter, eine Witwe, die sechs Kinder zu ernähren und ihren einzigen Verdiener verloren hatte. Nabil war ihr ältester Sohn und hatte als Friseur gearbeitet. Der Vater war bereits Anfang der 90er Jahre während des libanesischen Bürgerkriegs gefallen.

Vereinfacht ausgedrückt war es bei diesem Krieg, der 1975 ausgebrochen war, darum gegangen, ob Christen, Sunniten oder Schiiten das Land regieren sollten. Seit 1943, seit der Unabhängigkeit von der französischen Kolonialmacht, waren die Christen, die eine knappe Mehrheit der Bevölkerung darstellen, an der Macht gewesen. Ihnen hatten die Franzosen zugesichert, dass sie den Präsidenten des Landes stellen würden, während die Sunniten den Posten des Ministerpräsidenten und die schiitische Minderheit den des Parlamentssprechers innehaben sollten. Im Lauf der 60er Jahre hatten sich die Bevölkerungsverhältnisse jedoch geändert. Nicht mehr die Christen, sondern die Moslems, sowohl Sunniten als auch Schiiten, machten plötzlich die Mehrheit aus und verlangten mehr politische Mitsprache. Anstatt darüber zu verhandeln, hatten die großen christlichen Familien, die Libanons Politik und Wirtschaft seit jeher bestimmten, ihre eigenen Milizen gebildet. Erste Scharmützel zwischen Christen und Moslems, die sich ihrerseits bewaffnet hatten, waren ausgebrochen. Zum gleichen Zeitpunkt, als die Spannungen immer weiter gestiegen waren, hatten Tausende Palästinenser nach Arafats missglücktem Putschversuch Jordanien in Richtung Libanon verlassen müssen. Als natürliche Verbündete der Moslems beteiligten sich Arafats Freischärler bald an den Kämpfen. Am Ende hatten sie aber nicht nur die christlichen Milizen angegriffen, sondern auch begonnen, vom Südlibanon aus ihre schlimmsten Feinde, die Israelis, mit Katjuscha-Raketen zu beschießen. Israels Armee hatte sich das nicht lange bieten lassen und schickte 1982 seine Armee, um den Südlibanon zu besetzen.

Inzwischen hatten im ganzen Land einzelne Gruppen und Milizen Regionen unter ihre Kontrolle gebracht. Der Drogen- und Waffenhandel blühte. Unzählige Waffenstillstandsabkommen waren geschlossen worden, nur um am nächsten Tag von einer der unzähligen Parteien in diesem Krieg wieder gebrochen zu werden. Die Lage war nach dem israelischen Einmarsch nicht besser geworden. Er hatte zwar mit der Vertreibung der PLO-Spitze geendet und Tausende von Arafats Männern mussten nach Tunis ins Exil gehen, der Krieg war aber trotzdem noch lange nicht vorbei. Er wurde nur noch brutaler: Neben Autobomben, Massakern und Entführungen waren ab 1982 Selbstmordkommandos dazugekommen.

Dann war da noch Libanons Nachbarland im Osten, Syrien. Es hatte bereits seit 1976 einen Teil des Landes besetzt. Im Lauf der Bürgerkriegsjahre hatten sich die syrischen Soldaten einmal auf die Seite der einen, dann auf die der anderen gestellt.*

Dort, wo die Syrer die beste Kontrolle hatten, in der Bekaa-Ebene, die zugleich eines der wichtigsten Drogenanbaugebiete im gesamten Nahen Osten war, lagen die ärmlichen Dörfer der Sunniten. In so einem hatte der Friseur Nabil, der weder lesen noch schreiben konnte, sein ereignisloses Leben geführt, bis dann der Irak-Krieg ausbrach. Auf dem Sender *Al Jazeera* sah er, wie schlimm die amerikanische Armee mit der irakischen Be-

---

* Ende April 2005 zog Syrien nach wochenlangen Protesten gegen seine Truppenpräsenz und einer entsprechenden UN-Resolution in New York seine Armee zurück. Diesem Rückzug war die Ermordung des ehemaligen libanesischen Ministerpräsidenten Rafik Hariri im Februar bei der Explosion einer mächtigen Autobombe vorausgegangen. Mitglieder des syrischen Geheimdiensts, die im Libanon nicht nur wegen ihrer mafiösen Geschäfte gefürchtet und verhasst waren, wurden verdächtigt, hinter dem Anschlag zu stecken. Syrien wies diesen Vorwurf zurück. Teile der libanesischen Gesellschaft, wie die Schiiten und ihre radikale Organisation *Hisbollah*, hatten für das Verbleiben der syrischen Militärs, in denen sie ihre Verbündeten sahen, demonstriert.

völkerung umging, erzählte er uns. Daraufhin war er wütend geworden und hatte beschlossen, in den Heiligen Krieg gegen die Amerikaner zu ziehen. »Jeden Tag sah ich, wie Frauen und Kinder starben«, sagte er. »Es war schlimm anzusehen.«

Es ist möglich, dass Nabil seine Erzählung uns gegenüber etwas ausschmückte. Wahrscheinlich brauchte er eine Weile, bis er sich zu diesem Schritt entschlossen hatte. Von seiner Tante hatte Joanne erfahren, der Prediger in der Moschee des Dorfs hätte jeden Tag auf die Jugendlichen eingeredet. Am Ende hätten sich zwei gemeldet, Nabil und ein anderer; ein Arbeitsloser.

Nachdem Nabil seinen Plan gefasst hatte, weigerte sich seine Mutter jedoch, ihm Geld für den Autobus nach Bagdad zu geben. Daraufhin opferte er das Liebste, was er hatte. Er verkaufte sein Handy. Da er ursprünglich 160 Dollar dafür bezahlt hatte, aber nur 80 Dollar bekam, hatte er sogar einen beachtlichen Verlust eingesteckt, das sei ihm aber, meinte er, egal gewesen.

Dann war er losgezogen. Zuerst war die Gruppe von libanesischen, saudischen und algerischen Gotteskriegern, mit der Nabil unterwegs war, in Richtung Syrien gefahren, hatte das Land durchquert und war per Linienbus in den Irak gefahren. Ein syrisches Polizeiauto hatte den Freiwilligentransport bis zur Grenze begleitet. Es muss eine aufregende Fahrt für einen jungen Dorfbewohner gewesen sein, so loszuziehen, um gegen eine Großmacht zu kämpfen. Obwohl die Politik für Nabil kaum eine Rolle spielte. Laut seiner Tante hatte ihm der Vorprediger von den 72 Jungfrauen erzählt, die ihn im Paradies erwarten würden. Diese Vorstellung hätte Nabil mehr gereizt.

Ob Mitglieder von Bin Ladens *Al Qaida* in der Gruppe mitgefahren waren, konnte Nabil nicht sagen. Er sah mich mit großen Augen an, als ich ihn das fragte. »Vielleicht waren die Saudis bei *Al Qaida*«, sagte er. »Jedenfalls haben die mehr gebetet als alle anderen.« Äußerlich waren die Jugendlichen ohnehin nicht als Gotteskrieger erkennbar. Die meisten hatten Hemden, Jeans und Turnschuhe an, erzählte Nabil, um so wenig wie möglich Aufsehen zu erregen. »Uns Märtyrern«, meinte er, »hatte man vor dem Grenzübergang befohlen, die Bärte abzurasieren, um weniger aufzufallen.«

Das Krankenzimmer, in dem wir nun saßen, war bis auf zwei Eisenbetten, zwei Nachttische und einen Kasten aus Metall sowie dem Fernseher, der auf einem Regal über einem der Betten festgeschraubt war, leer. Nichts lag auf dem Nachttisch. Kein Buch, keine Zeitung, nicht einmal der Koran. Nur der Fernseher lief ständig.

Wie hatte einer wie Nabil diesen Krieg wohl erlebt? Wenn man ihm zuhörte, dann war es ein aufregendes Abenteuer, bei dem er keinen Gedanken daran verschwendete, wie es enden könnte. Er habe keine Angst gehabt, sagte er. Bereits bei seiner Ankunft in Bagdad waren seine 80 Dollar aus dem Handy-Verkauf aber längst aufgebraucht gewesen. Zum Glück war einer aus Saudi-Arabien mit in der Gruppe gewesen. Bündel von 100-Dollar-Scheinen hatte der mit und übernahm die Kosten für Nabils Nahrung und Unterkunft.

Sobald die ersten Bomben gefallen waren, hatten irakische Militärs alle ausländischen Kämpfer in Richtung Süden geschickt, dorthin, wo die US-Armee vorstoßen sollte. Bald war Nabil bei einem Luftangriff am Knie leicht verletzt und von einer Irakerin in ein Krankenhaus gebracht worden. Als dann die Amerikaner schnell näher rückten, war er, zusammen mit anderen Kämpfern, aus dem Krankenhaus in Richtung Norden geflohen.

Plötzlich tauchte in der Tür eine Krankenschwester auf, die sagte, wir müssten unser Gespräch bald beenden. Nabil würde in zehn Minuten seine Unterwassertherapie bekommen. Man konnte der Frau ansehen, sie duldete keinerlei Widerrede, aber Nabil schien an sein neues Handy zu denken und schlug vor, wir sollten auf ihn warten. In einer halben Stunde würde er zurück sein. Ich sah ihm nach, wie er mit seinem Rollstuhl aus dem

Zimmer und dann einen langen, dunklen Gang entlangrollte. So, als würden sie sich fragen, ob der junge Mann vielleicht einen schweren Unfall mit einem Auto oder einem Motorrad gehabt hätte, sahen ihm auch zwei andere Patienten nach. Durch seine Jugend rief Nabil automatisch Mitleid hervor. Wir warteten beinahe eineinhalb Stunden, bis er zurückkam. Um genau zwölf Uhr hörte man die Glocken der Dorfkirche läuten. Der Zufall hatte den islamischen Gotteskrieger ausgerechnet in ein christliches Dorf an den Hängen des Schouf-Gebirges gebracht, mitten in eine Hochburg libanesischer Christen. Die Christen hatten im Libanon ihre eigenen Orte, in denen sie seit Jahrhunderten als Nachfolger von Kreuzfahrern überlebt hatten. Neben ihren Kirchen besaßen sie eigene Schulen und eben auch Krankenhäuser. Ursprünglich war die Klinik, die Nabil gratis aufgenommen hatte, für die Behandlung von Kämpfern der christlichen Milizen eingerichtet worden. Nach Ende des libanesischen Bürgerkriegs hatten die Behandlungsräume leer gestanden. Jetzt wurden hier Unfallopfer behandelt, Gotteskrieger seltener, denn die kamen meist bei ihren Missionen ums Leben.

Als Nabil zurückkehrte, fragte ich ihn, wie er den Koran studiere, wenn er nicht lesen könne, aber er erwiderte, er habe ihn auswendig gelernt. Als Beweis zitierte er tatsächlich einige Koransuren aus dem Gedächtnis. Während er so dasaß, hielt er die Augen geschlossen und sah plötzlich nicht mehr aus wie ein verkappter Rapper, sondern wie einer, der vollkommen entrückt war.

Das war aber gleich wieder vergessen. Ich fragte ihn, ob er denn wisse, was im Koran genau über Kämpfer wie ihn stehe. Märtyrer, meinte er, seien Männer, die bereit seien, für ihren Glauben zu sterben. Mehr brauche man darüber nicht zu wissen. Wieder tauchte die Krankenschwester auf, aber diesmal brachte sie Nabil nur eine Schmerztablette und sagte, wir sollten nicht zu lange bleiben. Gespräche seien zu anstrengend für den Patienten. Nabil aber ließ sich nicht stoppen. Am Ende des Kriegs, erzählte er weiter, war er im Norden von Kurden, die Amerika freundlich gesonnen waren, erwischt worden. Für 100 Dollar hatten sie ihn an die US-Armee verkauft. Nachdem diese keinen Platz mehr für Gefangene hatte, wurde er mit anderen Kriegsgefangenen in den Süden überstellt, wo sie auf einem Feld, das mit Stacheldraht umzäunt war, festgehalten wurden. Dort trat Nabil auf eine Mine und verlor so seine Beine.

In einem Nothospital der britischen Armee, die im Südirak den Oberbefehl hatte, war er operiert worden, aber bevor die Briten ihn entließen, hatte sich der behandelnde Arzt lange mit ihm unterhalten. Neben verschiedenen Befunden hatte er ihm ein Rechtsgutachten in eine Mappe gelegt, auf dem stand, wie die Verletzung zustande gekommen war. Nabil solle, so hatte der Arzt ihm geraten, die amerikanische Armee wegen Nichträumung eines Gefangenenlagers von Minen und Fahrlässigkeit vor einem libanesischen Gericht verklagen. Wenn seine Klage erfolgreich sei, so der Arzt, hätte er zumindest Geld für einen Rollstuhl oder sonstige medizinische Hilfsgeräte. Nichts würde er ja in Zukunft mehr brauchen als das.

Wir waren schon fast an der Tür, als Joanne sich nochmals umdrehte und Nabil fragte, ob er denn in den Irak gegangen sei, um als Selbstmordattentäter zu sterben? Eine Zeit lang überlegte er. »Ich hätte mich ja in die Luft gesprengt«, antwortete er am Ende. »Aber es gab niemanden, der es mir befohlen hatte. Ich wusste nicht, wie man es macht.« Eine ungewöhnlich warme Januarsonne schien, als wir zum Parkplatz vor der Klinik zurückgingen. Nabil hatte seinen Rollstuhl ganz nahe ans Fenster geschoben, denn als ich mich umdrehte, sah ich, wie er uns nachsah und winkte. Er war zufrieden. Ich weiß aber nicht, ob wegen des neuen Handys oder wegen seines Irak-Einsatzes.

Wir fuhren die steile Straße wieder hinunter in Richtung Beirut. Wenn man sich dem Stadtzentrum näherte, hatte man den

Eindruck, der Krieg sei nichts als ein langer, furchtbarer Alb-traum gewesen. Anstelle von Milizen in Camouflage fuhren Damen in Kleidern französischer Modemacher die Küsten-straße entlang. So, als wäre man im Beirut von früher. In den 60er Jahren war die libanesische Hauptstadt schon einmal das Zentrum von Luxus und nahöstlichem Nachtleben gewesen. Jetzt war dies auf ein paar Häuserblöcke beschränkt, umgeben von einem Meer von Fundamentalisten und Milizen. In den Vierteln der Schiiten hingen riesige Poster von jungen Män-nern, die als Selbstmordattentäter ihr Leben gelassen hatten. Zum ersten Mal hatte sich im Südlibanon ein Freiwilliger der *Hisbollah*, der »Partei Gottes«, 1982 in die Luft gesprengt. Nur ein Jahr später war ein Lastwagen mit einem Freiwilligen am Steuer und Hunderten Kilo Sprengstoff auf der Ladefläche ge-gen ein Hauptquartier der US-Marines gefahren. Nicht lange zuvor waren diese als Friedenstruppen im Libanon stationiert worden. Zur gleichen Zeit hatte sich ein anderer vor dem Sitz französischer Soldaten in die Luft gejagt. Wegen der hohen Op-ferzahl bei den US-Marines, 241 Mann, waren die Amerikaner Hals über Kopf aus dem Libanon abgezogen. Die Israelis ver-ließen den Libanon dann im Jahr 2000.

Die *Hisbollah* hatte also geschafft, was keiner arabischen Ar-mee sonst gelungen war, nämlich der als unbesiegbar gel-tenden Armee Israels eine erste Niederlage zu bereiten. Und nebenbei die Amerikaner zu vertreiben. Davon war bei den Veranstaltungen der »Partei Gottes« ständig die Rede. Hundert-tausende konnte die *Hisbollah* auf die Straße bringen, wenn sie wollte. Wenn nicht demonstriert wurde, unterrichtete die Orga-nisation Kinder von frühestem Alter an in der Kunst des Heili-gen Kriegs. In ihrer eigenen Fernsehanstalt, *Al Manar*, wurden vor allem Programme gesendet, in denen der nächste Schritt schon angekündigt wurde, die Zerstörung Israels. Daneben un-terhielt die gut organisierte Partei soziale Einrichtungen – wie alle radikalen Gruppen. Die Idee der Selbstmordattentate war also im Libanon eine militärische Erfolgsgeschichte, bis dann Bin Laden mit den September-Anschlägen alles überbot. Saudis, Libanesen oder woher sie sonst auch kamen, sie alle hatten eines gemeinsam. Sie beriefen sich auf ihre Religion, den Islam. So verstand sie ein jeder, von Afghanistan bis nach Marokko. Und weil es um die Religion ging, konnten ihre Taten in den Augen vieler nichts Schlechtes sein. In Nahen Osten war und ist Religiosität die Regel, so wie in Europa heute eher das Gegenteil der Fall ist.

Selbst im weltoffenen Beirut begegnete man dem Islam auf Schritt und Tritt. Im Hotel packten wir unsere Koffer. Am nächsten Tag wollten wir Beirut verlassen, um nach Amman zu fliegen und dann weiter nach Bagdad zu fahren. Unsere Maschine ging um sieben Uhr morgens und wir standen gegen fünf Uhr auf, frühstückten und fuhren mit dem Taxi in Richtung Flughafen. Unser Fahrer war jung, ungefähr im Alter des Gotteskriegers Nabil. Ob wir Amerikaner wären, wollte er zuerst wissen. »Nein«, erwiderte ich einsilbig und verschlafen. »Ist die Bevölkerung in Ihrem Land genauso ungläubig wie die Amerikaner?«, fragte er trotzdem weiter.

»Es gibt Leute«, erwiderte ich, »die nicht an Gott glauben.«

Eine Weile herrschte Schweigen. »Das ist doch unmöglich«, sagte er dann, »wie kann man ohne Gott leben?« Mir fiel keine gute Antwort dazu ein. »Wie weiß man, was man klauen kann und was nicht«, fuhr der Fahrer fort, »wenn man keinen Gott hat? Wie kann man so etwas denn selbst entscheiden?« Dabei lachte er, aber er war sich nicht ganz sicher, ob ich ihm die Wahrheit erzählt hatte.

Später, als wir in Amman angekommen waren, gingen wir in ein Hotel und besorgten uns Lebensmittel, bevor wir uns ein paar Stunden schlafen legten. Gegen ein Uhr morgens wollten wir aufstehen, gegen zwei nach Bagdad fahren. Die Reise war im Lauf der Zeit gefährlicher geworden und jedes Mal musste man mehr Sicherheitsvorkehrungen treffen, bevor es überhaupt losgehen konnte. Da Wagen mit einem jordanischen Nummernschild von den Aufständischen eher angegriffen wurden als die irakischen, organisierten wir, dass uns ein Wagen mit einer irakischen Nummer an der Grenze erwartete. Genauer gesagt waren es zwei Autos. Unsere Ausrüstung wurde in einen großen Überlandwagen umgeladen. Jean-Jacques und ich hingegen stiegen in ein unscheinbares Auto. Meist wartete ein Mercedes älteren Jahrgangs auf uns, der aber schnell genug unterwegs war, um jeden anderen abzuhängen. An den hinteren Scheiben des Wagens waren Vorhänge angebracht oder undurchsichtige Sonnenschutzscheiben. Wer in dem Auto hinten saß, war also schwer zu erkennen. So versteckt wie nur möglich zu reisen war für Ausländer die einzige Möglichkeit geworden, heil nach Bagdad zu gelangen. Zwischen den Städten Ramadi und Falludja waren Banden unterwegs, die sich auf das Ausrauben von Fremden, Reportern oder Mitgliedern von humanitären Organisationen, von denen aber immer weniger in den Irak kamen, spezialisiert hatten. Längst hatten einige Reporter begonnen, sich von Bewaffneten begleiten zu lassen. Der Fahrer, der uns an der Grenze erwartete, hatte eine Pistole im Handschuhfach liegen.

Seit unserem letzten Besuch im Irak waren dort Flugblätter aufgetaucht. Darin forderten die Aufständischen alle Ausländer auf, das Land zu verlassen und nicht wiederzukehren. Wir hatten davon gehört, ganz ernst nahmen wir die Drohungen aber nicht. Wenn man von den Überfällen auf der Autobahn einmal absah, richteten sich die meisten Anschläge noch ausschließlich gegen die Amerikaner. Erst einige Monate später, im April 2004, würde sich das blitzartig ändern.

In den Flugblättern hieß es aber bereits jetzt unmissverständlich, man würde jeden *Kefir*, der im Irak bliebe, als Helfer der amerikanischen »Kreuzfahrer« ansehen. Dementsprechend würde er bestraft werden. Als *Kefirs*, als »Nichtgläubige«, werden nicht nur Leute bezeichnet, die keiner Religionsgemeinschaft angehören, sondern alle Anhänger anderer Religionen als des Islam.

»Kreuzfahrer«, »Heiliger Krieg«, »Selbstmörder« – all diese religiösen Ausdrücke tauchten unentwegt in Bin Ladens Sprache auf, so als müsse er in einem fort die Fackel des Kampfs hochhalten. Zu allem und jedem gab er Briefe, Erklärungen oder islamische Rechtsurteile ab, was ihm jedoch keineswegs zustand. Nach seiner Rolle als Geld- und Ideengeber der Radikalen betätigte er sich zunehmend als internationaler Staatsmann:

Im November 2002 war im Internet ein *Brief an Amerika* veröffentlicht worden. Darin wurde aufgestellt, was »wir«, also die Fundamentalisten, »von euch«, den Amerikanern, »verlangen und was wir von euch wollen«. Sieben verschiedene Forderungen an Amerika standen in dem Brief. Unter anderem wurde verlangt, Amerika solle sich zum Islam bekehren, seine »Unterdrückungspolitik, Lügen, Immoralität und seine Ausschweifungen beenden«, genauso wie seine Unterstützung der israelischen Politik in Palästina, der russischen in Tschetschenien, der Regierung in Manila gegen die Moslems im Süden der Philippinen. Schließlich solle die US-Armee die Koffer packen und Saudi-Arabien verlassen. Würde Amerika diese Forderungen nicht erfüllen, drohe der US-Armee dasselbe Schicksal wie den Sowjets in Afghanistan. Heilige Krieger würden sie vertreiben.

Das war noch nicht alles. Zusätzlich wurde Amerika davor gewarnt, in die Politik der islamischen Welt und die Methoden der islamischen Erziehung einzugreifen. Wenn es Beziehungen zu den Moslems geben sollte, stand in dem Schreiben, dann auf der Basis von gegenseitigem Interesse und Nutzen und »nicht auf der von Unterwerfung, Diebstahl und Besatzung«. Der Kampf gegen Amerika, hieß es, sei keiner gegen unschuldige Zivilisten, denn das Volk habe in freien Wahlen seine Führer bestimmt und könne deshalb zur Verantwortung gezogen werden. Außerdem sei das amerikanische Leben voller Sünden und Verbrechen.

Das Schlimmste aber sei, stand schließlich in der Erklärung, dass »die Amerikaner eine Nation sind, die sich nicht von den Gesetzen Allahs leiten lässt, sondern ihre eigenen Gesetze erfunden hat, so wie sie es sich vorstellt. Sie haben die Religion von der Politik getrennt und sich damit gegen die absolute Autorität Gottes, des Schöpfers aller Dinge, erhoben.«

KAPITEL 10

Tod allen Verrätern!

Irak, Ende Januar bis Februar 2004 Es war so dunkel, dass ich nur die Schatten der Militärfahrzeuge erkennen konnte, aber keine Soldaten. Ich hörte nur die metallenen Geräusche von Waffen. Als wir näher kamen, merkte ich, dass die Männer vor dem zerbombten Hauptgebäude der Palastanlage standen. Als Hauptmann Robert Brewer seine Taschenlampe anmachte, konnte ich sehen, dass die Einheit bereits ihre kugelsicheren Westen angelegt, Helme auf dem Kopf und Nachtsichtgeräte um den Hals hängen hatte. Die Nachtsichtgeräte sahen aus wie dicke Brillen. Sie hatten ein Infrarotgerät eingebaut, mit dem man ohne jede Lichtquelle Umrisse genau erkennen konnte und damit seine Feinde. »Licht aus«, schrie einer der Männer. »Wir gehen jetzt los.« Ich war sicher, ein leichtes Beben in der Männerstimme zu hören, so als ob er Angst hätte.

Etwas Unvorhergesehenes musste geschehen sein. Wir hatten mit Brewer ausgemacht, wir würden eine Nachtpatrouille durch den Bagdader Bezirk Adamija begleiten. Sie sollte gegen 23 Uhr losgehen. Jetzt war es 22 Uhr 30.

Ein Iraker, der seinen Namen nicht sagen wollte, hatte soeben angerufen. Er hatte die Amerikaner darüber informiert, dass eine Mine an der Auffahrtsstraße zu einer der Brücken gelegt worden war. Die Einheit, die Minen entschärfte, beschloss sofort auszurücken. Wenn wir wollten, könnten wir mitfahren.

»Haben Sie Westen und Helme?«, fragte der Mann, der offenbar der Chef war. In der Finsternis konnte ich nicht einmal seine Gesichtszüge sehen. Jedes Licht konnte aber einen Mörseranschlag anziehen, hatte uns jedenfalls einer der Wachsoldaten am Tor gewarnt.

Nach Einbruch der Dunkelheit wurde das Quartier des 3. Artilleriefeldregiments der 1. Panzerdivision ständig beschossen. Es befand sich im ehemaligen Palast des Saddam-Sohns Udai in Adamija, ein riesiges Areal mit mehreren Gebäuden und einem Swimmingpool. Schön gelegen, direkt am Fluss Tigris.

Die Geschosse der Aufständischen landeten meist im Wasser oder im ausgedehnten Parkgelände um den Palast. Mehr als einen Sachschaden gab es selten.

Hinausfahren war jedoch etwas anderes. Selbst anonymen Anrufern konnten die Amerikaner nicht trauen. Mehrmals schon war eine Patrouille in die Falle gelockt worden. Auf der anderen Seite konnte man es sich aber einfach nicht leisten, untätig zu bleiben. Jede Minute konnten eine US-Patrouille einer anderen Einheit oder irakische Zivilisten auf die Mine auffahren.

Der Bezirk Adamija war Bagdads gefährlichstes Viertel, wenn man davon absah, dass es inzwischen eigentlich nirgends mehr sicher war. Attacken gegen US-Soldaten gab es täglich. Gegen Iraker noch mehr. Alle, die mit der Besatzungsmacht zusammenarbeiteten, wurden von den Aufständischen als Kollaborateure bezeichnet. Zuerst wurden Parolen auf ihre Häusertüren geschmiert, dann kamen die Killer zu ihnen. Junge Frauen, die als Übersetzerinnen arbeiteten, waren die leichtesten Ziele. Dutzende waren schon ermordet worden.

»Ziehen Sie das Zeug an und wenn wir draußen sind, bleiben Sie hinter uns und folgen unseren Befehlen. Ist das klar?«, sagte der Soldat zu mir, während ich meine kugelsichere Weste anlegte. Sie war zu groß für mich und natürlich zu schwer. Siebzehn Kilo wogen die Westen im Durchschnitt. Auf dem Rücken und auf der Brust befanden sich zwei Taschen, in die man zwei Eisenplatten steckte. Wenn man wollte, konnte man eine herausziehen. Das verringerte zwar das Gewicht, geschützt gegen Beschuss war man dann aber nicht mehr. Viele Sicherheitskräfte in Bagdad hatten auch Westen mit dünnen Platten, um damit zumindest gegen kleinere Bombensplitter geschützt zu sein, falls in der Nähe eine Autobombe explodierte. Manche Reporter behaupteten jedoch, man wäre ohne diese Westen weniger gefährdet, man könnte besser davonlaufen. Andere hatten die Westen ständig bei sich. Es gab Versicherungen, die Kriegsreporter nur aufnahmen, wenn diese alle Sicherheitsvorkehrungen einhielten. Ohne Westen und Helme würden uns die Amerikaner jedenfalls nicht auf Patrouille mitnehmen. Und es war nicht sicher, ob man unbeschadet zurückkam.

Als ein Team der amerikanischen Wochenzeitung *TIME* eines Nachts in Adamija mit den Amerikanern auf Patrouille gefahren war, war von Unbekannten eine Handgranate in ihren Jeep geworfen worden. Der Fotograf wurde am Oberkörper verletzt, dem Journalisten zerfetzte es die Hand. Vor jedem Einsatz musste man ein Papier unterschreiben, in dem stand, dass man auf eigene Gefahr mitfuhr. Bei einem eventuellen Angriff würde man die amerikanische Regierung nicht für Verletzungen und Schäden verantwortlich machen. Für den Fall des Todes musste man eine Telefonnummer von Angehörigen hinterlassen.

Die sieben Mann stiegen in die wartenden Humvees (»*human vehicles*«), geländegängige Militärfahrzeuge der US-Armee. Mit den Waffen im Anschlag fuhren sie in Richtung Tor. Unser Wagen mit dem Fahrer stand draußen. Man hatte uns gesagt, wir sollten knapp hinter dem zweiten Humvee fahren. Keinen anderen Wagen sollten wir dazwischen lassen, sonst könnten wir die ganze Sache vergessen. Man würde uns nicht mehr beschützen können, falls etwas geschehen sollte. So schnell wie möglich liefen Jean-Jacques und ich vor. Wir überquerten die Straße, stiegen in unseren Wagen, und als die zwei Humvees auftauchten, folgten wir ihnen. »Wenn was passiert«, sagte ich zu Jean Jacques, »treffen wir einander bei unserem Auto wieder.« Er nickte und schaute gespannt hinaus auf die Straße. Zügig fuhren die beiden Humvees dahin, bis sie zur Brückenauffahrt kamen. Plötzlich wurden sie langsamer und parkten am Straßenrand. Die Männer stiegen aus, wobei zwei sofort die anderen absicherten. Mit gezückten Waffen marschierten alle in Richtung Brücke. Wir wiesen den Fahrer an zu parken, stiegen ebenfalls aus und folgten ihnen. Man hatte uns gesagt, dies sei der gefährlichste Augenblick. Da würden die Aufständischen meistens angreifen. So konnten sie sicher sein, mehrere US-Soldaten auf einmal zu treffen. In der Ferne hörte man Hupen und Reifenquietschen, nichts als harmlosen Verkehrslärm also.

Die Mine war so winzig, dass man sie im Vorbeifahren unmöglich sehen konnte. Vor allem nicht in der Dunkelheit. Einer der Amerikaner richtete seine Taschenlampe darauf. Da sah ich, dass sie den Durchmesser einer Kaffeetasse hatte, nicht größer. Als dann plötzlich ein paar Jugendliche auftauchten, fragte ich sie, ob sie etwas gesehen hätten. Sie hätten beobachtet, erzählten sie, wie ein Wagen vorbeigekommen sei und kurz Halt gemacht habe. Ein Mann sei ausgestiegen und habe die Mine deponiert, ungefähr einen Meter vom Straßenrand entfernt. Wie denn die Mine gezündet werden sollte, fragte ich einen Amerikaner. »*No comment*«, erwiderte er. »Kein Kommentar.« Alle schienen gestresst zu sein. Mehr ereignete sich jedoch nicht.

Während wir aber so dastanden, in unseren kugelsicheren Westen, sahen wir seltsam aus, wie Angsthasen, die sich noch dazu lächerlich machten. Die Jugendlichen hatten Jeans und Hemden an, die Soldaten hingegen ihre volle Kriegsausrüstung. Wir waren nicht viel weniger geschützt. Mit anderen Worten: wir waren für einen Kampf ausgerüstet, den es in Adamija nicht gab, nicht an diesem Abend und nicht an den anderen. Er brach nur aus, wenn man es am wenigsten erwartete.

Eine halbe Stunde später fuhren wir zurück in unser Hotel. Als wir am nächsten Morgen erneut im Quartier des Regiments eintrafen, erzählte uns Brewer, gegen Mitternacht hätten zwei Mörser im Lager eingeschlagen, aber wieder war es eigentlich nicht der Rede wert, denn niemand war verletzt worden. In einer Stunde, meinte er, würde man laut Tagesplan ein Kinderheim besuchen, das mit amerikanischen Geldern restauriert worden war. Wenn wir wollten, könnten wir die Zeremonie filmen. Wir warteten, bis alle bereit waren, mit Brewer am Swimmingpool. Im Sommer, erklärte er uns, würde er mit Wasser gefüllt, damit sich die Soldaten erfrischen könnten. Auf der anderen Seite des Beckens befand sich ein zweistöckiges, halb zertrümmertes Gebäude, wo Udai offenbar seine Gäste empfangen hatte. Während des Kriegs war es von den Amerikanern aus der Luft mehrmals angegriffen geworden. Aber 100 Meter weiter befand sich ein unbeschädigter Pavillon, Udais ehemaliges Privatgemach. Dort stand noch sein Himmelbett. In der Mitte des Raums war ein Thron, der mit Goldeinlegearbeiten verziert war. Jetzt diente er Oberst William Rabena, Brewers Vorgesetztem, als Büro und Schlafstätte. Auf dem Rest des ehemaligen Palastareals hatte die US-Einheit ihre Mensa und ein Zelt, in dem sich ein Fitnessclub befand. Untergebracht waren die Soldaten in geschützten Zelten im hinteren Teil. Es war also alles da, um der Einheit das Leben so angenehm wie möglich zu machen. Die meisten Soldaten verbrachten ihre Tage innerhalb des Palastgeländes und verließen es nur, wenn es nicht zu vermeiden war.

Als wir Brewer zum ersten Mal getroffen hatten, erzählte er uns sofort, dass er einen Schulkameraden im Irak verloren hatte. Er selbst hingegen sei kurz vor einer Unterführung im Zentrum

Bagdads angegriffen worden. Jemand hatte eine Handgranate auf den Wagen geworfen, niemand war jedoch verletzt worden. Man sah Brewer aber an, der Vorfall hatte ihm einen gehörigen Schock versetzt.

Die Angst vor einem gewaltsamen Tod oder schweren Verletzungen war bei allen bemerkbar. Monate später, als die Zahl der toten US-Soldaten gestiegen war, fragte ein amerikanischer Soldat bei einer Pressekonferenz Verteidigungsminister Donald Rumsfeld, warum nicht alle Humvees gepanzert seien, um bei Minenexplosionen besser geschützt zu sein. Er erhielt von den Mitgliedern der größten und mächtigsten Armee der Welt tosenden Applaus. Hauptmann Brewer war nicht nach Adamija gekommen, um zu sterben, nicht einmal, um zu kämpfen. Voller Idealismus hatte er sich für den Wiederaufbau von Adamija eingesetzt, für den er jetzt verantwortlich war. Dazu gehörte neben der Instandsetzung von Kinderheimen die von *Abu Hanifa*, der Moschee im Zentrum von Adamija, deren Minarett während der Eroberung von Bagdad von einem Panzergeschoss getroffen worden war. Zwar zahlten die Amerikaner für die Reparatur, unter der Bevölkerung hieß es aber, es wären Gelder, die gläubige Moslems in aller Welt gespendet hätten. Die Dollars der Besatzer brauche man also zum Glück nicht. Es gab jedoch keine Spenden. Brewer zahlte, ließ aber die Gerüchte stehen. *Abu Hanifa* galt als ein hohes Heiligtum der Sunniten. Seine Beschädigung hatte bereits viel böses Blut verursacht. Die Gläubigen des Viertels hatten daraus geschlossen, dass die Amerikaner keine Rücksicht auf heilige Stätten nehmen würden, sobald sie sich bedroht fühlten.

Eingeschlossen in seinem Palast versuchte inzwischen der junge Hauptmann, trotzdem so viel wie möglich vom Irak mitzubekommen. Die ganze Region sei interessant, meinte er. Wenn er Zeit habe, lese er darüber. Außerdem sei er dabei, Arabisch zu lernen. Brewer konnte bereits ein paar Worte. Nach all

dem Leiden, meinte er, müsse man den Irakern helfen, eine Demokratie aufzubauen. Die Armut sei einer der Gründe für die
Gewalt. Als seine Einheit in Adamija eingetroffen war, erinnerte
er sich, hatten die Einwohner solche Angst gehabt, dass sie
sich nicht einmal aus den Häusern trauten. Nicht wenige Leute
hätten geglaubt, die Amerikaner würden die nächste Diktatur
errichten. Ich fragte ihn, ob er denn viel Kontakt zu den Bewohnern von Adamija habe. Anfangs wäre es mehr gewesen, räum-
te er ein. Jetzt würde er nicht mehr viel herauskommen.

Wegen der Attacken wie die auf Brewer fuhren Offiziere, die
zivile Aufgaben hatten, immer weniger herum. Beauftragt wurden nun die Iraker. Die kümmerten sich um die Reparatur von
Häusern, die während der Kämpfe beschädigt worden waren.
Ingenieure der US-Armee hatten eines Tages auf Brewers An-
regung begonnen, die Kanalisation instand zu setzen. Unter
Saddam hatten nur fünf Prozent von Bagdad ein funktionieren-
des Abwassersystem, und Adamija gehörte nicht dazu. Beim
ersten Regenfall hatten sich überall Teiche von trübem Abwas-
ser gebildet, vor allem auf dem Marktplatz neben der Moschee.
Aus hygienischen Gründen hatte Brewer beschlossen, neue
Rohre verlegen zu lassen. Als die Amerikaner, schwer bewacht,
ihre Arbeiten begonnen hatten, waren sie von den Bewohnern
beobachtet worden. Kein Einheimischer wollte ihnen helfen,
aber andererseits hatte es keine Angriffe gegeben. In Brewers
Augen war das ein kleiner, aber wichtiger Sieg.

Doch unser Fahrer Mohammed, der aus Adamija stammte, erzählte uns, was immer die Amerikaner angehen würden, die Bewohner wären damit unzufrieden. Sie würden ständig klagen,
wie schlecht alles ausgeführt sei. Laut Mohammed hatten einige nach der Reparatur der Kanalisation vorgeschlagen, man
hätte doch zuerst die Löcher in der Hauptstraße reparieren sollen. Andere wieder hätten die Besatzer beschuldigt, sie würden
absichtlich die Kanalisation falsch legen. Abu Hanifa, hieß es, sei

dadurch überschwemmt worden. Das stimmte natürlich nicht, aber das Gerücht war im Umlauf.

Einige in Adamija hätten es vorgezogen, so Mohammed, die Kanalisation wäre erst gar nicht repariert worden, sondern eine Seuche wäre ausgebrochen. Das hätte die Amerikaner zumindest dazu gezwungen, sich zurückzuziehen. Der Hass auf die Besatzungsmacht saß tief und es gab nichts, was Leute wie Brewer dagegen machte konnte, außer so schnell wie nur möglich aus Adamija und dem ganzen Irak abzuziehen.

Nachdem wir eine Zeit lang gewartet hatten, fuhren wir zusammen mit Brewer zu dem Waisenhaus. Wieder war zuerst alles ruhig, aber als die Einheit ankam, knallte es ganz in der Nähe. Blitzschnell, innerhalb von einer Sekunden, verteilten sich die Männer, die diese Zeremonie absichern sollten, in den Hinterhöfen der umliegenden Häuser. Jean-Jacques lief zwei Soldaten nach und ich hinterher. Obwohl ich das ungute Gefühl nicht los wurde, dass jede Minute eine Schießerei losgehen konnte.

Und wieder geschah nichts. Bis wir dann die schmale Straße hinunterfuhren, die uns wieder zur Hauptstraße brachte, und merkten, wie uns ein paar Einheimische beobachteten. Unser Fahrer stieg aus und redete mit den Männern. Er schien sie beruhigt zu haben, denn sie winkten uns zu, als wir wieder wegfuhren, aber man sah Mohammed an, dass ihm nicht ganz wohl gewesen war. Ich fragte ihn, wer die Männer waren. Sie hätten nur wissen wollen, was wir mit den Amerikanern zu tun hätten, erwiderte er.

Jeden Morgen, bevor wir überhaupt losfuhren, erzählte uns Mohammed, was es an neuen Drohungen und Anschlägen in seinem Viertel in der Nacht davor gegeben hatte. Aufständische setzten auf Oberst Rabena ein Kopfgeld aus. Flugblätter tauchten auf, in denen die Leute aufgefordert wurden, in den arabischen Sendern Interviews gegen die Amerikaner zu geben. Wer sich nicht daran hielte, würde die Folgen zu tragen haben. Jeden Morgen gab es neue Graffitis gegen die Besatzungsmacht an den Wänden um die Moscheen. Und es wurden alle bedroht, die den Aufständischen nicht halfen.

Niemand war diesen Drohungen gegenüber gleichgültiger als Scheich Sabah, ein Vorprediger in einer kleinen Moschee, der mit den Amerikanern zusammenarbeitete. Warum ausgerechnet er, habe ich nie herausgefunden, aber der Scheich war für die Wiederinbetriebnahme der Schulen in Adamija verantwortlich. Weil aber ständig neue Graffitis auftauchten, gab er dem jungen Hauptmann Brewer auch Ratschläge, wie damit umzugehen sei. Er solle, riet er ihm, alle Wände in dem Viertel mit Koransprüchen bemalen lassen. Die würde niemand mit antiamerikanischen Sprüchen zu überschreiben versuchen. Er sollte jedoch nicht Recht behalten. Die Suren des Korans waren zwar jedem gläubigen Moslem heilig, übermalt wurden sie aber trotzdem, Nacht für Nacht. Aber das war nur ein erster Vorgeschmack auf die Dinge, die da kommen sollten.

Saddams Militärs, Beamte und Lehrer wohnten weiter hier, wobei die höher stehenden Funktionäre längst in das Sunnitische Dreieck geflohen waren. Udai hatte sich nicht zufällig einen Palast ausgerechnet in Adamija errichten lassen. Das Viertel war Saddam treu bis in den Tod.

Noch Monate nach seinem Fall hatte sich in Adamija plötzlich das Gerücht verbreitet, Saddam sei zurückgekehrt. Innerhalb kürzester Zeit waren Hunderte Bewohner auf die Straße geeilt und hatten über die Rückkehr des Diktators gejubelt. Als dieser dann im Dezember 2003 in der Nähe von Tikrit gefasst worden war, war in Adamija ein gewalttätiger Protest ausgebrochen. Die Amerikaner hatten eingegriffen. Sieben Demonstranten waren getötet worden. Man konnte ihre Fotos überall auf den Wänden sehen. Adamija nannte sie ihre Märtyrer.

Am Nachmittag nach der Eröffnung des Kindergartens brachte uns Mohammed zu dem Haus, in dem Saddam sich verborgen hatte. Es war ein unscheinbares Wohnhaus in einer Seitenstraße. Nachdem wir geklopft hatten, öffnete uns ein junger Mann in einem westlichen Anzug die Tür. Nach einigem Zögern ließ er uns schließlich herein und wir erklärten, was wir wollten. Wir dürften, meinte er, das Kellergewölbe schnell filmen, in dem sich Saddam versteckt hatte. In dem kalten niedrigen Keller gab es nur ein kleines Fenster, durch das Licht kam. Ein erbärmliches, kaltes Loch für einen Diktator. Während seiner Tage hier hatte er nichts als Datteln gegessen und Wasser getrunken. Wenn es hätte sein müssen, sagte der Wächter, hätte Saddam auch ein paar Monate so aushalten können.

Als wir das Haus verließen, standen überall Nachbarn an den Türen und schauten uns argwöhnisch nach. Es gab ganze Straßenzüge in Adamija, wo sich die Amerikaner nicht hintrauten. Sie konnten nicht sicher sein, dass nicht von irgendeinem Dach auf sie geschossen oder eine Handgranate aus einem Fenster geworfen wurde. An einer der Durchgangsstraßen stellten die Aufständischen ihre Raketenwerfer auf. Das Quartier von Brewers Kompanie konnte von dort aus am besten beschossen werden. Manchmal kamen die Aufständischen sogar am helllichten Tag mit ihren Mörsern daher. Auch da trafen sie selten. Und Amerikaner auf einer Patrouille zu treffen war kaum mehr möglich. Man konnte in Adamija tagelang herumfahren, ohne einen US-Soldaten zu sehen. Sie blieben eingebunkert in ihrem Palast. Nicht zu sterben war wichtiger als jede Ausfahrt.

Die ersten geheimen Zellen von *Al Qaida* waren in Adamija bereits aufgetaucht.

Am frühen Abend, gegen fünf Uhr, führte uns Mohammed zu einem Jugendlichen, der mit den islamischen Aufständischen zusammenarbeitete. Wir hatten ihn zuvor in einem Teehaus getroffen und er behauptete, er habe alles Mögliche zu erzählen. Sicherheitshalber ließen wir den Wagen ein paar Straßen weit entfernt stehen und gingen den Rest zu Fuß, um jedes Risiko zu vermeiden. Es gab etliche Leute, hatte Mohammed gemeint, die für beide Seiten arbeiten würden, für die Amerikaner und die Aufständischen. Je nachdem, wer ihnen mehr zahlte. Sie würden im Viertel herumspionieren und wenn sie Auffälliges sahen, würden sie die Amerikaner darüber informieren. Nachts würde man dann jede Menge Verhaftungen vornehmen.

An der Tür zu dem Haus erwartete uns der Jugendliche schon und führte uns in einen Innenhof, in dem mehrere Kinder spielten. Weiter hinten auf einer alten Couch sah ich zwei Männer sitzen, deren Blicke nichts Gutes verhießen. Wir sollten uns niedersetzen, befahlen sie. Beinahe als wären wir bei einem Verhör gelandet, begannen sie alles Mögliche zu fragen. Was wir denn in Adamija wollten und warum wir ständig bei den Amerikanern seien. Wir seien dabei, eine Dokumentation über die Sunniten zu drehen, erwiderte ich. Der Ältere sagte sofort, das wüsste er schon. Er war ein mächtiger, dicklicher Mann mit einem Schnurrbart, wie Saddam ihn trug. Er habe erfahren, sagte er, wir würden für das deutsche Fernsehen arbeiten. Da aber die meisten Reporter als Spione für die Amerikaner tätig seien, frage er sich, für wen wir denn tatsächlich arbeiten würden. Bitternis klang in der Stimme des Mannes durch.

Ob er uns zu Aufständischen führen könne, fragte ich schließlich, aber da erschien der Jugendliche mit einer kleinen Kamera und meinte, seine Batterien würden nicht mehr funktionieren. Wenn wir ihm Geld geben würden, dann würde er neue kaufen und für uns alles in Adamija filmen. Jean-Jacques sah sich die Kamera an. »Diese Batterien werden gar nicht mehr produziert«, murmelte er mir zu, ohne dass ihn die anderen hören konnten. Am Ende bot uns der Mann mit dem Saddam-Schnurrbart Tee an. Wir sollten doch zum Abendessen wiederkommen, meinte er, aber es war so wenig bei unseren Gesprächen herausgekommen, dass ich nicht nochmals hinfahren wollte. Der Mann hatte nur gesagt, man sei bereit, für Allah zu sterben, und deshalb werde man die Amerikaner leicht vertreiben. Es war eine beinah universale Nachricht, wie man sie überall hören konnte. Nun war sie auch Adamijas Botschaft.

Als wir zum Haustor gingen, tauchten vier weitere jüngere Männer aus dem ersten Stock des Hauses auf, und als wir draußen waren, sagte Mohammed nur: *»Nobody works«*, keiner von denen arbeite.

Gleich am nächsten Tag rief uns der Jugendliche nochmals an. Er wollte uns sehen, meinte er. Also machten wir einen Treffpunkt in einer Seitenstraße von Adamija aus.

Er tauchte pünktlich auf und begann plötzlich von sich aus zu erzählen, dass er Mitglied der »Salafistischen Bewegung« sei. Man hätte in Adamija vor kurzem ein paar Zellen gegründet. Und dann kam wieder die gleiche Botschaft: Alle Mitglieder der Gruppe seien bereit zu sterben.

Am Ende fragte ich ihn, ob er mir ein Interview geben würde, was er verneinte. Er selbst würde ja gerne, sagte er, aber sein Vater habe ihm das verboten. Der Junge konnte nicht älter als 17 Jahre sein.

Die Bewegung, der er angehörte, war eine, die zurück zu den Ursprüngen des Islam wollte. Auch sie war als Reaktion auf die Verwestlichung des Orients gegründet worden und hatte schon seit dem 19. Jahrhundert nicht nur die wortgetreue Befolgung des Korans gelehrt. Zu ihren Instrumenten gehörten auch Propaganda, Opferbereitschaft ihrer Mitglieder und keine Scheu vor Blutvergießen, all das im Namen ihrer Religion. Obwohl sie Gewaltbereitschaft predigte, war sie nicht direkt mit Bin Ladens *Al Qaida* verbunden. So wie es in Adamija aussah, waren sich die verschiedenen Gruppen jedoch in vielem einig.

Seltsamerweise war es den Radikalen in Adamija nur einmal gelungen, einen Amerikaner zu töten. Ein einziger war eines

Nachts bei einer Patrouille umgekommen. Das strenge Sicherheitskonzept der US-Armee, Soldaten so wenig wie möglich Gefahren auszusetzen, funktionierte. Es gab jedoch einen hohen Preis dafür zu bezahlen, nicht von den gut beschützten Besatzungssoldaten, sondern von einfachen unschuldigen Irakern. Die überwiegende Mehrheit der Bevölkerung hatte nichts mit dem Aufstand zu tun. Sie waren lediglich hilflose Zeugen des irakischen Dramas.

Als wir am nächsten Morgen zurück zu den Amerikanern fuhren, mussten wir, wie immer, eine Zeit lang vor dem befestigten Tor am Eingang warten, bis Brewer über unser Kommen informiert wurde. Brewer tauchte auf, um uns abzuholen, aber gerade da kam ein Soldat mit einer Irakerin an, die vor Brewer stehen blieb und aufgeregt begann, auf ihn einzureden. Zwischendurch heulte sie. Eine Übersetzerin sagte, die Frau würde bereits seit Wochen auf die versprochene Schadensersatzzahlung für ihren getöteten Mann warten. Der wäre bei einem Checkpoint von amerikanischen Militärs erschossen worden. Laut der Irakerin war er unschuldig gewesen, sie aber habe jetzt zehn Kinder völlig allein zu versorgen. Brewer versprach ihr, sich um die Angelegenheit zu kümmern. Als ich ihn fragte, wie viel die US-Armee in einem solchen Fall zahlen würde, wollte er zuerst nicht damit herausrücken, schließlich meinte er, der Frau würden 1500 Dollar zustehen.

Das entsprach der Summe von sechs Monatsgehältern eines Lehrers oder Polizisten, die im Irak seit der Besatzung gezahlt wurden. Aber das Geld war nur ein schwacher Ersatz für verlorene Familienversorger; Väter, Söhne oder Brüder. Der Hass auf die Besatzungsmacht stieg mit diesen Vorfällen täglich. Und es gab Tausende solcher Fälle von Irakern, die an amerikanischen Checkpoints erschossen wurden, weil sie irrtümlich für Selbstmordattentäter gehalten wurden.

Je mehr die übervorsichtigen Amerikaner auf Nummer sicher gingen, desto schneller wurde geschossen. Am Ende von zwei Jahren Besatzung würden 23.000 irakische Zivilisten umgekommen sein, ein Drittel davon würde auf die Rechnung der Besatzer gehen.

Eingeigelt in ihren gut geschützten Kasernen, Festungen und hermetisch abgeriegelten Palästen erfanden sich die Amerikaner ihre eigene Welt, ihren Irak und Nahen Osten, auch wenn die wenig mit der brutalen Wirklichkeit draußen gemeinsam hatten. »Wir kommen vorwärts«, lenkte Brewer vom Thema ab, während er uns zu einem der Gebäude führte, wo er uns die Waffen zeigen wollte, die während nächtlicher Razzien eingesammelt wurden. Der Raum, in dem diese deponiert wurden, war die ehemalige Toilette Udais. Die Wasserhähne waren aus Gold. Kriegsmaterial lag nicht viel herum.

In einem anderen Gebäude befand sich der Operationsraum der Einheit. Sobald sich ein Außenstehender diesem näherte, wurde eine riesige Karte von Bagdad an der hinteren Wand blitzschnell hinter einem Vorhang versteckt, als ob darauf Geheimnisse auszuspionieren wären. Es war anzunehmen, dass darauf nicht mehr zu sehen war, als man draußen ohnehin zuhauf sah, nämlich auf welchen Wegen die Patrouillen durch Bagdad fuhren und wo die gezielten Angriffe auf Wasser- und Stromversorgungen gerade stattgefunden hatten. In Adamija wurden systematisch, nach jeder Reparatur, die Leitungen wieder durch einen Sprengstoffanschlag beschädigt. Zahlreiche Laptops, tragbare Telefone, Kommunikationssysteme und GPS-Geräte lagen im Operationsraum herum, Beiwerk einer modernen Armee. Seine Einheit, meinte Oberst Rabena, der hier mit seinem Stab Treffen abhielt, mache gute Arbeit. Man habe zahlreiche Kontakte geknüpft. Von der Bevölkerung würde man jede Menge Informationen über den Aufstand in Adamija bekommen. Man wisse heute genau, wie die Aufständischen arbeiten würden – mit der

Angst. Sie würden alle einschüchtern, aber auf Dauer würde es den Terroristen nicht gelingen, den Terror aufrechtzuerhalten.

Rabena nannte seine Gegner entweder *insurgents*, »Aufständische«, oder einfach *terrorists*, »Terroristen«.

Danach führte er uns in seinen eigenen Pavillon und setzte sich dort mit einer frischen Zigarre im Mundwinkel hin. Hier, in seinem Reich, bewahrte er Zigarren in einer Holzkiste auf seinem Schreibtisch auf. Hinter Rabena, auf einer Erhöhung in dem riesigen runden Raum des Pavillons, befand sich Udais Himmelbett, in dem der Oberst schlief. Aber gleich daneben lag eine kugelsichere Weste und überall lagen Helme und Waffen herum. Für den Fall der Fälle.

Auf nichts war Rabena stolzer als auf die Tatsache, dass er in Adamija, diesem harten Pflaster, bisher nur einen Mann verloren hatte. Der sei ein guter Antiterrorspezialist gewesen, sagte er. Jahrelang hätte er in der arabischen Welt gearbeitet, aber eines Nachts hätten sie ihn in der Nähe der *Abu Hanifa*-Moschee erwischt. Durch eines der Fenster kamen die letzten Sonnenstrahlen und fielen auf Rabenas Gesicht. Man sah ihm an, dass es ihm um den Mann mehr als Leid tat. »Wir werden die Typen, die ihn umgebracht haben, kriegen«, versprach er. Aber der Tod des Spezialisten lag bereits Monate zurück. Spuren zu den Tätern hatten die Amerikaner bisher keine gefunden – trotz ihrer Computer, GPS und Spezialisten.

Doch draußen, vor dem hohen, dichten Stacheldraht und den Betonklötzen, die gegen Selbstmordkommandos schützen sollten, begann die Welt ohne kugelsichere Westen, Helme und moderne Kommunikationsmittel, die der opferbereiten Märtyrer und der improvisierten Sprengsätze. Es war bereits dunkel, als wir unser Hotel erreichten.

Am nächsten Tag fuhren wir nochmals nach Adamija und am folgenden Tag genauso. Mit jedem Besuch schienen sich die

Leute von Adamija mehr an uns zu gewöhnen, bis dann eines Tages Aufständische einen der ihren zu Grabe trugen. Es war ein Zug, der mitten durch das Viertel führte. Nur zufällig waren wir darauf gestoßen. Wir hatten aus der Ferne Schüsse gehört. Daraufhin hatte ich Mohammed gebeten, so nahe wie möglich heranzufahren, damit wir sehen konnten, was eigentlich los war.

200 Leute folgten dem Toten, nicht mehr. Die meisten waren jung. In der Mitte des Trauerzugs trugen einige, die höchstens 18 Jahre alt waren, einen einfachen Holzsarg auf den Schultern. Dahinter ging die Familie und ich sah mehrere Frauen laut klagen. Dazwischen marschierten Bewaffnete, die Gewehre oder Pistolen gegen den Himmel richteten und ganze Salven abfeuerten. Einige waren maskiert oder hatten weiß-schwarz karierte Tücher um den Kopf gewickelt. Es war eine seltene, aber machtvolle Demonstration der irakischen Aufständischen. In den Türen der Geschäfte standen Händler und schauten zu, einige schlossen angstvoll ihre Läden ab. Und weit und breit waren keine Amerikaner zu sehen. Wir parkten und stiegen aus. Einer im Zug erklärte Mohammed, man würde einen Kämpfer zu Grabe tragen, der in der Nacht davor bei einem Gefecht mit den Besatzern umgekommen sei. Die Stimmung war aufgeheizt, aber wir konnten zumindest mehrere Leute sehen, die wir kannten. Jean-Jacques ging ganz nahe an den Sarg heran, als plötzlich einer vor ihm stand, ihm die Pistole an die Brust setzte und abdrückte, aber aus irgendeinem Grund war keine Kugel mehr im Lauf der Waffe.

Dann setzte der Mann die Pistole ab, bevor er etwas gen Himmel schrie. Gleich neben ihm marschierte der Typ mit dem Saddam-Schnurrbart, aber als ich ihn Hilfe suchend ansah, drehte er sich einfach weg. Totenbleich im Gesicht nahm Jean-Jacques langsam die Kamera von der Schulter. Als Mohammed und ich ihn aus der Menge wegführten, die sich um uns nicht weiter kümmerte, wurde ständig weitergeschossen und gebrüllt. Ein paar Straßen weiter rollte der Verkehr, so als wäre nichts geschehen. Ein Polizist, der an der Kreuzung stand, machte keine Anstalten, einzugreifen. Der Trauerzug mit den vermummten Gestalten zog direkt an seiner Nase vorbei.

Nur Tage später wurde am helllichten Tag ein Australier erschossen, der auf der Durchfahrt durch Adamija war und in einem Kosmetikladen ein Haarshampoo kaufen wollte. Plötzlich tauchte jemand in der Tür auf und feuerte zweimal aus einer Pistole auf ihn.

Eine Woche später verließen wir den Irak. Die Dokumentation über die Sunniten, in der wir auch gezeigt hatten, wie Scheich Sabah sich um die Schulen von Adamija kümmerte, wurde im März, zum ersten Jahrestag der Irak-Invasion, gesendet. Durch einen unglücklichen Zufall verkaufte die Produktionsfirma, die nicht bedachte, wie gefährlich die Lage in Adamija für alle war, die Reportage an den arabischen Sender *Al Arabiya*. Er strahlte sie einen Monat später, im April 2004, aus. Einige Tage darauf erhielt ich von dem amerikanischen Hauptmann Robert Brewer eine E-Mail. Er schrieb mir, Scheich Sabah sei ermordet worden. Daraufhin rief ich einen ehemaligen General an, der ebenfalls im Stadtrat von Adamija saß. Einige Leute in dem Viertel – er dehnte die Worte einige Leute, *certain people* – hätten die Reportage gesehen, sagte er. Am Tag darauf begannen sie das Gerücht zu streuen, Scheich Sabah habe Geld von den Amerikanern bekommen. Er hätte es aber nicht an Schulen verteilt, sondern in die eigene Tasche gesteckt. Zwei Tage später wurde der Scheich vor seiner Haustür von Unbekannten erschossen. Man wisse nicht, wer die Täter seien, aber ich könne mir das ja vorstellen, meinte der Ex-General.

Ich ließ mir die Kassette und die arabische Übersetzung unserer Reportage zuschicken. Soweit ich das beurteilen konnte, war nichts verfälscht worden, was nichts daran änderte, dass mich Sabahs Tod bis in meine Träume verfolgte. Nicht viel später wurde auch Mohammeds Vater ermordet. Aufständische hatten ihn beschuldigt, er arbeite für die Besatzer, weil er plötzlich ein neues Auto gekauft hatte. Gerüchte, falsche Beschuldigungen, selbst der kleinste Verdacht, nicht auf der richtigen Seite, der Seite der Rebellen, zu stehen, kam in Adamija einem Todesurteil gleich. Kein Ausländer ging mehr dorthin, es war einfach zu gefährlich.

So wurden abseits von allem, in aller Stille sozusagen, unter den Augen einer mächtigen Besatzungsmacht Kritiker der Aufständischen in Adamija entweder ermordet oder sie waren ohnehin eingeschüchtert. Widerspruch duldeten die Radikalen einfach nicht. Daran war nichts Überraschendes.

KAPITEL 11

Unter Gläubigen

Iran, Februar 2004   Unaufhörlich fiel ein heftiger Schneeregen auf den nassen dunklen Asphalt und der Taxifahrer schal-
tete die Heizung höher. Ich saß frierend auf dem Rücksitz. Es war
nicht einmal sechs Uhr morgens. Wir fuhren gerade beim *Azadi-*
Platz vorbei, dem »Platz der Freiheit«, der auf dem Weg vom
Mehrabad-Flughafen zum Zentrum von Teheran lag. In der Mitte
des Platzes befand sich ein hochragendes Denkmal in Form eines
Bogens, das von Reza Schah Pahlevi im Jahr 1971 zum 2500-jähri-
gen Bestehen des persischen Reichs errichtet worden war. Es war
eine Feier voller orientalischer Pracht gewesen.

Nur sieben Jahre später, 1978, während der islamischen Revolution, hatte ein Greis in schlichter Kleidung, Khomeini, auf
demselben Platz mehr als eine Million Menschen gegen den
Schah mobilisiert. Der schnelle, unvorhergesehene Sturz des
Schahs folgte. Dieser hatte dann zu Khomeinis Machtübernahme und zur ersten Theokratie des 20. Jahrhunderts geführt.
Es gab nun einen Gottesstaat in der islamischen Welt, ein Regime der Mullahs. In Artikel drei der Verfassung heißt es unter anderem, *die Regierung der Islamischen Republik Iran wird
aufgefordert, all ihre Kräfte auf das Folgende zu richten: Ein
entsprechendes Umfeld zu schaffen, in dem die moralischen Tugenden auf der Grundlage des Glaubens, der Frömmigkeit und
des Kampfes gegen Manifestationen von Laster und Korruption*

wachsen können; die öffentliche Aufmerksamkeit in allen Berei-
chen zu erhöhen und dabei Gebrauch von Presse, Massenmedien
und anderen Mitteln zu machen [...]; den Kolonialismus abso-
lut abzulehnen und ausländischen Einfluss zu verhindern; alle
Formen von Diktatur, Autokratie und Monopolen zu eliminie-
ren; unerwünschte Diskriminierung abzuschaffen und gleiche
Chancen für alle auf allen Gebieten zu gewährleisten [...]; eine
islamische Bruderschaft zu entwickeln und allgemeine Koopera-
tion zwischen allen Menschen zu stärken; Außenpolitik auf der
Grundlage islamischer Standards zu entwickeln, brüderliche Ver-
pflichtung gegenüber allen Moslems und die uneingeschränkte
Unterstützung für alle unterdrückten Nationen dieser Welt zu
garantieren.

Religiöse Iraner mochten den Ausdruck Mullah nicht. Es sei eine
verächtliche Art, über religiöse Vertreter des Schiismus zu sprechen, sagten sie, aber vielen jungen Iranern war das völlig egal.
Mullahs, Gottesstaat, Ayatollahs, ja, die ganze Islamische Republik nahmen sie weniger ernst, als viele in Europa es taten. Als
Ausländer war man jedoch gut beraten, nicht nur auf Regime-
kritiker zu hören.

Vor nicht einmal fünf Jahren war auf dem Flughafen der
deutsche Geschäftsmann Helmut Hofer wegen angeblicher se-
xueller Beziehungen zu seiner iranischen Übersetzerin verhaftet und zum Tod verurteilt worden. Er hatte beinahe zwei Jahre
im berüchtigten *Evin*-Gefängnis in Nordteheran verbringen
müssen, bevor er nach endlosen Interventionen der deutschen
Regierung begnadigt worden war. Jedes Mal, wenn ich in der
Eingangshalle des Flughafens darauf wartete, dass einer der Beamten meinen Pass stempelte, kam mir unwillkürlich Hofer in
den Sinn. Die Islamische Republik Iran war kein Willkürregime
wie das von Saddam Hussein im Irak. Bei den Wahlen wurden
Parlament und Präsident bestimmt. Ohne die Klerikalen durften sie aber keine einzige wichtige Entscheidung treffen. Im-

merhin gab es seit einigen Jahren eine freie Presse. Kritische Intellektuelle durften sich öffentlich äußern. Doch alles konnte sich von einer Minute zur anderen ändern und bevor man es merkte, war es schon zu spät. Sobald hinter den Kulissen Machtkämpfe tobten, wurden harmlose Iran-Besucher wie Hofer verhaftet, einheimische Kritiker oder Reporter tot aufgefunden. Bei dem versteckten Kampf bis aufs Blut zwischen strengen Fundamentalisten und Gemäßigten ging es um den Kurs der Islamischen Republik. Für die einen, die Radikalen, sollte sich der neue Iran nicht nur in allen Themen von der Bekleidung der Frauen bis zu seiner Außenpolitik von allen anderen Ländern unterscheiden, sondern auch so viel wie möglich seiner islamischen Revolution in alle Welt exportieren. Gemäßigte Fraktionen, die so genannten Reformer, wollten ein friedliches Nebeneinander von verschiedenen Systemen. Nur eines durfte niemand fordern, die Abschaffung der Islamischen Republik. Das hätte jeden ins Gefängnis gebracht.

Wir fuhren also durch den chaotischen Frühverkehr von Teheran, den die Verkehrsplaner der Islamischen Republik noch dem Schah in die Schuhe schoben. Das Straßensystem in der Hauptstadt, sagten die neuen Machthaber, sei von diesem nie richtig ausgebaut worden. Er hätte nur seine Elite, die in Nordteheran lebte, bevorzugt. Projekte, die der Schah begonnen hatte, waren nach seinem Sturz über Nacht gestoppt worden. Ganze Häuserblöcke konnten trotz des Wohnungsmangels nicht bezogen werden. Nichtislamische Bauweise wurde als Grund angegeben. Toiletten, hatten die Mullahs gesagt, wären absichtlich so gebaut worden, dass sie in Richtung Mekka zeigten. Ingenieure und Arbeiter ausländischer Firmen, die vom Schah beauftragt worden waren, hatten das Land fluchtartig verlassen müssen. Teheran war ein halb fertiges Chaos, eine riesige Baustelle.

Erst nach zweieinhalb Stunden erreichte ich das Hotel und checkte ein. Kameramann Jean-Jacques sollte mit einer späteren Maschine nachkommen und wir wollten zwei Wochen bleiben, um über die angesetzten Parlamentswahlen zu berichten.

Am späten Nachmittag, nach Jean-Jacques Ankunft, gingen wir gemeinsam ins Ministerium für Information und Islamische Führung, welches für uns Journalisten zuständig war, und ließen uns akkreditieren. Alles lief ruhig und ohne besondere Vorkommnisse ab.

Am nächsten Morgen hörten wir jedoch, man würde uns einen offiziellen Übersetzer zuteilen. Wir sollten auf ihn warten. Erst gegen Mittag tauchte er in unserem Hotel auf und stellte sich mit einer Verbeugung schon an der Tür meines Zimmer vor. Als ich seinen Namen nicht gleich verstand, gab er mir seine Karte, auf der stand: *Arash Abaie, Berater des Chefs der Teheraner Jüdischen Gemeinde in Kulturfragen und Chefredakteur des Jüdischen Magazins Ofegh Bina*. Ich fragte ihn, ob er sich nicht im Stockwerk geirrt habe. Er war ein blasser, scheuer Mann und schüttelte nur den Kopf. Er sei schon richtig, meinte er dann, das Ministerium hätte ihn beauftragt, uns zu begleiten. »Dann lassen Sie uns zu Khomeinis Grabmal fahren«, sagte ich.

Jahrhundertelang hatte es im Iran eine der größten jüdischen Gemeinden der Welt gegeben, die in die Gesellschaft gut integriert war, bis dann 1948 Zehntausende Juden ins neu gegründete Israel ausgewandert waren. Die Beziehungen zwischen dem Schah und dem Staat Israel blieben aber stets sehr gut. Die zwischen den Mullahs und den Juden dementsprechend gespannt. Schon im Winter 1979, als sich nach den Anti-Schah-Demonstrationen ein Regimewechsel abzeichnete, waren Zehntausende Iraner jüdischer Abstammung in einer Nacht-und-Nebel-Aktion nach Israel gebracht worden. 1999 war dann eine Gruppe von verbliebenen Staatsbürgern jüdischen Glaubens plötzlich verhaftet worden. Man bezichtigte die Männer der Spionage für Israel. Sieben von ihnen wurden zum Tod verurteilt und laut Abaie, den ich darüber ausfragte, danach nur gegen sehr hohe Geldstrafen freigelassen. Offiziell wurde Israel vom Iran nicht anerkannt und bei offiziellen Reden wurde seine Vernichtung verlangt. Die israelische Seite bezeichnete hingegen den Iran als einen Staat, der den Terrorismus unterstütze und fördere.

Nachdem wir in der Hotellobby einen Wagen mit Fahrer angemietet hatten, steckten wir zuerst eine Zeit lang im üblichen dichten Mittagsverkehr in Teheran fest und fuhren im Schritttempo dahin, bis wir die Autobahn in den Süden, in Richtung der Heiligen Stadt Qom, erreichten. Sie liegt 150 Kilometer von der Hauptstadt entfernt. Ungefähr auf halbem Weg, mitten in der beginnenden Steinwüste, befindet sich Khomeinis Grabstätte. Ich fragte Abaie, ob er Khomeini jemals zu dessen Lebzeiten gesehen hätte. »Kurz«, erwiderte er, »im Fernsehen.« Dann wollte ich wissen, wie viele Juden es im Iran noch gäbe. Abaie sagte, es gäbe nicht mehr viele und die meisten Synagogen hätten geschlossen werden müssen, weil nicht mehr genug Gläubige da wären. Er fügte hinzu, dass die jüdische Gemeinde neben eigenen Schulen auch ihre eigenen Zeitungen besäße. Eine Weile kramte er in seiner Aktentasche. Dann reichte er mir eine Kopie des Magazins, dessen Chefredakteur er war. Verstehen konnte ich nichts, aber ich betrachtete die persischen Schriftzeichen und sah mir die Bilder von verzierten jüdischen Gebetsrollen an. Nachdem ich ihm die Zeitschrift zurückgegeben hatte, fragte ich Abaie, ob er den Iran verlassen könne. Natürlich, meinte er, er sei bereits mehrmals in Deutschland gewesen, um dort mit neu gegründeten jüdischen Gemeinden Kontakt aufzunehmen. Mehr war aus ihm nicht herauszukriegen.

Später, nach meiner Rückkehr nach Europa, habe ich gelesen, dass Khomeini bald nach seiner Machtergreifung eine *Fatwa*, einen religiösen Urteilsspruch, veröffentlicht hatte, der lautete, dass sowohl Christen als auch Juden ein Volk des Buches seien, das man zu respektieren habe. In Artikel 13 der iranischen Verfassung wurde außerdem festgesetzt, dass neben den Anhängern Zarathustras, den Feueranbetern, die im vor-islamischen Iran die Staatsreligion waren, sowohl Christen als auch Juden als religiöse Minderheiten anerkannt würden. Das hieß, sie konnten ihre religiösen Zeremonien im Rahmen der herrschenden Gesetze ausüben. Die Minderheiten bekamen sogar Sitze im Parlament. Laut Verfassung sollten sie im Einklang mit den Prinzipien der islamischen Gerichtsbarkeit behandelt werden. All das galt aber nicht für die Bahai-Sekte, eine Religion, die von allen anderen Religionen Teile übernommen hatte und die im Iran verfolgt wurde.

Wir fuhren also in Richtung Süden, vorbei an überlebensgroßen Wandmalereien an den Häuserfassaden entlang der Autobahn um Teheran. Selbst vom Inneren des Wagens aus sahen die Bilder bedrohlich aus. Offenbar waren sie angefertigt worden, damit niemand vergessen würde, dass der Iran eben ein Gottesstaat war. Da jeder Bewohner von Teheran täglich stundenlang im Verkehr steckte und dabei auf diese Gesichter blickte, war es unmöglich, nicht ständig daran erinnert zu werden. Auf einigen der Abbildungen waren Märtyrer und gefallene Soldaten aus dem iranisch-irakischen Krieg zu sehen. Dies waren junge Männer, die islamische Führung dagegen bestand aus Greisen. Bin Laden, der nicht einmal 50 war, sah mit seinem langen Bart aus wie einer von ihnen. Männer wie der erzkonservative, bärtige Ayatollah Ali Khameini waren schon über 70. Seit Khomeinis Tod im Jahr 1989 hatte er das lebenslange Amt des »Obersten Führers« der Islamischen Republik inne. Es gab keine höhere Autorität im Land als ihn und niemand hatte das Recht, seine Entscheidungen anzufechten. Studenten, die gegen Khameinis Allmacht demonstriert hatten, waren im Gefängnis gelandet.

Neben Khameini, der ernannt, aber nicht gewählt worden war, gab es noch den so genannten Wächterrat. Auch der musste sich keiner Wahl stellen. Genauso wenig wie die islamische

Gerichtsbarkeit, die neben der normalen existierte. Khameini, Wächterrat und die islamische Justiz bildeten zusammen eine Art Schattenregierung, die allmächtig darüber wachte, dass die Islamische Republik nicht vom rechten Weg abwich. Selbst Gesetze, die von den gewählten Abgeordneten mehrheitlich beschlossen wurden, mussten zusätzlich vor den Wächterrat. Standen sie im Gegensatz zu den Grundsätzen der Religion, durften sie nicht in Kraft treten.

Auf Anordnung des Wächterrats und Khameinis war Tausenden Kandidaten, die als zu liberal galten, untersagt worden, sich an den Parlamentswahlen zu beteiligen. Protest gegen diese Entscheidungen war heikel, denn der mächtige Sicherheitsapparat war ebenfalls Khameini unterstellt.

Dazu gehörten das Innenministerium mit seinen Polizeieinheiten, das Ministerium der Geheimdienste und die Revolutionswächter, die *Pasdaran*. Ihre Aufgabe war es, die Islamische Republik nach außen zu verteidigen. *Basij* nannte man hingegen die Zehntausenden von Freiwilligen, junge Männer und Frauen, die über die Moral der Bevölkerung wachten, wozu auch gehörte, Demonstrationen zu kontrollieren. Brachen Proteste aus, wurden diese mit Eisenstöcken niedergeschlagen. Da es auf dem Gelände der Teheraner Universität öfters zu spontanen Demonstrationen und deren blutiger Niederschlagung gekommen war, durften ausländische Reporter nicht mehr in die Nähe der Lehrstelle.

Nach nicht einmal einer Stunde erreichten wir das Areal, auf dem der Gründer der Islamischen Republik begraben ist. Es war ein klarer Tag und ein paar Pilger stiegen auf dem Parkplatz gerade aus dem Auto und schauten zu uns herüber. Eine der Frauen, die tief verhüllt waren, nickte freundlich, aber bevor ich mit ihr nur ein paar Worte wechseln konnte, war die Familie schon im Inneren des Schreins verschwunden. Abaie ging ebenfalls vor zum Eingang. Wir würden eine eigene Genehmigung zum Filmen brauchen, sagte er. Wenn wir warteten, würde er sie besorgen. Ich schaute ihm nach, wie er in das Haupthaus hineinging, und stellte mir vor, was Khomeini wohl sagen würde, wenn er wüsste, dass ein Jude hier herumspazierte. Khomeinis Grab galt inzwischen als ein nationales Heiligtum der Schiiten.

Bereits Anfang der 60er Jahre, als er noch ein unbekannter islamischer Gelehrter in der Stadt Qom gewesen war, hatte Khomeini begonnen, gegen Amerika und dessen Verbündeten Israel zu wettern. Er hatte sie für das Übel der Welt gehalten. In seinen Augen waren beide Feinde des Islam, weil sie unter anderem Verbündete des Schahs waren. Damals hatte dieser soeben die »Weiße Revolution« verkündet. Damit wollte der Schah das Land modernisieren, Frauen mehr Rechte geben und Landreformen durchführen. Zugleich war es für den Schah eine gute Möglichkeit, den Einfluss der *Ulema,* der Gruppe der religiösen Gelehrten, zurückzudrängen. Nirgendwo sonst waren die schiitischen Kleriker so mächtig. Viele Koranschulen befanden sich seit Jahrhunderten in den Bazaren und enge Beziehungen zwischen den Religiösen und den Händlern waren gang und gäbe. *Ulemas und Bazaris,* die Händler, schrieb der Schiiten-Experte Yitzhak Nakash, *waren sich in ihrem Lebensstil und ihren Werten sehr ähnlich und hielten die Regierung [in Teheran] für nur halb legal. [...] Der Bazar und seine unmittelbare Umgebung unterstützten die Mullahs finanziell und moralisch. Der schiitische Islam seinerseits beeinflusste die Geschäfte auf den Märkten. Er prägte die sozialen Aktivitäten der Bazaris, gab ihrem Verhalten eine Richtung vor und band sie an die Religion. Vor allem im Teheraner Bazar war die Religion ein gemeinsamer Nenner, der eine Verbindung zwischen den Händlern verschiedenster Sparten schuf.*

Dank der Spenden der Gläubigen an ihren jeweiligen Ayatollah hatten die Kleriker keinerlei Geldmangel. Als autoritärer Herrscher hatte der Schah aber keinen Widerstand geduldet. Verhaftungen von Mullahs waren an der Tagesordnung. Seit Jahren hatte sich ein Machtkampf angekündigt.

In einem Land, in dem es 50.000 Klerikale gab, vom einfachen Mullah bis zum höchsten Ayatollah, war Khomeini von Anfang an etwas Besonderes gewesen. Er hatte die Herrschaft des Schahs nicht nur zurückdrängen wollen, er wollte sie ein für alle Mal beenden. Laut der Lehre der Schiiten hatte es im Lauf der Jahrhunderte insgesamt zwölf Imame gegeben, die ihre Herrschaft auf die Grundlage des Korans gestellt hatten, wobei der zwölfte Imam im 9. Jahrhundert auf mysteriöse Weise verschwunden war. Seither warteten strenggläubige Schiiten auf dessen Rückkehr, um wieder in einem islamisch geführten Staat leben zu können. Erst dann würde es für einen Schiiten wieder einen echten Gottesstaat geben können.

Khomeini hingegen lehrte, es sei keineswegs so, dass die Schiiten auf diese Wiederkehr warten müssten. Man könne in der Zwischenzeit genauso gut ohne den Imam eine Islamische Republik errichten. Er war der Erfinder des modernen Islamismus, indem er Massenmobilisierungen einführte und Tonbandkassetten mit seinen Reden verteilen ließ. Das war aber nicht alles.

Grenzen sollten Herzen nicht voneinander trennen, hatte Ayatollah Khomeini nach seiner Revolution verkündet. Er sagte, *die Menschen haben wegen der Propaganda Angst vor den Supermächten. Sie glauben, Supermächte seien unverwundbar.* Noch vor Bin Laden hatte also Khomeini einen globalen Islam propagiert.

Bereits 1963 war Khomeini wegen seiner ständigen Proteste gegen jede Modernisierungspolitik vorübergehend ins Gefängnis gewandert, er ließ sich aber nach seiner Freilassung keineswegs den Mund verbieten. Daraufhin wurde er vom Schah-Regime zunächst in die Türkei ins Exil geschickt. Dann kam er in die heilige Stadt der Schiiten, nach Najaf im benachbarten Irak. Anstatt aber dort in Vergessenheit zu geraten, stieg er zu einer Berühmtheit auf, denn keiner kritisierte das Schah-Regime mehr als er. Moralische Korruption und Verwestlichung der islamischen Gesellschaft warf er dem Herrscher immer wieder vor.

Inzwischen hatte der Schah aber seine Weiße Revolution, seine Reformen, vorangetrieben. Frauen hatten mehr Rechte bekommen und Landreformen waren durchgeführt worden.

Dann, im September 1978, brachen im Iran Unruhen aus. Der Geheimdienst des Schah, der berüchtigte *Savak*, schlug den Aufstand brutal nieder, nur um noch größeren Protesten gegenüberzustehen. Auf Drängen des Schahs wurde daraufhin Khomeini, der als heimlicher Drahtzieher der Revolte gesehen wurde, aus Najaf ausgewiesen. Doch kein Land im Nahen Osten wollte ihn haben und so landete der Rebell Allahs nach einer langen Irrfahrt im Pariser Vorort Neauphle-le-Chateau. Inzwischen hatten seine Anhänger längst begonnen, die Tonbandkassetten mit den Reden Khomeinis in den Iran zu schmuggeln. Es dauerte nicht lange, da war kein Schah-Gegner besser bekannt als der Ayatollah aus dem Pariser Vorort. Nach Monaten der Massendemonstrationen kehrte Khomeini Ende Januar 1979 im Triumphzug in seine Heimat zurück; nicht einmal zwei Wochen nach der überstürzten Abreise des Schahs.

Der rechtmäßige Herrscher des persischen Pfauenthrons starb zwei Jahre später im Exil, seinerseits gejagt von Khomeinis neuer Geheimpolizei.

Gerade einmal zwei Monate nach seiner Rückkehr, Ende März 1979, hatte der Ayatollah ein Referendum über die Einführung einer Islamischen Republik abhalten lassen. Nachdem dieses mit großer Mehrheit angenommen worden war, hatte er am Tag nach der Abstimmung erklärt, dies sei der erste Tag, an dem Allah regiere. Weil er, Khomeini, vom Propheten den Auftrag bekommen habe, eine vorübergehende Regierung zu ernennen, sei eine Opposition gegen die islamische Regierung Gotteslästerung. Mit solchen Argumenten würde Khomeini später alle seine Gegner mundtot machen.

Als der greise Ayatollah, der nach seiner Rückkehr den allerhöchsten Titel, den eines Imams, angenommen hatte, im Jahr 1989 starb, war sein Begräbnis eines der größten in der Geschichte des Irans. Über eine Million Menschen, vor Trauer laut weinende Frauen und Männer, waren dem Sarg gefolgt.

Im Gegensatz zu seiner großartigen Beisetzung war Khomeinis Schrein geradezu bieder. Nach dem Wunsch des Verstorbenen sollte er keineswegs eine Stätte der Trauer sein. Khomeini hatte sich gewünscht, dass sich iranische Familien auf dem Rasen um den Schrein zum Picknick versammeln würden. Riesige Parkanlagen waren also angelegt worden. Freitags, am moslemischen Feiertag, sind sie gefüllt mit Menschen. Mehrere vergoldete Kuppeln, die man bereits aus der Ferne sehen kann, schmücken das weit gestreckte niedrige Gebäude, an dem noch gebaut wird.

Am Eingang wurde Jean-Jacques angewiesen, die rechte Tür zu nehmen, während ich zusammen mit den Frauen durch eine Tür auf der linken Seite gehen musste. Die Geschlechtertrennung wird überall streng eingehalten, obwohl an einem Schalter, wo man seine Schuhe abgeben muss, wiederum nur Männer arbeiteten. Drinnen müssen alle wieder getrennt gehen. Frauen saßen in einer Ecke hinter der Absperrung um Khomeinis Sarg. Weiter hinten hörte man Männer leise Suren des Korans aufsagen. Während ich auf Abaie wartete, rannte ein Mädchen auf mich zu, das in einen schwarzen Umhang, der bis zum Boden reichte, einen *Tschador*, gehüllt war, und starrte mich an. Ich hatte mir nur ein Kopftuch umgebunden und versuchte mit dem Mädchen ein Gespräch anzufangen. Eine Zeit lang riss es nur Augen und Mund auf. Nach einer Weile kam die Mutter dazu, die etwas Englisch sprach. Woher ich denn käme, wollte sie wissen, und was ich denn hier machen würde. Ich erklärte ihr alles. Bevor sie mit ihrer Tochter wieder verschwand, wünschte sie mir noch einen guten Aufenthalt.

Ich sah den beiden nach, wie sie in ihren *Tschadors* im Ausgang verschwanden. Den zu tragen war zwar nicht unbedingt Pflicht, aber seit Khomeinis Revolution war laut Strafgesetzbuch jeder Frau bei Strafandrohung verboten, Ausländerinnen eingeschlossen, nichtislamische Kleidung zu tragen. In den vergangenen Jahren hatten sich die Vorschriften zwar etwas gelockert, Auspeitschungen von Frauen, die sich nicht ordnungsgemäß kleideten, waren jedoch in den ersten Jahren nach der Revolution gang und gäbe gewesen. Mädchen, die geschminkt waren, wurden von den *Basij* mit Gewalt unter öffentliche Wasserhähne gehalten. Während einer Iran-Reportage im Jahr 1998 hatten wir beobachtet, wie die Sittenpolizei eine Frau verhaftete. Dutzende Polizisten in Zivil waren mit Walkie-Talkies aufgetaucht. Man hätte den Eindruck bekommen können, sie würden einen Schwerverbrecher jagen. Das Vergehen der jungen Frau war gewesen, dass sie Lippenstift aufgelegt hatte. Islamische Kleidung hieß, dass man sich in der Öffentlichkeit züchtig zeigte und sich so weit wie möglich bedeckte, wobei Oberarme oder Beine zu zeigen nicht ausdrücklich verboten war, aber genauso wie enge Hosen oder gar Miniröcke zu tragen war es verpönt. Ohne Kopfbedeckung durfte sich eine Frau nur in Gegenwart ihres Ehemanns, Vaters, ihrer Söhne und Neffen und vor jenen Kindern, die nicht aus ihrer Familie stammten, zeigen, die, wie es in den Regelungen hieß, zu klein waren, um sich »ihrer Sexualität zu schämen«.

Die iranischen Gesetzgeber beriefen sich bei all diesen Vorschriften auf den Koran, in dem steht, dass *[die Frauen] ihre Blicke zu Boden schlagen und ihre Keuschheit wahren sollen und dass sie ihre Reize nicht zur Schau tragen sollen [...], und dass sie ihre Tücher über ihre Busen ziehen sollen [...] (Koran, 24:32).*

Zusätzlich wurde von religiösen Moslems darauf hingewiesen, dass die beste Bekleidung die tugendhafte Bekleidung sei. Als Drittes wurde oft angeführt, dass das Heilige Buch vorschreibe, *sprich zu deinen Frauen und deinen Töchtern und zu den Frauen der Gläubigen, sie sollen ihre Tücher tief über sich ziehen. Das ist besser, damit sie erkannt und nicht belästigt werden (Koran, 33:60).* Strenggläubige Islamisten nicht nur im Iran interpretierten diese Sure als ein Verbot für Frauen, sich in moderner Kleidung zu zeigen.

Der iranische *Tschador* war allerdings erstmals im 18. Jahrhundert aufgetaucht – 1200 Jahre, nachdem Mohammed den Koran verfasst hatte. Damals wurde er nur von begüterten Frauen getragen, die sich so vor unerwünschten Blicken schützen wollten. Frauen aus ärmeren Familien, die auf dem Feld arbeiten mussten, blieben bei den großen bunten Tüchern, die sie um Kopf und Oberkörper wickelten, um sich vor Staub und Sonne zu schützen.

Dann, im Jahr 1936, hatte Reza Schah, der Vater des von Khomeini gestürzten Schahs, das Tragen jeder Kopfbedeckung bei Strafe verboten. Armee und Polizei wurden durch das Land geschickt, um für die Durchsetzung des neuen Gesetzes zu sorgen. Bei der Einweihung einer Ausbildungsstätte für Lehrerinnen in Teheran hatte Reza Schah persönlich alle Frauen aufgerufen, den Schleier, »das Symbol für Ungerechtigkeit und Schande«, ins Feuer zu werfen. Er hätte nichts Schlimmeres anordnen können.

Als Irans *Mullahs* vier Jahrzehnte später Reza Schahs Sohn vertrieben hatten, führten sie nicht nur die einfache Kopfbedeckung ein, sondern strenge moslemische Kleidung wurde angeordnet. Bei Massenprotesten von Frauen dagegen säumten Khomeinis Anhänger den Zug und bewarfen die Demonstrantinnen mit Steinen und Flaschen. *Seit Beginn der Revolution,* schrieb die Schriftstellerin Azar Nasifi, *war der Versuch, den Frauen den Schleier aufzuzwingen, mehrfach gescheitert – im Wesentlichen aufgrund des hartnäckigen und massiven Wider-*

stands iranischer Frauen. In vieler Hinsicht hatte der Schleier für das Regime eine symbolische Bedeutung angenommen. Seine Wiedereinführung würde den vollständigen Sieg des islamischen Aspekts der Revolution symbolisieren, der in diesen ersten Jahren durchaus noch keine beschlossene Sache war. Die Entschleierung der Frauen, die Reza Schah 1936 angeordnet hatte, war ein umstrittenes Symbol für die Modernisierung gewesen und ein eindrückliches Symbol für die Beschränkung der Macht des Klerus. Es war für die herrschende Geistlichkeit deshalb wichtig, dieses Machtsymbol wieder einzuführen.

Keusch und bescheiden mussten sich die Frauen also seit der Einführung der Islamischen Republik kleiden. Zudem wurden sie vor dem Gesetz in die zweite Reihe gestellt. Wurde eine Frau bei einem Autounfall verletzt, bekam sie nur die halbe Schadensersatzzahlung eines Mannes. Bei Scheidungen wurden die Kinder dem Mann zugesprochen und dieser entschied über die Besuchsrechte der Mutter. Andererseits waren Frauen im Iran wahlberechtigt und durften weiterhin studieren und arbeiten.

Ich wartete auf Abaie, der schließlich mit der Erlaubnis zum Filmen auftauchte. Jean-Jacques, der die ganze Zeit über in der Männersektion ausgeharrt hatte, drehte die Betenden auf der einen Seite von Khomeinis Grabmal und die Frauen aus der Ferne. Da aber der Schrein beinahe leer war, packte er bald seine Kamera ein. Draußen interviewte ich noch Händler, die Khomeini-Souvenirs anboten. Die Sonne stand bereits tief und wir fuhren zurück nach Teheran.

Bevor wir die Außenbezirke erreichten, machten wir noch einen Abstecher auf den Märtyrerfriedhof, eine riesige letzte Gedenkstätte für die Opfer des achtjährigen iranisch-irakischen Kriegs, der einer der letzten großen Kriege des 20. Jahrhunderts gewesen war. Nach Schätzungen war eine Million Menschen auf beiden Seiten getötet worden. Im Zentrum des Friedhofs stand ein Brunnen, in dessen Mitte aus ein paar Rohren eine dunkelrot gefärbte Flüssigkeit floss. Ein Symbol für das vergossene Blut der Kriegsopfer. Märtyrer nannte man sie, weil die Islamische Republik den Krieg gegen den Irak als eine Verteidigung des Glaubens angesehen hatte.

Im Oktober 1980 hatte dieser erste Golfkrieg mit Saddams Angriff auf den Schatt el Arab, einen engen Wasserweg im Süden, begonnen. Auf iranischer Seite wurden bald Tausende Jugendliche unbewaffnet an die Front gefahren. Man hatte den Kämpfern nichts als Gebete mit auf den Weg gegeben oder man hängte ihnen einen Schlüssel um den Hals. Sobald sie von Saddams Armee, die zum damaligen Zeitpunkt die fünftgrößte der Welt war, dahingemetzelt wurden, sollte der ihnen das Tor zum Paradies öffnen. Im Lauf der Jahre wurde das Rekrutierungsalter immer weiter herabgesetzt, bis sogar 14-Jährige gegen Saddams Militärmaschine eingesetzt wurden, aber der erwartete Zusammenbruch von Khomeinis Regime blieb trotzdem aus.

Vielen wäre er nicht ungelegen gekommen. Khomeinis religiöser, fanatischer Eifer machte allen arabischen Regierungen Angst. So war es zwar Saddam, der den Krieg gegen die Mullahs führte, finanziert wurde er aber von Saudi-Arabien und Kuwait, beides konservative sunnitische Monarchien. Für sie gab es kaum einen größeren Feind als Khomeini, den schiitischen Revolutionär. Nur Monate nach seiner Machtergreifung, im November 1979, war während der jährlichen Pilgerreise ins saudische Mekka eine Revolte von Fundamentalisten ausgebrochen, die Dutzende unschuldige Gläubige das Leben kostete und blutig niedergeschlagen wurde. Die Saudis hatten das Regime aus Teheran im Verdacht, dahinter zu stecken.

Saddams Irak hingegen war plötzlich nicht nur der Freund der Ölscheichs. Auch Amerikaner und vor allem Europäer gaben sich in Bagdad die Klinke in die Hand, um Khomeinis Feind zu unterstützen, wo sie nur konnten.

Khomeinis Antwort ließ nicht lange auf sich warten.

Dort, wo ebenfalls viele Schiiten lebten, im Libanon, war drei Jahre später die militante *Hisbollah*, die »Partei Gottes«, gegründet worden und sie bekam jede Art von Unterstützung aus Teheran. Sie schwor Khomeini ewige Treue und erklärte die iranische Revolution zu einem Willensakt Gottes. Jeder Terroranschlag der *Hisbollah* gegen westliche Ziele wurde vom iranischen Regime wie ein Triumph gefeiert. Und es gab viele. Von Entführungen bis zu Selbstmordattentaten.

Ich war Anfang 1981 zum ersten Mal in den Iran gereist, eineinhalb Jahre nach der Revolution. Damals musste jeder Journalist sich von einem so genannten Revolutionswächter begleiten lassen. Was man zu filmen hatte und was nicht, wurde einem vorgeschrieben. Interviews mit Iranern auf der Straße waren untersagt, und wenn man sie trotzdem machte, hörte der Aufpasser sehr genau zu. Neben westlichen Bauweisen war auch Musik aus Europa oder Amerika verboten worden.

Das Teheran von damals änderte sich nun, fast 25 Jahre später, beinahe täglich. Man brauchte keinen offiziellen Begleiter an seiner Seite, sondern musste sich vom Ministerium nur die Akkreditierungen geben lassen. Abgesehen von der Universität oder dem Bazar, wo man eigene Genehmigungen brauchte, konnte man alleine unterwegs sein. Reste von Willkür und zweideutiger Geheimnistuerei waren jedoch geblieben: Abaie war uns aus keinem ersichtlichen Grund zugewiesen worden.

Diese Erleichterungen waren eingeführt worden, nachdem Mohammed Khatami vor acht Jahren, 1997, mit den Stimmen einer frustrierten Jugend zum neuen Präsidenten gewählt worden war. Er hatte begonnen, vorsichtige Reformen einzuführen, die zwar nicht mehr als Äußerlichkeiten betrafen und nicht die Grundfeste der Islamischen Republik anrührten, für die Jugend jedoch wichtig waren. Kopftücher, die nicht das ganze Haar bedeckten, wurden geduldet. Turnschuhe ebenso. Iranischen Reporterinnen wurde erlaubt, über den iranischen Nationalsport, den Fußball, zu berichten und den Spielen in den Stadien inmitten von Männern beizuwohnen. Zu Khomeinis Lebzeiten wäre das undenkbar gewesen.

Blank geputzte Limousinen fuhren gerade vor, als wir unser Hotel erreichten. Junge Frauen stiegen aus, die kaum ihren Kopf bedeckt hatten, so weit hatten sie ihre Tücher nach hinten geschoben. In einem der Festsäle des Hotels fand eine Modenschau statt. Wir fragten die Veranstalterin, ob wir filmen dürften. Es sei eine private Veranstaltung, erwiderte sie, nicht für die Öffentlichkeit bestimmt. »Ich werde Probleme bekommen, wenn ich Sie das filmen lassen«, meinte sie. Das Leben draußen war eine Sache, was hinter den eigenen vier Wänden vor sich ging, eine andere.

Nachdem wir Abaie nach Hause geschickt hatten, fuhren wir mit einem Taxi zu einer Party, die in einem Haus im reicheren Nordteheran stattfand. Dazu eingeladen hatte uns ein amerikanischer Kollege, der im gleichen Hotel wie wir wohnte. Vor einem modernen Hochhaus hielt der Taxifahrer an. Nachdem wir geklingelt hatten, erschien eine hübsche Frau, ihr Kopftuch lässig um die Schultern gelegt. Von drinnen drang westliche Musik bis vor die Tür. Junge Partygäste in Jeans und T-Shirts füllten den Raum. Andere standen in der Küche, um iranische Gerichte vorzubereiten, wieder andere saßen im Wohnzimmer mit einem Whiskeyglas in der Hand. Der süßliche Geruch von Haschisch hing in der Luft.

Tausende Iraner, die unter dem Schah dank der Ölvorkommen zu schnellem Reichtum gekommen waren, hatten ihre Heimat nach der Revolution verlassen müssen. Meist waren sie in die USA ins Exil gegangen. Nach Khatamis Wahl waren viele zurückgekommen. Im höher gelegenen Norden der Stadt, wo die Luft nicht so verschmutzt war wie im ärmeren Süden, wurde für sie ein Hochhaus nach dem anderen gebaut. Eine 100-Quadratmeter-Wohnung kostete dort bis zu 500.000 Dollar. Trotzdem fanden sie reißenden Absatz. Schaute man jedoch aus den Wohnungen hinaus auf die Zehn-Millionen-Stadt, blickte man auf Ruinen und auf Baustellen, wo sich seit Jahren nichts mehr bewegte, auf Kräne, die nicht mehr in Betrieb waren. Teheran war eine chaotische Metropole wie viele andere auch, aber es fehlte ihr an großstädtischem Glanz. Außer den pompösen Wandmalereien sah man nur selten Werbeplakate, und wenn, dann nur für eine einheimische Mobiltelefonfirma. Werbung für westliche Produkte würde bald vom neuen konservativen Bürgermeister von Teheran, Machmud Achmedinajad, untersagt werden.

Als ich aus dem Fenster hinaussah, hörte ich im Hintergrund ein Pärchen miteinander reden und lachen; beides Todsünden in den Augen der *Basij*, die sogar in Privathäusern auftauchten, um zu kontrollieren, ob Geschlechtertrennung und Alkoholverbot eingehalten wurden. Da in jedem Haus, das es sich leisten konnte, Wein und Whiskey in Mengen vorhanden waren, musste man die *Basij* bestechen, noch bevor sie auftauchten. Am einfachsten war es, sich mit dem, der für das Viertel verantwortlich war, gut zu stellen. Eine monatliche Geldzuweisung bewirkte wahre Wunder. So konnte man sicher sein, dass er und seine Truppe einen erst gar nicht belästigen würden.

Es klingelte an der Tür, aber es waren nicht *Basij*, sondern neue Gäste. Darunter die Tochter eines Importeurs von exklusiven Schweizer Uhren. Ihr Vater hatte vor kurzem die Erlaubnis erteilt bekommen, sein ehemaliges Geschäft wieder zu eröffnen. Nach Jahren im Exil sei er darüber heilfroh gewesen, erzählte die junge Frau. Doch eine Woche nach Eröffnung war unerwarteter Besuch aufgetaucht, ein islamischer Geistlicher. Das sei ein beeindruckendes Geschäft, hatte er gesagt, während er sich umschaute. Nachdem man ihm ein paar hundert Dollar zugesteckt hatte, war er noch eine Zeit lang geblieben. Über alles Mögliche hatte er geredet, auch über das Wetter, nur nicht übers Geld. Eine Woche später war er jedoch erneut erschienen. Auch da war er erst zufrieden gewesen, als man ihm seinen Anteil ausgehändigt hatte. Erhielten die Mullahs nicht regelmäßig ihren Anteil an den Geschäften, meinte die Tochter des Uhrenimporteurs, müssten Händler wie ihr Vater schließen. Jeder, der einen Turban und einen Umhang trage, habe das Recht, in dem Viertel, in dem er wohne, abzukassieren. Geld sei die wichtigste Überlebensregel in der Islamischen Republik. »Money«, sagte die Frau, Bakschisch. Hatten sich islamische Geistliche etwas zuschulden kommen lassen, wurden sie von eigenen Gerichten abgeurteilt, zu denen die Öffentlichkeit keinen Zugang hatte. Nichts drang nach außen.

Wir blieben beinahe bis zwei Uhr morgens. Als wir zurück ins Hotel fuhren, konnten wir entlang der Durchgangsstraßen Gruppen von *Basij* herumstehen sehen. Jugendliche, bei denen man CDs mit westlicher Musik im Auto fand, wurden von ihnen verhaftet und riskierten eine Nacht auf einer Polizeistation. Pärchen, die nicht verheiratet waren, drohten schwerere Strafen. Anstelle der früheren Auspeitschungen konnte man diese jetzt jedoch in eine Geldstrafe umwandeln. Alles hing davon ab, wie bestechlich diejenigen waren, die einen schnappten.

Vor uns tauchte eine *Basij*-Straßensperre auf. Die Männer, die meist in den Armenvierteln Südteherans rekrutiert wurden, trugen sandfarbene Uniformen oder waren in Zivil. Beinahe jedes Auto wurde von ihnen gestoppt und kontrolliert. Ali, der uns heimbrachte, packte seine CDs in einen Plastiksack und versteckte diesen unter dem Fahrersitz. Ich bat ihn, das Tempo zu verlangsamen, und nahm die kleine Kamera aus der Tasche, aber als wir nahe an den *Basij* waren, sah einer genau zu mir her und ich hörte auf zu filmen. Sie stoppten uns, kontrollierten aber nur unsere Ausweise und fanden weder die Kamera noch den Plastiksack. Hinter uns wurden drei Mädchen aus einem Wagen geholt, offenbar, weil sie ohne männlichen Begleiter unterwegs waren. Auf der gegenüberliegenden Seite der Straße sah man einen Polizeiautobus mit Gittern vor den Fenstern. Dahinter konnte man die Umrisse von männlichen Gestalten erkennen. Daneben stand ein zweiter Wagen, der ebenfalls vergitterte Fenster hatte. Darin saßen die verhafteten Frauen. An jedem Donnerstagabend ginge es so zu, kommentierte Ali. Das war der Abend vor dem Wochenende, an dem Teherans Jugend ausging. Partys, Jeans und westliche Bekleidung gab es aber nur in der Hauptstadt. In Städten wie Shiraz, Isfahan oder gar in religiösen Zentren wie Qom oder Mershad war gegen acht Uhr abends kaum einer mehr auf der Straße.

Am nächsten Tag, einem Freitag, rief ich Abaie frühmorgens an und sagte ihm, wir würden ihn erst um die Mittagszeit brauchen, weil wir eine Verabredung hätten. Er fragte nicht, mit wem, bat mich aber nicht zu filmen, wenn er nicht dabei sei. Ich versprach es ihm.

Die Leute, die uns eingeladen hatten, waren bereits mehrmals wegen Kritik an der Islamischen Republik verhaftet worden. Wäre ein offizieller Begleiter des Ministeriums mitgekommen, egal wer es war, hätte niemand offen zu reden gewagt. Übersetzer mussten Berichte über die Reporter verfassen, mit denen sie arbeiteten.

Gegen zehn Uhr fuhren wir mit einem Taxi zu den Bekannten, die ungefähr 20 Leute eingeladen hatten, darunter Ausländer, Künstler und Studenten. Einer, der auf der Universität unterrichtete, fragte uns, ob wir im Irak gearbeitet hätten, und als wir bejahten, ging es plötzlich mit den Fragen los. Ob es denn möglich wäre, dass die amerikanische Besatzungsmacht dort tatsächlich eine Demokratie errichten würde? Und wie lange das noch dauern würde? George W. Bush hätte seine reine Freude an der Stimmung in dieser Wohnung gehabt.

Noch bevor der Krieg begonnen hätte, erzählte der Gastgeber, der Hussein hieß, wäre die amerikanische Militäraktion Thema Nummer eins in der Stadt gewesen. Die einen sagten, dass es ein blutiger und langer Krieg sein würde, aber die meisten, die sich noch an den irakisch-iranischen Krieg erinnerten, waren davon überzeugt, dass Saddam nichts als ein aufgeblasener Angeber war, der nicht einmal mehr eine Division zur Verfügung hatte, und dass Bagdad kampflos in die Hände der Amerikaner fallen würde. Mehr noch, die meisten Jugendlichen sagten sich, dieser Krieg sei eine wunderbare Gelegenheit, das Regime der Mullahs zu stürzen. Vielleicht würden die Amerikaner gleich in den Iran weitermarschieren? Man würde sie mit Blumen empfangen und froh darüber sein, dass sie einem die Arbeit abnähmen, ständig gegen die Religiösen zu demonstrieren und im Gefängnis zu landen.

Dann hatte der Krieg begonnen, fuhr Hussein fort. Alle Iraner saßen vor ihren Fernsehgeräten und verfolgten den Siegeszug der US-Armee bis Bagdad, bis zum Sturz der Saddam-Statue im Zentrum. Bald kam die große Enttäuschung. Anstatt der versprochenen Demokratie gab es nur Chaos und Unruhe. Die mächtigste Armee der Welt war unfähig, ein Volk wie die Iraker mit nur knapp über 20 Millionen Menschen unter Kontrolle zu bringen. Was würde dann erst im Iran geschehen, mit seinen beinahe 70 Millionen Einwohnern? Die Hardliner im Iran sahen darin ihre Chance. Sie verstanden, dass den Amerikanern nun die Hände gebunden waren und man im Iran tun und lassen konnte, was man wollte.

Ein anderer sagte, dass der Iran ein Taliban-Regime sei, nur sehe es auf den ersten Blick zivilisierter aus als in Afghanistan. Niemand widersprach.

Ähnlich den Taliban hatte das iranische Regime den Koran und die Überlieferungen des Propheten, die so genannten *Hadithi*, als Basis für seine Herrschaft. Und alles, eingeschlossen der feindliche Westen und insbesondere die Amerikaner, wurde mit religiösen Ausdrücken belegt. Satan war der gängige Ausdruck für die Feinde. Als großen Satan bezeichnete man die USA.

Als wir die Wohnung verließen, fuhren wir durch ein menschenleeres Teheran Richtung Universität, wo jeden Freitag gegen 14 Uhr hohe Vertreter des Regimes Tausenden von Gläubigen in ihren jeweiligen Predigten genau diese politische Linie vorlegten. Abaie wartete dort wie ausgemacht auf uns. Jean-Jacques und er gingen hinein und ich versuchte vergeblich, in die Frauenabteilung zu gelangen. Man ließ mich nicht mehr hinein, weil ich zu spät gekommen war. Aber man konnte die Stimme des Vorbeters bis auf die Straße hören. Seit einem Vierteljahrhundert wurden diese feurigen Ansprachen im Fernsehen übertragen und wenn es ein Dauerthema gab, das über all die Jahre unverändert geblieben war, dann war es der Antiamerikanismus des Regimes. Wie immer wurde auch diesmal die Rede von *Marg Bar Amrika*-Rufen, »Tod Amerika«, unterbrochen.

Bei den *Mullahs* ging die Feindschaft zu den USA nicht nur auf die prowestlichen Reformen von Reza Schah in den 30er Jahren zurück. Im Jahr 1953 wurde in Teheran der linksgerichtete Ministerpräsident Mohammed Mussadegh gestürzt, nachdem er die Ölindustrie, die in britischem Besitz war, verstaatlicht hatte. An dem Putsch war der amerikanische Geheimdienst beteiligt gewesen. Der Schah, der vorübergehend das Land verlassen hatte, saß danach wieder fest im Sattel. Da Mussadegh ein gewählter Vertreter des Volks war, hatten viele Iraner den Amerikanern nie verziehen.

In den Jahren des Kalten Kriegs hatte es in vielen Ländern des Nahen und Mittleren Ostens starke linksgerichtete und kommunistische Parteien gegeben, wobei im Iran die *Tudeh*-Partei Moskau nahe gestanden hatte. Mussadegh war von ihr unterstützt worden. Der amerikafreundliche Schah hatte die Kommunisten verfolgt, eingesperrt und gefoltert, also stellten sich viele von ihnen auf die Seite des zurückgekehrten Khomeini. In einer ersten Welle von Gewalt nach dem Sturz des Schahs hatten die Religiösen Tausende ehemaliger Schah-Anhänger, Generäle und Politiker vor Gericht gestellt und laufend Todesurteile ausgesprochen und vollstreckt. Dann, in einer zweiten Welle, kam die Linke dran. Liberale Kritiker ereilte dasselbe Schicksal. Für revolutionäre Parolen gab es in den Augen der Fundamentalisten keinen Bedarf mehr, Gerechtigkeit und Gleichheit hatte es bereits lange vor Marx gegeben, und zwar im Koran.

Das Zentrum der iranischen Koranstudien war die Wüstenstadt Qom. 250 Institute, Koranschulen und Bibliotheken gab es dort. Vor der Revolution wurde die Stadt von der Geheimpolizei des Schahs strengstens überwacht, Nachwuchs war rar geworden. Jetzt aber strömten Studenten aus aller Welt herbei, um in jahrelangen Studien wie ihr Vorbild Khomeini den Koran zu erforschen. *Es gab,* schrieb der Literaturnobelpreisträger V. S. Naipaul, *nur Männer des Glaubens. Was mochte an diesem Fach ein so langes Studium erfordern? Da war, wie ich erfuhr, zunächst das Arabische; dann die Grammatik mit allen Sparten; ferner Logik und Rhetorik; außerdem Rechtswissenschaft, wobei islamische Rechtsprechung und Grundsätze der Rechtsprechung zwei verschiedene Studiengänge bildeten; und schließlich islamische Philosophie und islamische Wissenschaften, Überlieferungen über den Propheten und seine engsten Gefährten. [...] Hier bildete der Glaube noch die absolute Grenze der Welt. Und wie im mittelalterlichen Europa kannte theologische Gelehrsamkeit kein Ende.*

Unter den Tausenden Koranschülern und -gelehrten von Qom waren nicht alle der Meinung Khomeinis. Sie ereilte genau dasselbe Schicksal wie alle Khomeini-Gegner. Einige Ayatollahs, wie Montazeri, hatten von Anfang an einen gemäßigteren Weg vorgeschlagen. Nichtislamische politische Strömungen sollten in einer islamischen Republik erlaubt bleiben, hatten sie verlangt. Andere hatten gefordert, der Islam müsse sich aus der Politik zurückziehen, wenn er nicht durch diese korrumpiert werden wolle. Erhalten bleiben müsse nur die Reinheit der Lehre. In den ersten Jahren gab es Stimmen, die davor warnten, die Religion in eine Ideologie zu verwandeln, sie eben dadurch einem neuen Kommunismus gleichzusetzen. Bald waren mächtige Kritiker wie Montazeri, der eine beachtliche Anhängerschaft besaß, unter Hausarrest gesetzt worden. Nicht weit entfernt von dem Viertel in Qom, in dem Montazeri als Gefangener seiner Kollegen lebte, befand sich auch das Haus Khomeinis. Bis zu seinem Tode hatte er dort abgeschlossen gelebt, aber ständig waren Besucher bei ihm gewesen. Khomeini, der Mann, dessen militanter Islam alle Feinde, innen und außen, besiegte, hatte bis zu seinem Tod die Fäden der islamischen Revolution in der Hand gehalten.

Auf dem Rückweg vom Freitagsgebet fuhren wir am bekanntesten antiamerikanischen Graffiti auf Teherans Hauswänden vorbei; auf der Breitwand des ehemaligen amerikanischen Kulturinstituts. Man konnte das Muster der US-Flagge, durchwoben mit Stacheldraht, aus großer Entfernung, mehr als einem Kilometer weit weg, sehen.

Am Abend, bevor wir zum Essen gingen, traf ich zufällig im Hotellift eine Inderin. Sie erzählte mir, sie sei Computertechnikerin und für einige Wochen in Teheran, um die Angestellten eines Ministeriums in den Gebrauch von Computern einzuweisen. Ich fragte sie, ob das für sie in diesem Land schwierig sei, und sie verneinte. »Ich mache nur meinen Job«, sagte sie. Warum denn ausgerechnet eine Inderin eingeladen werde, wollte ich wissen, und sie erwiderte, sie wisse es nicht genau, aber sie glaube, es gäbe in Teheran keine entsprechenden Experten. Jedenfalls habe das Ministerium niemanden, der die Arbeit genauso gut machen könnte wie sie. Schon war sie verschwunden.

Später spazierten wir zu einem Restaurant nicht weit vom Hotel entfernt. Es war ziemlich leer und der Kellner setzte uns neben eine vielköpfige Familie, die uns zunickte. Jedes Mal, wenn man in Teheran Leute traf, waren diese nicht nur besonders freundlich gegenüber Ausländern, sondern auch neugierig, was denn so im Rest der Welt vor sich ging. Begüterte Iraner konnten sich selbst davon überzeugen. Sie reisten viel ins Ausland. Urlaub in Europa zu machen war für eine iranische Durchschnittsfamilie aber unerschwinglich. Lehrer und mittlere Beamte verdienten nicht mehr als ein paar 100 Dollar pro Monat. Im Restaurant, genau an der Wand über uns, hing ein riesiges Poster mit einer weltfremden Landschaft, Schweizer Alpen und ein blaugrüner Bergsee. Das war auch Teheran, wo man gutes heimisches Essen wie Fleischspieße und Reis bekam, aber keine Getränke wie Cola-Cola oder Fanta. Wenn man die zu sehr vermisste, konnte man sie in einigen Läden in Nordteheran zu überhöhten Preise kaufen. Sie wurden ins Land geschmuggelt.

Nach der Revolution hatten die USA einen Wirtschaftsboykott gegen das Khomeini-Regime verhängt und nicht nur den Export von amerikanischen Softdrinks in die Islamische Republik verboten. Gestoppt wurden auch alle Waffenlieferungen und die von technischen Geräten. Da unter dem Schah die gesamte iranische Wirtschaft vom amerikanischen Know-how abhängig gewesen war, brach schnell alles zusammen. In den Luxushotels funktionierten die Wasserhähne nicht mehr, Ministerien und Fabriken fehlten Ersatzteile. Millionen des staatlichen iranischen Guthabens, das auf amerikanischen Banken gelegen hatte, waren von Washington außerdem eingefroren worden.

Für Teheran war es jedoch nicht schwierig, Ersatzlieferanten zu finden. China und vor allem Russland versorgten den Iran im Austausch gegen Öllieferungen mit allem, von Kühlschränken bis zu Atomkraftwerken. Moskau hatte bereits begonnen, das

Regime in Teheran mit den notwendigen Installationen für eine erste Nuklearzentrale zu beliefern, mit der die Stromversorgung für die folgenden Jahrzehnte gesichert werden sollte, wie der Iran behauptete. Die Vereinigten Staaten hingegen vermuteten dahinter den heimlichen Plan der Mullahs, nukleare Waffen zu erzeugen. Dies hatte dem Iran den Ruf eines Schurkenstaats eingebracht. Bei seiner Rede an die Nation im Jahr 2002 hatte Präsident Bush den Iran, den Irak, wo damals noch Saddam herrschte, und Nordkorea zu jenen drei Staaten erklärt, welche die »Achse des Bösen« bildeten.

Nichts hatte aber die iranisch-amerikanischen Beziehungen mehr belastet als die Gruppe von iranischen Revolutionären, die an einem Novembermorgen des Jahres 1979 eines der bestbewachten Gebäude, die amerikanische Botschaft in Teheran, gestürmt, besetzt und ein Jahr lang 51 Geiseln in ihrer Hand gehalten hatte.

Der Bärtige, der am folgenden Morgen vor der ehemaligen amerikanischen Botschaft unsere Ausweise kontrollierte, war gekleidet, als wäre deren Besetzung noch nicht zu Ende. Krawatte hatte er keine umgebunden. Der oberste Knopf seines Hemds war offen und darüber trug er einen wollenen Pullover und ein schlichtes dunkles Sakko. So sollten sich Khomeini zufolge gläubige Iraner kleiden, um sich von den Leuten im Westen auch äußerlich zu unterscheiden. An den Ärmeln sah man, dass er den Anzug bereits viele Jahre trug. So etwas zählte aber nicht bei den Aufpassern der ehemaligen US-Botschaft, Demut und Armut waren Zeichen der Mitglieder der Revolutionswächter. Eines ihrer Quartiere befindet sich gleich hinter dem Botschaftsgebäude. Man hatte sich dort nicht zufällig eingerichtet. Es gilt zu verhindern, dass die USA sich im Fall einer Invasion ihrer alten Vertretung wieder bemächtigen würde. Für die USA gab es nichts, was sie lieber getan hätten, so symbolträchtig war das Haus, aber für beide Seiten. Seit Jahren ist es ein Museum der Revolution, und Delegationen, die Teheran besuchen, werden dort genauso hingeführt wie Schulklassen.

Nachdem der Mann sich unsere Akkreditierungen genau angesehen hatte, fragte er Abaie, ob er denn nicht eine zweite Identifizierung habe. Schließlich durften wir eintreten. Weil wir Reporter waren, war der Eintritt für uns sogar umsonst. Der Mann führte uns vorbei an einem riesigen Khomeini-Poster, das rechts vor dem Hauptgebäude stand. Als wir dort angelangt waren, wurden wir nochmals von weiteren Bärtigen kontrolliert und dann ein drittes Mal. Dann ließ man uns filmen, was wir wollten.

Als Erstes aber stellte sich einer der Wächter vor das Podest knapp vor dem Haupteingang. Auf einen Betonsockel geschraubt befindet sich dort ein amerikanischer Hubschrauber, der völlig intakt scheint, nur ein Teil der Rotationsscheiben fehlt.

Nachdem im November 1979 fundamentalistische Studenten – unterstützt von Milizen – die Botschaft gestürmt und die Angestellten als Geiseln genommen hatten, traf der damalige US-Präsident Jimmy Carter die Entscheidung, eine Befreiungsaktion zu riskieren. Sie sollte von einem Spezialkommando ausgeführt werden. Es war geplant, zuerst in der Nähe der nordiranischen Stadt Tabriz eine operative Basis zu errichten. Dann sollte ein Teil der Einheit mit Hilfe einheimischer Agenten, die für die Amerikaner arbeiteten, in die Hauptstadt gebracht werden. Nichts war aber nach Plan gelaufen. Kurz nach der Landung waren die Einheiten von einem unerwartet heftigen Sandsturm überrascht worden und ein Teil der Geräte funktionierte deswegen nicht mehr. Hubschrauber waren wegen der schlechten Sicht zusammengeprallt. Es dauerte nicht lange, bis aus Washington der Befehl übermittelt wurde, die ganze Rettungsaktion vorzeitig abzubrechen und so schnell wie möglich auf den Flugzeugträger zurückzukehren, von dem aus die Einheit gestartet war. Doch die Erniedrigung der USA war damit noch nicht komplett. Khomeinis Revolutionsgarden hatten einen der Helikopter, der von den Amerikanern zurückgelassen hatte werden müssen, entdeckt. Im Jubelzug war er in die Hauptstadt gebracht worden. Jeder weitere Versuch, die Geiseln zu befreien, würde mit einem Blutbad enden, hatten die Besetzer gewarnt. Sie hatten gedroht, Selbstmordattentäter würden die Amerikaner mit in den Tod reißen.*

Jetzt standen wir vor genau diesem Hubschrauber. »Dies ist das Symbol des amerikanischen Imperialismus«, sagte der Mann, mit der Hand in Richtung Podest deutend. »Die Amerikaner haben versucht, ihre Spione zu befreien, aber Allah war auf der Seite der islamischen Revolution und deshalb ist die Rettungsaktion des Großen Satans gescheitert.«

Ein anderer, der nicht älter als 30 sein konnte, nickte zustimmend und führte uns dann ins Haus. Andächtig ging er mit uns durch die Eingangshalle, wo die erbeuteten Uniformen von amerikanischen Wachsoldaten ausgestellt sind. Das Treppenhaus und ein Teil des ersten Stocks sind voll mit revolutionären Wandmalereien. Szenen von Steine werfenden Palästinensern und Hungernden in Afrika, die sich zur Revolte erhoben, sind dargestellt. Hinter jedem leidenden Gesicht ist aber ein Ameri-

---

* Alle Geiseln waren im Januar 1981 freigelassen worden, genau an dem Tag, als der Hardliner Ronald Reagan das Amt des Präsidenten übernahm.

Drei Monate zuvor hatte Carter die Präsidentschaftswahl unter anderem wegen der Geiselkrise verloren. Später würde einer der Geiselnehmer erklären, dass man in Teheran gefürchtet habe, Reagan würde militärisch eingreifen, und sich deshalb für die Freilassung entschieden habe.

Jahre später, 1987, während des iranisch-irakischen Kriegs, verkaufte die Reagan-Administration im Bruch mit der amerikanischen Gesetzgebung Waffen an den Iran. Im Gegenzug dafür wurden im Libanon amerikanische Geiseln von der proiranischen Miliz freigelassen. Die Gelder aus diesem illegalen Geschäft wurden von der Reagan-Regierung für die Finanzierung der antikommunistischen Contras im zentralamerikanischen Nicaragua verwendet.

kaner gezeichnet, der grimmig dreinblickt. Anders hätte auch das moskautreue Regime in der Zeit des Kalten Kriegs die Welt nicht dargestellt.

Nur Frauen gibt es auf diesen beinahe religiösen Darstellungen keine. Nichts schien dem Mann aber mehr zu gefallen, als uns die Abhöranlagen im hinteren Teil des ersten Stocks zu zeigen. »Das waren die modernsten Spionageanlagen, die es damals gab«, sagte er. »Die Amerikaner trauten nicht einmal dem Schah. Er war nichts als ein Mittel zum Zweck für ihre Interessen.«

Aber es gibt nicht viel zu sehen, außer die üblichen Geräte für die Codierung von Nachrichten, die nun, 25 Jahre später, veraltet aussahen. Danach führte er uns in die restlichen Räume, in denen Monumente und weitere Wandmalereien zu sehen sind, die sich alle gegen die USA richten. Als es keinen Raum mehr zu besichtigen gab, fragte ich unseren Museumsführer, wie er denn diesen Job bekommen habe. »Ich bin der Neffe von einem der Geiselnehmer«, erwiderte er voller Stolz. Ob er sich denn noch an die Zeit der Botschaftsbesetzung erinnere, wollte ich wissen. Damals wäre er noch zu klein gewesen, erklärte er, aber sein Onkel würde von allen wie ein Held verehrt werden. »Lebt er denn noch?« fragte ich. »Nein, er ist ein Märtyrer«, antwortete er.

Während wir die Treppe hinuntergingen, erzählte er, der Onkel, aber auch sein Vater seien im iranisch-irakischen Krieg gefallen. *Shahideen,* wiederholte er, seien sie. »Märtyrer«. Aus der Familie eines Märtyrer zu stammen verschaffte einem also einen Job als Museumswärter.

Ich wollte von ihm noch wissen, was er denn von denjenigen hielt, die den Islam modernisieren wollten, aber er wischte das beiseite. Alle, auch die iranische Jugend, wollten dasselbe, nämlich einen islamischen Staat, wie ihn Imam Khomeini geschaffen hatte. Es klang, als wollte er damit sagen, einen dritten Weg gäbe es nicht.

Später hatte Abaie etwas zu erledigen und wir nutzten die Zeit, um allein zu einer Wahlveranstaltung nach Südteheran zu fahren, in Richtung der Armenviertel. Nirgendwo hatte Khomeinis Republik mehr Märtyrer und Anhänger rekrutiert. Wir passierten die ersten grauen Lehmhäuser, die sich über den ganzen Süden der Stadt kilometerlang erstreckten. Ein paar Millionen Iraner lebten in solchen niedrigen Behausungen, meistens von Mauern umgeben, um Fremden die Sicht auf den Privatbereich zu versperren. Der Regen, der zu fallen begonnen hatte, verwandelte alles in eine triste Atmosphäre, aber man konnte nirgends extreme Armut sehen.

In allen islamischen Ländern sorgte meist die Gemeinschaft für die Bedürftigen. *Zakat,* Almosen geben, war eine der fünf Pflichten eines guten Moslems. Während des Fastenmonats Ramadan, wenn nach Sonnenuntergang wieder gegessen werden durfte, wurde von Privatpersonen zusätzlich für die Armen aufgetischt.

In Khomeinis Iran waren außerdem Tausende und Abertausende Bewohner von Südteheran im Staatsdienst als Türsteher, Wachpersonal oder eben als Museumswächter angestellt gewesen. Sie wurden schlecht bezahlt, aber zumindest hatten sie einen Job.

Nachdem wir die Adresse gefunden hatten, wo eine strengreligiöse Partei ihr Treffen abhalten wollte, parkte unser Fahrer den Wagen am Straßenrand und wir gingen zu dem Gebäude. Es sah wie ein aufgelassenes Kino aus und über dem Eingang hing noch ein verwaschenes Schild, Erinnerung an längst vergangene Zeiten. In Teheran gab es zwar Kinos, aber längst nicht mehr so viele wie zu Schah-Zeiten, als man in der iranischen Hauptstadt dem Westen in nichts nachstehen wollte. Hinter der verschmutzten Glastür saß eine ältere Frau auf einem Hocker und deutete mir an, ich solle mein Kopftuch tiefer ins Gesicht ziehen. Außer dem *Tschador,* der ihren ganzen Körper bedeckte, hatte sie dicke schwarze Wollsocken und Handschuhe an. Zusätzlich unter dem Schleier hatte sie eine Gesichtsmaske angezogen, die nur Augen, Nase und Mund freiließ. Weil noch ein paar Haare unter meinem Kopftuch hervorschauten, zeigte mir die Frau, wie man das Tuch weiter ins Gesicht ziehen musste. Sie probierte es selbst und zog mein Kopftuch bis tief in die Stirn. Wie vorgeschrieben hatte ich zwar keinen Rock, aber lange, weite Hosen an. Durch die durchsichtigen Strümpfe sah man einen Teil des Knöchels. Der Frau schien auch das nicht zu gefallen, deshalb wollte sie mich nicht hineinlassen. Daraufhin tauchte ein junger Mann auf, der etwas Englisch sprach. Wir diskutierten eine Weile, aber es war nichts zu machen, ich war nicht richtig angezogen. Am Ende kam ein zweiter junger Mann dazu. »Sie müssen sich an die Regeln in der Islamischen Republik halten«, sagte er bestimmt.

Seit der Islamischen Revolution waren eifrige Khomeini-Anhänger überall am Werk. Gläubige aus Südteheran galten als die Treuesten. Ausbildung und besondere Kenntnisse hatten sie keine.

Von revolutionären Gerichtshöfen wurden im Schnellverfahren alle möglichen Khomeini-Gegner abgeurteilt. Es gab aber einen Mangel an islamischen Richtern. Und so wurden alle möglichen Leute bestimmt, diese Ämter zu übernehmen.

Todesurteile gehörten damals zur Tagesordnung. Gefällt wurden sie vor allem von den Ayatollahs, den religiösen Führern, die Khomeini nahe standen.

Von einem dieser islamischen Gerichtshöfe war zehn Jahre später der Deutsche Helmut Hofer zum Tod verurteilt worden. Ich war damals im Iran, um herauszufinden, wer dieses Urteil gefällt hatte, und über ein paar Umwege hatte man uns einen Termin im islamischen Justizapparat zugestanden, um uns das Urteil zu erklären.

Es war am frühen Morgen gewesen, als ein Mann uns empfangen und sofort zu erzählen begonnen hatte, dass er zwar Ayatollah, aber von Beruf eigentlich Dichter sei. Um das zu bekräftigen, hatte er aus einer Schublade mehrere Bücher mit seinen Gedichten hervorgezogen. Eine Zeit lang las er uns sogar aus einem seiner Werke vor. Sie handelten von der Schönheit der Natur. An seinen zweiten Beruf als islamischer Richter, erklärte der Mann, wäre er während der Revolution zufällig gekommen. Damals hätte man ihn beauftragt, Armeeangehörige des Schahs abzuurteilen, was er bereitwillig gemacht hätte. Im Zuge dieser Arbeit hätte er Dutzende Angeklagte zum Tod verurteilt.

Hofer, so sagte er, habe gegen die Gesetze des Iran verstoßen. Dementsprechend müsse er bestraft werden. Sexuelle Kontakte mit einheimischen Frauen, was Hofer vorgeworfen wurde, seien eben Nichtmoslems strengstens untersagt. Später würde dann Hofers Anwalt, um das Leben seines Klienten zu retten, dem Gericht Beweise vorlegen, dass der Deutsche bereits Jahre zuvor zum Islam übergetreten war, und nur so würde er ihn schließlich freibekommen.

Ich stand weiter an der Eingangstür zu dem ehemaligen Kino. Plötzlich änderte die Frau, die mich nicht hineinlassen hatte wollen, ihre Meinung. Ich solle mein Tuch fester ziehen, was ich prompt tat. Zufrieden blickte sie mich an, nickte und ließ mich in die Halle treten, wo Gruppen von Wahlkämpfern herumstanden. Junge Frauen in der einen Ecke, um einen Tisch gruppiert, wo sie Werbebroschüren verteilten. In der anderen Ecke befanden sich die Männer. Wenn sich einer von ihnen den Frauen näherte, senkte er die Augen und sah seiner Gesprächspartnerin nicht direkt ins Gesicht. Leise und diskret wurde von allen gesprochen. Man hörte kaum einen Laut. Eine junge, verhüllte Frau kam zu mir, hieß mich willkommen und bot mir einen Orangensaft aus einem Tetrapak an und dazu reichte sie mir einen in Plastik eingeschweißten Kuchen. Jeder Wahlkämpfer und jeder Besucher wurde so versorgt. In einer Ecke standen Dutzende Kartons mit Säften und Süßspeisen.

Das Treffen dauerte ungefähr eine Stunde, wobei der Kandidat über die Reinheit der islamischen Lehre sprach. Obwohl von Khomeini kein einziges Mal die Rede war, schien dieser wie ein Schatten über der Veranstaltung zu hängen. Männer und Frauen, die getrennt saßen, hörten genau zu. Über der Bühne war ein Banner ausgerollt: *Der Islam ist unser Weg, Khomeini unser Führer,* stand darauf geschrieben.

Das kalte, unfreundliche Wetter wurde nicht besser, als wir zum Hotel zurückfuhren. Als am Freitag darauf die Parlamentswahlen abgehalten wurden, erhielten die Konservativen wie erwartet eine deutliche Mehrheit. Damit wurde der Einfluss der Reformer wieder zurückgedrängt. Ein iranischer Bekannter, der prowestlich eingestellt war, schickte mir später eine E-Mail. Jenen, die gegen die Mullahs wären, schrieb er darin, würde nichts anderes übrig bleiben, als sich ins Privatleben zurückzuziehen.

Wenn es also Leute gab, die einen dritten Weg zwischen dem Islam und dem Westen suchten, so waren sie nicht im Iran zu finden. Im Juni 2005 wurde Teherans Bürgermeister, der Hardliner Achmedinajad, zum neuen Präsidenten gewählt, ein asketischer Mann, der den Wählern mehr soziale Gerechtigkeit versprach. Mehr Gleichheit bei der Verteilung von Irans Ölreichtum. Weniger Korruption und ungerechtfertigte Privilegien. Das klang, als würde man den greisen Khomeini hören, nur lag dessen Machtergreifung schon ein Vierteljahrhundert zurück. Khomeinis Ankündigungen waren nicht verwirklicht worden. Sonst hätte Achmedinajad sie ja nicht erneut versprechen müssen.

KAPITEL 12

Katz-und-Maus-Spiel für Fortgeschrittene

Irak, März bis April 2004 Ich sah den Selbstmordattentäter im Schritttempo auf das Tor zufahren und in einer Wolke von roten Flammen und pechschwarzem Rauch verschwinden. Es schien, als würde die Explosion in Zeitlupe ablaufen. Einer der Wagen, der ungefähr 50 Meter hinter dem weißen Pick-up des Attentäters in der Reihe gestanden hatte, fing plötzlich Feuer. Ein weiterer Knall war zu hören. Wir hatten nicht einmal 100 Meter entfernt Halt gemacht, an der Auffahrt zur *Yumhuria*-Brücke, der »Brücke der Republik«, wo einer der Eingänge zur »Grünen Zone« lag.* Dutzende Iraker auf Arbeitssuche stellten sich dort an. Es war kurz vor acht Uhr morgens. Zu keiner Zeit war die Schlange länger. Alles, der Rauch und die herumliegenden Körper, schien unwirklich. Ständig hörte man in Bagdad von Selbstmordkommandos, aber es mit eigenen Augen gesehen zu haben und durch einen Glücksfall nicht einmal einen Kratzer abbekommen zu haben, war nicht dasselbe. Wären wir nur zwei Minuten früher vom Hotel losgefahren, hätte es uns erwischt.

Es verging eine Ewigkeit, bis Jean-Jacques, der wie gelähmt war, mit der Kamera unter dem Arm aus dem Auto stieg und zu

---

* Als »Grüne Zone« wurde das Areal von Saddams ehemaligem Palast der Republik bezeichnet. Dort befand sich das Hauptquartier der US-Verwaltung im Irak.

filmen begann. Währenddessen wies ich den Fahrer an, zwei schwer verletzte Frauen ins nächstgelegene Krankenhaus zu bringen. Blut rann ihnen in Strömen über Kopf, Gesicht und Arme, aber kein Schrei kam aus ihrem Mund, so sehr standen sie unter Schock.

Ein einziger Wagen war nicht genug, um alle Verwundeten wegzubringen. Irakische Sicherheitskräfte kamen an, trugen ihre verletzten Kollegen auf den Schultern aus dem Flammenmeer und brüllten wie von Sinnen um Hilfe. Aber unser Fahrer kam nicht mehr zurück und erst nach ungefähr 20 Minuten tauchten amerikanische Spezialeinheiten auf und sperrten das Gelände ab, während die ersten Ambulanzen mit heulenden Sirenen um die Ecke bogen. Aber noch bevor sie irgendetwas anrührten, verjagten sie uns. *»Get out of here!«*, schrien sie Jean-Jacques und mich an. »Verschwindet!« Reporter, die Anschläge filmten, wurden von den Amerikanern ständig verjagt. Manchmal wurden die Journalisten sogar verhaftet und beschuldigt, sie würden mit den Aufständischen zusammenarbeiten. So gab es äußert wenige Bilder von Anschlägen und wenn, dann nur durch einen puren Zufall wie an diesem Morgen.

Als unser Fahrer endlich wiederkam, fuhren wir sofort zurück ins »Palestine«. In den Radionachrichten der *BBC* hörte ich, dass 24 Menschen bei dem Selbstmordanschlag ihr Leben gelassen hatten. Dutzende, hieß es, seien verletzt worden. Polizisten, Studentinnen, ältere Männer, die ihre magere Pension aufbessern wollten, alles Iraker. Unter den Opfern war kein einziger Amerikaner. Selbstmordkommandos kamen nicht mehr an sie heran. Sie waren *hard targets*, »harte Ziele«, schwer anzugreifen. Viel leichter war es hingegen, irakische Zivilisten zu treffen. Im militärischen Sprachgebrauch nennt man alle ungeschützten Männer, Frauen und Kinder *soft targets*, »weiche Ziele«. Auch ungeschützte Einrichtungen wie öffentliche Verkehrsmittel und Kultureinrichtungen fallen darunter.

Schon seit Wochen standen die US-Soldaten aus Sicherheitsgründen nicht mehr nahe am Eingang, sondern hinter mannshohen Zylindern aus Stacheldraht, die mit Sand gefüllt waren. Nicht nur an den Eingängen der »Grünen Zone«, überall im Irak konnte man diese Schutzmaßnahmen sehen. Um sich gegen Bomben zu schützen, war Sand das beste und billigste Mittel.

Jean-Jacques und ich waren zwei Wochen zuvor in den Irak zurückgekehrt. Es jährte sich der Tag der amerikanischen Invasion, der 19. März, aber die Stimmung war nicht gespannter als sonst auch. Beinahe waren die Selbstmordanschläge und Mörserangriffe auf unser Hotel zur Routine geworden. Ein jeder wusste inzwischen, dass sie in den frühen Morgenstunden stattfanden, weil Attentäter, Sprengstoff und Mörser aus der Stadt Falludja, wo die Gruppen ihre Basen errichtet hatten, auf Umwegen in die Hauptstadt gebracht werden mussten. Bevor Bagdad erwachte und der Frühverkehr zu stundenlangen Staus führte, gelangten die Kommandos der Aufständischen leichter zu ihren ausgewählten Zielen. Nur drei Tage vor dem Anschlag an der »Grünen Zone« war ein amerikanischer Gast des »Palestine« im Schlaf getötet worden – durch einen Mörser, der auf die Nordfassade des Hotels abgefeuert worden war. Genau in der Höhe des Balkons des Mannes. Im Nachhinein erzählten Hotelangestellte, dass der Mann den Tod verdient habe. Die Aufständischen wüssten, wen sie angreifen müssten. Der Tote habe für die Firma Halliburton gearbeitet. Die wirkte im Auftrag des US-Verteidigungsministeriums am Wiederaufbau des Irak mit. Gegen sie war wegen angeblich überhöhter Rechnungen in Washington eine Untersuchung eingeleitet worden; jedem Iraker war das bekannt. Da es im Krieg – und nicht nur da – beinahe normal war, eine Erklärung für alles zu suchen, auch wenn sie wenig Sinn ergab, war es für die Hotelangestellten am naheliegendsten, den Mann zu einem Verbrecher zu stempeln.

Ich hatte keine Ahnung, wer der Mann war, die Hotelangestellten genauso wenig. Ich weiß nur, dass ich in meinem
Zimmer auf der gegenüberliegenden Südseite, zwei Stockwerke
höher, den Einschlag gut hören konnte. Aber bevor ich noch die
Lobby erreichte, war der Tote bereits spurlos verschwunden.
Kurz danach waren wir auf die Raschid-Straße, die nordwestlich
vom Hotel verlief, hinausgegangen, um herauszufinden, woher
der Mörser abgefeuert worden war. Und dort hatte ein Esel gestanden, einen Holzsattel auf den Rücken geschnallt. Der noch
rauchende Mörser steckte darinnen. Die Aufständischen ließen
keine Methode ungenutzt und hatten einen Esel gegen die Supermacht eingesetzt.

Die Amerikaner hatten ihre eigene Art Krieg zu führen, die
nicht minder wirksam war. Diese psychologische Kriegsführung zielte auf die Öffentlichkeit, in den Vereinigten Staaten
sowie weltweit. Im November 2004, in nur sieben Monaten,
wollte Präsident Bush sich einer Wiederwahl stellen. Ein einziger verheerender Anschlag im fernen Irak, vor allem, wenn
er amerikanische Opfer forderte, konnte ihm die Niederlage
bringen. Das amerikanische Personal, das in der »Grünen
Zone« für den Wiederaufbau verantwortlich war, hatte Anweisung bekommen, »nur keine Wellen zu machen«. Man solle
versuchen, die Zeit bis zur US-Präsidentschaftswahl so ruhig
wie nur möglich hinter sich zu bringen. Ausfahrten wurden
auf das absolute Mindestmaß reduziert, um einen weiteren
Anstieg der Opferzahlen zu vermeiden. Bereits 434 US-Soldaten waren seit Ende der Kriegshandlungen bei Anschlägen
ums Leben gekommen.

Kurz vor Ausbruch des Kriegs, im März 2003, hatte das amerikanische Verteidigungsministerium eine Anordnung an alle
verantwortlichen Militärs versandt, in der es hieß, dass es keine
Zeremonie und keinen Zugang für Pressevertreter bei der Ankunft von gefallenem Militärpersonal (im Irak) geben würde.

Dieser Befehl war bereits drei Jahre zuvor, unter Bill Clintons Präsidentschaft, erlassen worden. Er war aber nie so richtig eingehalten worden. Vor dem Abmarsch in den Irak-Krieg wurde dieses Vorgehen aber noch einmal ausdrücklich befohlen, und so bekam trotz der überraschend großen Opferzahl die amerikanische Öffentlichkeit kein einziges Bild von gefallenen oder verwundeten Armeeangehörigen im Irak zu sehen. Unter strengster Geheimhaltung wurden die Särge der Gefallenen vom abgeschirmten Flughafen in Bagdad aus in die Heimat zuerst auf den Dover-Luftwaffenstützpunkt im US-Bundesstaat Delaware geflogen und von dort weitertransportiert. Schwerverletzte wurden hingegen in den modern ausgestatteten Operationssälen der Armee in der »Grünen Zone« operiert oder gleich auf den nächstliegenden Stützpunkten notversorgt. Anschließend brachte ein Transportflugzeug sie auf die US-Militärbasis im deutschen Ramstein. Erst als ein Jahr nach Kriegsbeginn eine Angestellte des Verteidigungsministeriums ein paar Fotos von einem Transport von Särgen aus dem Irak schoss und im Internet allen zugänglich machte, reagierte die US-Armee. Sie erlaubte die Freigabe von einer Serie von Bildern. Dann herrschte erneut das Verbot. Über die Einsätze der Amerikaner gab es also kein einziges schockierendes Foto und keine Videoaufnahmen, wie sie im Vietnam-Krieg an der Tagesordnung gewesen waren. Bilder wie das des vietnamesischen Mädchens Phan Thiu Kim Phuc, die damals splitternackt vor einem Bombenangriff geflohen war, hatten den Krieg zu Ungunsten der Amerikaner mitentschieden. Vergessen worden war das von der amerikanischen Militärführung nie. Umso heftiger schlug später die Bombe ein, als der Sender CBS am 28. April 2004 eine Serie von Fotos über Misshandlungen im Gefängnis Abu Ghraib veröffentlichte.

Schon kurze Zeit nach Kriegsende war den Soldaten zusätzlich untersagt worden, ohne Zustimmung ihrer Vorgesetzten

Interviews zu geben. Während der Kampfhandlungen wurde – wie bei allen Armeen – jede Verbindung zur Außenwelt unterbrochen.

Mehrmals pro Woche hielt jedoch der offizielle Sprecher der Zivilverwaltung, Dan Senor, im ehemaligen Kongressgebäude in der gut gesicherten »Grünen Zone« eine Pressekonferenz über die laufenden Vorkommnisse ab. Obwohl die Zahl der Anschläge auf die Besatzungsarmee nicht abnahm, hörte man von Senor wie von den meisten Militärs, man sei dabei, den Kampf gegen die Aufständischen zu gewinnen. Fragte ein Reporter nach genaueren Informationen, die nicht auf dem Tagesplan standen, wurde man an die Pressestelle verwiesen. Sie bestand aus Dutzenden von jungen Mitarbeitern, die sich freiwillig für den nicht ungefährlichen Einsatz im Irak gemeldet hatten. Ein überdurchschnittlich hohes Gehalt erleichterte ihnen den Aufenthalt, da sie aber die Büros in der »Grünen Zone« niemals verließen, wussten sie nicht, was im Land oder gar in ihren eigenen Einheiten wirklich vor sich ging.

Die Meldung von dem morgendlichen Anschlag an der »Grünen Zone«, bei dem der Sprengstoff unter Baumaterial versteckt gewesen war, wurde nur für ein paar Stunden an erster Stelle der Radio- und Fernsehnachrichten gebracht, dann wurde sie von anderen abgelöst. Nur ein Jahr nach Kriegsbeginn waren zwei Dutzend Tote im Irak keine Aufregung mehr wert, und da sich daraufhin tagelang nichts ereignete, beschlossen wir, in den ersten Apriltagen wieder heimzufahren.

Kurz bevor wir Bagdad verließen, verbot die amerikanische Ziviladministration plötzlich die Zeitung des radikalen schiitischen Klerikers Moktada al Sadr. *Al Hawza* hatte seit Monaten hetzerische Artikel sowohl gegen die Amerikaner als auch gegen das »Weltjudentum« veröffentlicht. Der US-Ziviladministrator Paul Bremer hatte aus Gründen, die niemand verstand, nicht eingegriffen. Bis dann die Zeitungsberichte immer frecher geworden waren und die amerikanischen Besatzer riskierten, bei der irakischen Bevölkerung als Schwächlinge zu gelten.

Kaum war die Redaktion der Zeitung geschlossen worden, kam es zu den ersten Protesten der »Armee des *Mahdi*«, junge arbeitslose Männer, die Moktada al Sadr unterstanden. Laut einer islamischen Legende ist der *Mahdi* ein Erlöser, dessen Erscheinen den Sieg des Islam beschleunigen wird.

Rang und Ansehen eines schiitischen Geistlichen hingen insbesondere von seinem Koranstudium ab. Je mehr Jahre er in einem Institut in Najaf oder Kerbala verbracht hatte, die neben der iranischen Stadt Qom als Zentren schiitischer Ausbildung galten, desto höher war sein Ruf. Notgedrungen musste er deshalb ein gewisses Alter erreicht haben. Moktada al Sadr hatte keine guten Karten, denn er war zu jung, um als ernsthafte religiöse Autorität zu gelten. Knapp 35 Jahre war er alt. Wie lange Moktada das heilige Buch der Moslems studiert hatte, war außerdem Anlass heftiger Spekulationen, denn es konnte aufgrund seiner Jugend nicht lange gewesen sein. Trotzdem besaß er eine beachtliche Anhängerschaft, denn der Name al Sadr war im Irak jedem Kind gut bekannt. Sadiq al Sadr, der Vater des jungen religiösen Rebellen, galt als ein Märtyrer, den man achtete und verehrte. Er war ein berühmter Islam-Gelehrter gewesen, bevor er von Saddams Geheimpolizei im Jahr 1999 zusammen mit zweien seiner Söhne umgebracht worden war. Gleich nach dem Sturz des Diktators war die Armensiedlung im Osten von Bagdad, Saddam-City, die ausschließlich von Schiiten bewohnt wurde, in Erinnerung an den Ermordeten in Sadr-City umbenannt worden. Vom Ruhm seines Vaters profitierte nun der jüngste Sohn Moktada. Seine hitzigen Reden gegen die Besatzungsmacht imponierten der Jugend und als die Amerikaner seine Zeitung schlossen, hatte er keinerlei Schwierigkeiten, in Sadr-City Halbwüchsige zu finden, sie zu bewaffnen und auf die Straße zu schicken.

Am Tag vor unserer Abfahrt demonstrierten Moktadas Anhänger für die Wiederzulassung des Blattes, wir filmten den Protest, an dem nicht mehr als ein paar Dutzend Mitglieder der »Armee des *Mahdi*« teilnahmen. Anschließend fuhren wir noch durch die Viertel der Schiiten, durch Sadr-City und Neu-Bagdad. Wir bemerkten nichts, was uns hätte alarmieren können, und fuhren endgültig nach Hause. Jeder Irak-Aufenthalt war wie ein ständiger Aderlass. Bei der Heimreise war ich jedes Mal erleichtert.

Ein paar Tage später ging es richtig los. Zuerst wurden in der Stadt Falludja die Leichen von zwei amerikanischen Ingenieuren, die bei der Durchfahrt durch die Stadt in einen Hinterhalt geraten und getötet worden waren, an einem Pfeiler der Eisenbahnbrücke über dem Fluss Euphrat aufgehängt. Um die Amerikaner zusätzlich zu erniedrigen, waren die leblosen Körper von den Aufständischen gefilmt und die Aufnahmen an internationale Agenturen verteilt worden. Der vorsichtigen US-Armee, die keine Bilder erlauben wollte, konnte nichts Schlimmeres passieren.

Daraufhin strömten ganze Einheiten von US-Marines überall in Falludja aus, auf der Suche nach den Schuldigen. Nur einige Tage zuvor hatten die Marines bei einer routinemäßigen Übergabe die Provinz Anbar, wie das Sunnitische Dreieck offiziell hieß, von der 82. Luftlandedivision übernommen. Man hatte geglaubt, dass sie die Lage besser in den Griff bekommen würden. Dem war nicht so. Bei ihrem Vorstoß trafen die Marines immer wieder auf Widerstand. Gruppen von Aufständischen lieferten sich einen regelrechten Häuserkampf mit ihnen. Es kam zu Toten auf beiden Seiten. Zwei unbeteiligte deutsche Sicherheitsbeamte, die für die Botschaft in Bagdad abgestellt waren, gerieten auf dem Weg in die Hauptstadt in einen tödlichen Hinterhalt.

Und plötzlich kam es zu den ersten Geiselnahmen von Ausländern. Von radikalen Islamisten wurden drei Mitglieder einer japanischen Hilfsorganisation gekidnappt. Falls Japans Truppen, die auch im Irak stationiert waren, nicht sofort abzögen, würden die drei sterben, erklärten die Geiselnehmer. Japan hatte genauso wie Australien, Italien, Holland oder Dänemark nach dem Krieg Einheiten in den Irak geschickt. Die Japaner kamen bald frei, doch es blieb nicht nur bei Kidnapping.

Moktadas schiitische »Armee des *Mahdi*« hatte zwar inzwischen Bagdad verlassen, sich stattdessen aber in der südlicheren Stadt Kufa, wo eine berühmte Moschee der Schiiten stand, verschanzt. Von dort aus begann sie die allerheiligste Stadt des Landes, Najaf, zu erobern. Sie befand sich neben Kufa, nur ein paar Kilometer entfernt. Ein schwerer Konflikt schien vorprogrammiert, denn ausgerechnet in Najaf lebte Amerikas wichtigster Verbündeter im Irak, der einflussreichste lebende Geistliche der Schiiten, der greise Ayatollah Ali Sistani. Man nannte ihn auch den Khomeini des Irak.

Im Gegensatz zu dem verstorbenen radikalen Iraner trat Sistani allerdings für eine strikte Trennung von Politik und Religion ein. Anders als Khomeini erhob Sistani auch keinerlei Anspruch auf irgendein Staatsamt. Abgeschlossen, aber nicht weltfremd, lebte er mit seiner Familie, seiner Frau und mehreren Söhnen in einem einfachen Haus in Najaf, wo Iraker, die religiösen Rat suchten, ihn aufsuchten. Eigene Büros in Dubai, Damaskus, Beirut oder London verbreiteten Sistanis Lehre in alle Welt. Hatte Khomeini seine Tonbandkassetten gehabt, so besaß Sistani eine eigene, gut gemachte Webseite, www.sistani.org.

Reporter hingegen bekamen ihn niemals zu Gesicht. Die einzigen Filmaufnahmen, die von ihm existierten, waren von einem seiner Mitarbeiter mit einer Digitalkamera gedreht und der Presse in Bagdad zur freien Verfügung übergeben worden. Genauso wenig gab es direkte Kontakte zwischen Sistani und der Besatzungsmacht. Nur brieflich oder via schiitische Unterhändler wurde miteinander verkehrt. Unentwegt verlangte Sistani, die Besatzungsmacht solle abziehen und demokratische Wahlen sollten so schnell wie möglich abgehalten werden.

Es war aber der Ayatollah gewesen, der den Vormarsch der Amerikaner insofern erleichtert hatte, als er kurz nach Kriegsbeginn eine Erklärung herausgegeben hatte. In der hieß es, Iraks Schiiten sollten nicht gegen die Amerikaner kämpfen. Dank Sistani hatte es in den Gebieten der Schiiten keinerlei Widerstand gegeben. Später, in der Zeit der Nachkriegsplünderungen, hatte Sistani den Gläubigen verboten, sich an den Raubzügen zu beteiligen. Nachdem sein Appell nichts genützt hatte, ließ er sein Najaf-Büro drei Tage lang sperren. Das war aber Sistanis einzige Niederlage, wenn man davon absah, dass ihn jetzt der junge Moktada aus Najaf zu verdrängen suchte. *Die irakischen Schiiten,* so der Nahostexperte Reuel Marc Gerecht, *werden das Schicksal eines demokratischen Iraks bestimmen [...]. Wenn mit den irakischen Schiiten alles gut geht, dann bekommt die Ausbreitung der Demokratie im Nahen Osten eine reelle Chance. Aber wenn die Schiiten das nicht so sehen, wird die nächste liberale Epoche des Nahen Ostens [...] in weite Ferne rücken [...]. Der Irak könnte schnell unregierbar werden, wenn nur eine kleine Minderheit der Schiiten zu Guerillakämpfern wird.*

Seit jeher hatte es unter den Schiiten Richtungskämpfe und Streitigkeiten gegeben. Einige hatten tödlich geendet wie im März 2003, als der angesehene Ayatollah Abdul Kassim Khoei in Najaf ermordet worden war.

Anhänger des jungen, radikalen Moktada al Sadr standen unter Verdacht, den Mord ausgeführt zu haben. Seither wurde Sistani von Dutzenden Leibwächtern rund um die Uhr bewacht. Das hatte Moktada al Sadr nicht daran gehindert, in Najaf, direkt vor Sistanis Nase, seinen eigenen islamischen Gerichtshof einzuführen. In einer Seitenstraße der *Imam Ali*-Moschee richteten sieben Mullahs über alle möglichen Verbrechen. Todesstrafen waren von ihnen gegen einige Geschäftsleute verhängt und ausgeführt worden. Die ganze Stadt wurde dementsprechend von Moktada und seinen Milizen terrorisiert.

Nun hatten die Amerikaner noch ein zusätzliches Problem. Neben Selbstmordattentätern, unzufriedenen Sunniten, Strommangel und einem schleppenden Wiederaufbau mussten sie sich mit einem neuen radikalen Prediger befassen. Wie Fundamentalisten sowohl auf der Seite der Schiiten als auch der Sunniten bekämpft werden sollten, blieb die ewige Frage für die Amerikaner. Es gab darauf keine eindeutige einfache Antwort.

Als wir in den Irak zurückkehrten, wurde in Kufa und Najaf weitergekämpft, genauso wie in Falludja. Bevor wir in diese Städte aufbrachen, wollten wir ortskundige Fahrer und Übersetzer finden. Said, den ich deswegen anrief, meinte, es sei zu riskant für ihn, nach Falludja zu fahren, aber er werde uns jemanden suchen, der uns dorthin begleite.

Kufa war um vieles schwieriger. Man musste einen Ortskundigen mitnehmen, denn die Fahrt in den Süden war nun riskant geworden. In der Nähe der Stadt Machmudia, 40 Kilometer südlich von Bagdad, lagen die Ländereien des sunnitischen Stamms der Al Janabis, dessen Mitglieder als überzeugte Saddam-Anhänger galten. Saddams Militär und Geheimdienst waren von der Familie ständig mit vielen treuen Mitgliedern versorgt worden. Alle Entscheidungen, die den Clan betrafen, wurden von drei Brüdern getroffen. Einer wurde von den Amerikanern wegen der Unterstützung der Aufständischen inzwischen gesucht. Abdallah al Janabi, einer der Brüder, war ein bekannter radikaler Prediger in der Stadt Falludja. Sowohl Anschläge als auch Entführungen auf der Durchfahrtsstraße wurden von den Al Janabis vorbereitet und finanziert. Gerichtet waren diese Anschläge vor allem gegen Iraks Schiiten, die diese Straße ständig benutzten. Entweder um zu einer Pilgerfahrt ins heilige Najaf zu fahren, oder um dort die Toten zu begraben. Die Tradition der Schiiten verlangte, dass Verstorbene auf dem Friedhof von Najaf beigesetzt wurden. Der war im Lauf der Jahrhunderte so zu einer der größten letzten Ruhestätten der Welt geworden. In Najaf war es bereits im Sommer 2003 zu einem verheerenden Anschlag gegen einen der höchsten Würdenträger, Mohammed al Hakim, gekommen, bei dem er und über 100 weitere Menschen gestorben waren. Dafür waren radikale sunnitische Gruppen wie die von Al Sarkawi verantwortlich gemacht worden, was zeigte, dass im Irak ein Zweifrontenkrieg geführt wurde; zuerst einmal gegen die Besatzungsmacht und dann gegen die Schiiten, um zu verhindern, dass sie im Fall von Wahlen die Macht auf ganz legale Art und Weise zugesprochen bekommen würden.

Neben schiitischen Familien, die mit einem Sarg auf dem Autodach nach Najaf fuhren, oder Pilgern wurden bei Machmudia, der letzten Bastion der Sunniten vor den ersten schiitischen Dörfern, zunehmend Ausländer angegriffen. Ein Fernsehteam des amerikanischen Senders *CNN* und ein Aufklärungsteam der spanischen Armee waren attackiert worden. *CNN* war von einem fahrenden Wagen aus beschossen worden und hatte dabei einen einheimischen Mitarbeiter verloren. Die Autos der Spanier waren hingegen mit einem Raketenwerfer in Brand gesetzt worden. Für die Insassen war jede Hilfe zu spät gekommen. Um Ausländer abzuschrecken, ließ man die verkohlten Leichen stundenlang am Straßenrand liegen. Nur einige Kilometer weiter begann das Einflussgebiet der Schiiten. Da wiederum trieben sich nun die unberechenbaren Milizen von Moktada al Sadr herum.

Am Morgen nach unserer Ankunft rief ich Dr. Achmed Husseini* an, einen Arzt. Ich bat ihn um ein Treffen. Husseini stimm-

* Name geändert

te zu und wir verabredeten uns zum Mittagessen. Wie alle, die den Familiennamen Husseini trugen, war er ein *Sayed*, ein direkter Nachkomme des Propheten. Niemand war unter Iraks Schiiten mehr angesehen.

Gegen 14 Uhr trafen wir uns in einem Restaurant und ich fragte ihn, ob er uns helfen könne, nach Najaf zu gelangen, um über Moktadas Milizen einen Bericht zu drehen. Dr. Husseini meinte sofort, er habe keinerlei Beziehungen dorthin. Moktada, sagte er, sei ein Wirrkopf und ohne Bedeutung für die große Mehrheit der Schiiten im Irak. In diesem Augenblick kam ein Kellner an unseren Tisch und bat uns, einen Platz im hinteren Teil des Lokals zu nehmen. Wegen der Glassplitter, murmelte er. Falls es einen Anschlag geben sollte. Man wisse ja nie.

Ich hatte Husseini während der letzten Kriegstage 2003 zufällig in einem Krankenhaus getroffen, als wir Bombenopfer filmten. Wochen später hatte ich ihn wiedergefunden und dann erst erfahren, dass er Schiite war. Mehrere seiner Onkel und Cousins waren während des Aufstands nach dem Kuwait-Konflikt von Saddams Schergen umgebracht worden. Einer wie Husseini hatte damals keinerlei Aufstiegschancen gehabt. Dementsprechend froh war er über den Sieg der Amerikaner gewesen. Und obwohl er einer Familie von Nachfolgern des Propheten angehörte, war er selbst nicht religiös. In seiner Jugend war er Kommunist gewesen. Bevor Saddam sie verbot, gab es im Irak die größte kommunistische Partei des gesamten Nahen Ostens. Wegen ihrer radikalen Gleichheitspolitik hatte sie vor allem unter Bagdads Lehrern, Staatsangestellten und Ärzten wie Husseini unzählige Anhänger gehabt.

Wir waren die einzigen Gäste in dem Restaurant und bestellten Fleischspieße, die vom Kellner in Windeseile gebracht wurden. »Leute wie Moktada al Sadr«, meinte Husseini, »haben bei den Schiiten keine Chance. Der Irak ist nicht dasselbe wie der Iran. Jeder von uns weiß genau, dass wir zwar die Mehrheit stellen, aber Kurden und Sunniten gehören ebenso zum Irak. Sie zu dominieren, wie uns die Sunniten jahrhundertelang dominiert haben, würde nur zum Bürgerkrieg führen und zum Zerfall des Landes.«

Nochmals fragte ich Husseini, ob er uns denn nicht jemanden empfehlen könne, aber er sagte, Najaf sei einfach nicht seine Welt.

Am nächsten Morgen, in aller Früh, versuchten wir in Sadr-City unser Glück. Dort, inmitten der schlimmsten Slums von Bagdad, kannten wir eine Tagesklinik, die von Moktada al Sadrs Anhängern geführt wurde. Ein paar Monate zuvor hatten wir dort gedreht. Die Klinik am Rand einer Müllhalde, auf der Familien in Behausungen aus Pappkartons mehr schlecht als recht überlebten, gehörte zu seinem breit angelegten Netz von sozialen Einrichtungen. Ähnliche Institutionen wie die von Moktada hatten auch andere Parteien und Gruppierungen der Schiiten. Finanziert wurden sie von Gläubigen aus dem Irak oder aus dem Ausland, aus dem Westen genauso wie aus dem Iran. Schiiten suchten sich meist einen Ayatollah und folgten seinem religiösen und moralischen Rat. Neben Almosen, die man an die Armen verteilte, sollte ein Gläubiger zusätzlich den Ayatollah unterstützen, den er sich ausgewählt hatte. Mit diesen Mitteln finanzierten die Kleriker wiederum soziale Einrichtungen und wer eine besonders hohe Anhängerschaft hatte wie Ayatollah Sistani, verfügte über dementsprechend viel Geld. Zehntausende Dollar waren im Lauf der Jahre aus seiner Kasse in die Finanzierung von Flüchtlingslagern für Afghanen gegangen, oder Gehälter von islamischen Gelehrten in Pakistan oder Syrien wurden damit bezahlt. Der größte Teil der schiitischen Gelder wurde aber in die Instandhaltung der Heiligtümer in Najaf und Kerbala gesteckt, es waren Millionenbeträge. Diesen Geldfluss zu kontrollieren bedeutete Einfluss. Denn mit dem Geld konnte man jede Menge Kriegsmaterial kaufen. Das war ein weiterer Schlüssel zur Macht. Geld, Waffen sowie die Macht der Religion waren im Nahen Osten die Basis eines jeden Herrschers. Niemand wusste das besser als der radikale Moktada.

In den Slums von Bagdad hatte er gleich nach Saddams Fall in Windeseile seine Hausmacht ausgebaut und an seine Anhänger Waffen verteilen lassen.

Als wir nun bei der Tagesklinik eintrafen, erschienen plötzlich mehrere Wächter mit funkelnagelneuen Maschinengewehren auf dem Parkplatz hinter dem Haus.

Ein Arzt, der sich die Augen rieb, als hätten wir ihn aus dem Bett geholt, führte uns in den ersten Stock. Unter einem Bild von Moktadas Vater saßen auf einer Couch weitere Bewaffnete. Sie befahlen uns, uns zu setzen, und betrachteten uns schweigend. Von der Müllhalde her drangen harmlose Kinderschreie zu uns, aber es sah ganz danach aus, als seien wir geradewegs bei einer Gruppe von Kidnappern gelandet. Eine Zeit lang saßen wir nur so da. Einer der Bewaffneten hatte seine Waffe sichtbar und griffbereit auf dem Tisch liegen.

Zu unserem Glück konnte sich der Arzt doch noch an uns erinnern, die spürbar eisige Atmosphäre entspannte sich vorübergehend. Sobald ich aber fragte, ob es denn nicht jemanden gebe, der mit uns nach Najaf reisen könnte, wurden die Gesichtszüge der Männer wieder strenger. Er wäre gerade am Morgen aus Najaf zurückgekehrt, erwiderte der Arzt, wo er Verletzte von den Gefechten mit den Amerikanern behandelt habe. Nichts als Unheil würden die Amerikaner bringen, sagte er.

Aus dem Nordirak war amerikanische Verstärkung in eine Kaserne entlang der Verbindungsstraße zwischen Kufa und Najaf verlegt worden. Sobald Moktadas Milizen sich rührten, wurden sie von den US-Soldaten zurückgedrängt. Sie würden sich in Kufas und Najafs Moscheen verschanzen und von dort aus ihren heimlichen Krieg ohne Rücksicht auf die Zivilbevölkerung führen, sagten die Amerikaner. Innerhalb weniger Tage hatte es auf der Seite der Milizen bereits unzählige Tote gegeben. Dementsprechend angeheizt war die Stimmung unter ihnen. Sie beschuldigten die US-Soldaten ihrerseits, willkürlich die Heiligtümer der Schiiten mit ihren Bombardements zu beschädigen. Da der Arzt nicht daran interessiert war, uns nach Najaf mitzunehmen, wollte ich mich so schnell wie möglich verabschieden. Einer der Bewaffneten sagte noch, wir sollten für die Sadr-Gruppe eine Spende dalassen. Ich hätte kein Geld mit, erwiderte ich. Es sah nicht danach aus, dass man mir glaubte. Als der Arzt uns schließlich doch gehen ließ, riet er uns, nicht nach Najaf zu fahren.

Am nächsten Morgen gegen sechs Uhr holten wir ein paar Kollegen vom französischen Fernsehen beim Hotel »Manzur« ab, um gemeinsam nach Najaf zu fahren. Ein warmer, sonniger Tag kündigte sich an. Die Stadt war noch wie ausgestorben zu dieser frühen Stunde. Am Steuer unseres Wagens saß Ali, ein Schiite aus der Stadt Nasarija. Ein Journalist namens Hamid, der aus Najaf stammte, fuhr als unser Übersetzer mit. Beide, Fahrer und Übersetzer, hatte uns Said empfohlen. Hamid hatte sich am Vortag sicherheitshalber ein Empfehlungsschreiben von Moktadas Vertreter in Bagdad besorgt. Bei Straßensperren seiner Anhänger, mit denen wir rechnen mussten, würde der Brief hilfreich sein, glaubten wir zumindest.

Während Hamid auf dem Beifahrersitz saß, hatten Jean-Jacques und ich hinten Platz genommen. Da die hinteren Fensterscheiben sowie die Heckscheibe verdunkelt waren, war es schwer zu sehen, wer sich in dem Wagen befand. Es war ein alter verstaubter BMW, unauffällig also. Das Team der Franzosen fuhr hingegen mit einem Toyota-Geländewagen, der einem schneller ins Auge fiel. Sicherheitshalber hatten die Franzosen ihre kugelsicheren Westen zwischen sich und die Autotüren gelegt. Für den Fall, dass einer von uns unter Beschuss geriet, hatten die Fahrer beider Wagen Walkie-Talkies mit.

Zwei Tage zuvor war ein polnischer Kriegsreporter auf der Strecke samt Kameramann erschossen worden. Warum, wusste niemand, es gab jedoch Spekulationen, dass sie ihr Auto mit dem Wort Presse gekennzeichnet hatten. Auf dieser Strecke musste man aber genau das Gegenteil machen. Auffallen oder aussteigen war für Ausländer nicht ratsam. Je schneller man durchfuhr, desto besser. Die beiden Polen waren auf genau dem Streckenstück mit mehreren Schüssen aus einem vorbeifahrenden Wagen getötet worden, an dem es in den vergangenen Monaten ständig zu Überfällen gekommen war, nahe der Stadt Machmudia.

Der Toyota der Franzosen fuhr mit überhöhter Geschwindigkeit vor uns her. Wir ließen Bagdad hinter uns und als wir uns Machmudia näherten, kam durch das Walkie-Talkie der Befehl, knapp hinter dem ersten Wagen zu fahren und auf keinen Fall die Geschwindigkeit zu drosseln. Ali gab Gas und wir blieben den Franzosen auf den Fersen, obwohl auf der langen Gerade vor der Stadt eine Menschenmenge am Straßenrand versammelt war. Es war nicht zu ersehen, ob wegen eines Autounfalls oder wegen eines neuerlichen Anschlags auf ein vorbeifahrendes Auto.

Eine Stunde später trafen wir in Najaf ein. Aus der Ferne konnte man die vergoldeten Kuppeln der Moschee von Imam Ali, dem Schwiegersohn des Propheten und Gründer des Schiismus, sehen. Entlang der Wege aber, die zu dem Schrein führten, waren die meisten Geschäfte geschlossen. Anstelle der üblichen Fotos von Ayatollah Sistani hingen Bilder des jungen Moktada al Sadr an Säulen oder klebten auf den Rollläden der Geschäfte. Zu normalen Zeiten war Najaf eine geschäftige Stadt, die von Tausenden Pilgern bevölkert wurde, nicht nur von irakischen Schiiten. Aus aller Welt kamen Gläubige, die meisten aus dem Iran.

Vor einer der fest verriegelten Ladentüren fanden wir einen klagenden Händler. Die Geschäfte gingen mehr als schlecht, meinte er, wegen der Kämpfe wage es niemand mehr, nach Najaf zu pilgern. Wer daran schuld sei, fragte ich ihn.

Da kamen auch schon die ersten Milizen Moktadas um die Ecke. Es waren junge, wild aussehende, nervöse Männer mit dunklen Ringen unter den Augen, die uns befahlen, uns zuerst anzumelden und eine Drehgenehmigung bei Sadrs Leuten zu holen.

Gleich neben der Moschee bereitete sich gerade eine Truppe auf einen Kampf vor. Amerikaner hätten vor, das Zentrum von Najaf zu stürmen, sagten sie uns. Dem wollten sie zuvorkommen. Also wurden Raketenwerfer auf einen Pick-up geladen und aus einem Haus brachte einer Gewehre. Zuerst weigerten sich die Männer, sich filmen zu lassen, aber schließlich stimmte ihr Anführer doch zu. Sowohl Jean-Jacques als auch der Kameramann der Franzosen drehten die Vorbereitungen. Es dauerte nicht lange, da tauchte einer von Moktadas neuen islamischen Richtern auf und schon war der Teufel los. Sobald wir mit dem Filmen fertig waren, verlangte er unsere Kassette zu sehen und begann uns zu beschuldigen: Nichts als Spione seien wir. Wir sollten so schnell wie möglich aus Najaf verschwinden. Erst nach zähen Verhandlungen händigte er uns das Filmmaterial wieder aus. Innerhalb weniger Minuten hatte sich eine Menge um uns versammelt. Spione, brüllte der Richter nun aus vollem Hals. Und die Leute wiederholten, was er ihnen vorgab: Spione.

Als sie uns endlich doch ziehen ließen, filmten wir noch eine Weile in Najaf, doch kaum hob Jean-Jacques die Kamera auf die Schulter, umringten uns Moktadas Milizen. »Wir wollen keine Ungläubigen im Irak haben«, sagte einer. Als Hamid ihm das mitgebrachte Schreiben zeigte, zerriss es der Kämpfer vor unseren Augen.

Als wir die Stadt verließen, hatte die Truppe vor der Moschee bei einer Straßenkreuzung, die nach Kufa führte, Stellung bezogen. Der erste Schuss fiel und von der Kaserne der Amerikaner wurde nicht einmal zehn Sekunden später zurückgeschossen. Knapp neben einem der Milizen schlug das Geschoss ein, erschrocken ging der Mann in Deckung. Da man nicht sah, wo geschossen und worum überhaupt gekämpft wurde, fuhren wir an den Straßenrand. Eine Weile warteten wir, aber nichts geschah. Ich sah nur einen aufgeregt über die Straße rennen, aber wenn irgendjemand nicht wusste, wie man kämpfte, dann waren es Moktada al Sadrs Männer. Sie hatten keinerlei militärische Ausbildung. Und so sollten die Amerikaner in den darauf folgenden Wochen, in denen um Najaf kleinere Gefechte stattfanden, diese Milizen leicht besiegen.

Nun blieb aber alles ruhig und wir fuhren nach Bagdad zurück. Bald kehrten auch die Franzosen heil aus Nasaf wieder.

Am nächsten Morgen meldete sich Said mit der Nachricht, er habe jemanden gefunden, der uns nach Falludja bringen würde. Dort waren Kämpfer, Aufständische und Milizen um vieles besser organisiert. Ehemalige Saddam-Offiziere, seine Geheimdienstler und Zellen von Gotteskriegern – einheimische und ausländische – arbeiteten nun Hand in Hand mit den islamischen Gruppen. Das Potenzial an Radikalen war also größer. Dazu hatten sich sunnitische Prediger wie Abdallah Al Janabi offen auf die Seite der Terrorgruppen gestellt. Er war nicht der Einzige, der den bewaffneten Widerstand predigte – aber der Einflussreichste. Er war Falludjas Bin Laden, aus reichem Haus, strenggläubig und radikal. Soviel über ihn bekannt war, war er Letzteres aber nicht erst seit der amerikanischen Invasion. Al Janabi hatte wegen seiner extremistischen Predigten bereits unter Saddam einige Zeit im Gefängnis verbracht. Die Besatzung hatte seine Ansichten natürlich nicht gemindert. Wegen seiner radikalen Haltung war der Prediger vor allem bei Falludjas Jugend beliebt. Seine Moschee war freitags bis auf den letzten Platz gefüllt, an manchen Tagen mussten die Gläubigen auf dem Parkplatz vor der Moschee den Predigten Al Janabis aus

Lautsprechern lauschen. Unter ihnen befanden sich Kämpfer von Sarkawis Gruppen. Wenn der jordanische Terrorist eine religiöse Rechtfertigung für seine Aktionen brauchte, bekam er sie von niemand Geringerem als von Al Janabi. Für den amerikanischen Obersten Brian Drinkwine, der damals für die 82. Luftlandedivision in Falludja verantwortlich war, gab es keinen größeren Feind als den Prediger. Mehrmals hatte er ihn bereits schriftlich aufgefordert, seine Aufrufe zum Widerstand gegen die Besatzer zu unterlassen, sonst würde er in Abu Ghraib landen.

Bereits in den Wochen vor Ausbruch dieser Krise hatten wir mehrmals in Falludja gearbeitet.

Einer unserer Kontakte hatte uns zu Abdallah Al Janabi vermittelt und eines Nachmittags war dieser schließlich bereit, uns zu empfangen. Man führte uns in sein Haus im Viertel Golan, der heimlichen Hochburg der Aufständischen in Falludja. Al Janabi, der einen Turban und ein langes Hemd anhatte, nickte uns freundlich zu, setzte sich und sagte geradeheraus, er habe große Achtung vor dem deutschen Volk, aber er würde insbesondere Hitler sehr bewundern. Als ich erwiderte, Hitler hätte nicht nur über die Juden, sondern über ganz Europa großes Unglück gebracht, sah er mich ungläubig an. Eine Zeit lang verstummte das Gespräch.

Dann aber gab er uns doch ein ausführliches Interview, in dem er meinte, die Amerikaner müssten mit aller Kraft aus dem Nahen Osten vertrieben werden. Es könne, so Al Janabi, keinerlei Frieden geben, solange sie nur einen Quadratmeter eines moslemischen Lands besetzt hielten. Dieser Kampf, meinte er, hätte nichts mit den Sunniten zu tun, sondern sei einer, der von allen Moslems geführt werde. Wenn die Zeit gekommen sei, würden sich die Schiiten genauso erheben, wie es nun Falludja tue. Gewaltanwendung war, wenn man dem Prediger zuhörte, nicht nur erlaubt, sondern schien die einzige Möglichkeit zu sein, die Besatzung los zu werden.

Stolz zeigte uns Al Janabi zum Abschied eines der Schreiben, mit dem ihm Oberst Drinkwine die Verhaftung angedroht hatte. Er wisse ganz genau, hatte Drinkwine geschrieben, was Al Janabi in seiner Moschee predige.

Zu Oberst Drinkwines Methoden gehörten Drohungen, Bespitzelung und die bewusste Erniedrigung des Predigers. Eines Tages hatte er Al Janabi, zusammen mit anderen Predigern, zu einem Treffen in eine verlassene Schule im Zentrum von Falludja beordert. Es sollte besprochen werden, wie amerikanische Firmen die Infrastruktur der Stadt reparieren könnten, ohne ständig angegriffen zu werden. Für diese Angriffe machte Drinkwine unter anderem die Kleriker, allen voran Al Janabi, verantwortlich.

Wir waren damals gerade die Hauptstraße von Falludja entlanggefahren und hatten aus der Ferne sehen können, dass zwei Kreuzungen weiter der Verkehr gestoppt worden war. Bald merkten wir, dass ein ganzer Straßenzug abgesperrt war. Daraufhin war ich zu Fuß weitergegangen. Auf den Dächern konnte ich die Scharfschützen der 82. Luftlandedivision mit Gewehren im Anschlag sehen. Ein paar Frauen tauchten in einem Haustor auf, merkten, dass irgendetwas im Gang war, und waren sofort wieder verschwunden.

Nachdem ich das Schulgebäude erreicht hatte, gab mir Drinkwines Einheit ohne weiteres die Erlaubnis zu filmen. Ich rief also Jean-Jacques und in einem Seitenzimmer interviewten wir Drinkwine. Er redete Klartext. »Leute wie Janabi müssen verstehen, dass ihr Widerstand nichts bringt. Wir werden unsere Aufgaben hier erfüllen, mit oder ohne ihn.«

Währenddessen waren alle Prediger bereits in einem Saal versammelt und warteten auf Drinkwine. Der ließ sich aber Zeit. Als er schließlich den Saal betrat, würdigte er niemanden eines Blickes, entschuldigte sich nicht für die Verspätung, setzte sich auf ein Podest und forderte alle in eindeutiger Sprache auf, mit ihm zusammenzuarbeiten, »um Falludja in eine lebenswürdige Stadt zu verwandeln«.

Drinkwine war einer, der ohnehin nicht daran glaubte, dass eine Besatzungsmacht von der Bevölkerung jemals geliebt werden würde. Also hatte er sich nicht einmal um deren Sympathien bemüht. Absurderweise bewunderten ihn die Fundamentalisten gerade dafür.

Wenn Drinkwine danach war, fuhr er geradewegs nach Golan in das Viertel der Aufständischen. So wollte er ihnen zeigen, dass er keine Angst vor ihnen hatte. Wenn einer der Herr von Falludja war, dann er. Seine Blitzbesuche im heißesten Viertel der Stadt hatten sich jedes Mal wie ein Lauffeuer herumgesprochen. Doch einmal hatten Aufständische beschlossen, ihm eine Falle zu stellen. An der Ausfahrt der Straße, wo Drinkwine nach Ende des Treffens vorbeikommen musste, um in sein Quartier zurückzukehren, wurden zwei Raketenwerfer aufgestellt. Nach einer Weile kam ein erster Zug an zurückkehrenden Jeeps vorbei. Aber Drinkwine befand sich nicht in den Wagen und seine Feinde warteten ab. Dann waren weitere Wagen vorbeigefahren, doch wieder hatte der Oberst gefehlt. Scharfschützen, die normalerweise Drinkwine auf seinen Visiten begleiteten, waren auf den umliegenden Dächern in Stellung geblieben. Als die Nacht begann, gab es von Drinkwine immer noch weit und breit keine Spur. Er war lange zuvor durch einen Kellerausgang, ohne jeden Leibwächter, unbemerkt in sein Quartier zurückgekehrt. Der Mann, der mir diese Geschichte erzählte, sagte, die Aufständischen hätten mit großer Achtung von Drinkwines Täuschungsmanöver gesprochen und daraufhin das Kopfgeld, das sie auf ihn ausgesetzt hatten, erhöht.

Sobald Drinkwine und seine Einheit Ende März 2004 abgezogen waren, wurden die amerikanischen Ingenieure überfallen. In den Tagen darauf, während die US-Marines ihre Vergeltungsaktion vorbereiteten, war Al Janabi untergetaucht.

Ein ausgebrannter Tankwagen lag kurz hinter Bagdad auf der Gegenfahrbahn. Hussein, der uns als Übersetzer und Fahrer von Said geschickt worden war, sagte, der Angriff müsse im Lauf des Tages stattgefunden haben. Am Vortag, als er dieselbe Strecke gefahren war, um seine Schwester zu besuchen, habe der Tanker noch nicht da gelegen.

Schon gegen zehn Uhr erreichten wir Falludja. Schnell passierten wir die neuen Kontrollen, die von den Marines am Stadtrand errichtet worden waren. Nicht viele wollten hinein in die Stadt. Sofort fuhren wir in Richtung Krankenhaus. Entlang der völlig leeren Hauptstraße sah ich einige zerstörte Häuser, im Viertel *Askeri*, dem Viertel der »Soldaten«, waren besonders viele Fassaden beschädigt. Aufständische hatten sich dort amerikanischen Angaben zufolge verschanzt. Die US-Luftwaffe hatte daraufhin die Stellungen aus der Luft gezielt angegriffen. Einige Häuserblocks weiter hatte das Minarett einer Moschee etwas abgekommen, aber wir fuhren vorerst nicht hin. Wir kamen auch nicht bis zum Krankenhaus. Es sei, erklärte uns ein alter Mann, der Glassplitter von zerbrochenen Fensterscheiben zusammenkehrte, nicht ratsam hinzufahren. Verwundete Kämpfer seien dort. Reporter würde man nicht hineinlassen.

Mitten in der Stadt, auf einem ehemaligen Fußballplatz, war ein improvisierter Friedhof errichtet worden. Ungefähr 200 Opfer der Kämpfe waren in den vergangenen Tagen in frischen Gräbern beigesetzt worden. Ob Zivilisten oder Aufständische war nicht mehr festzustellen, aber gerade als wir gehen wollten, wurde ein neuer Sarg gebracht. Man sagte uns, es sei der einer Frau, die an ihren Verletzungen gestorben sei.

Wir verließen gerade den Friedhof, als eine Gruppe Jugendlicher in einem alten Mercedes ankam und begann, Hussein über uns auszufragen. Daraufhin setzten wir uns in den Wagen und fuhren quer durch die gespenstische Stadt. Es war Mittagszeit, aber kein Restaurant, kein Laden war geöffnet. Nur ein paar Autos kamen uns mit überhöhter Geschwindigkeit entgegen, darunter ein Krankenwagen, der mit heulenden Sirenen davonbrauste. Entweder waren die meisten Bewohner geflohen oder sie versteckten sich in den Häusern. Fensterläden waren zugenagelt, Türen mit schweren Balken verriegelt, und als wir schließlich ein paar Bewohner vor einem beschädigten Haus entdeckten, fuhren wir zu ihnen hin und befragten sie. Die Tage der Kämpfe hätten sie in Bagdad verbracht, sagten sie. Zurückgekommen seien sie nur, um herauszufinden, wie sehr ihre Häuser beschädigt wären. Die meisten Bewohner von Falludja würden sich aber noch in der Hauptstadt aufhalten.

Nicht weit von uns befand sich das beschädigte Minarett. Jetzt merkte ich, dass es Al Janabis Moschee war. Golan, die Hochburg der Aufständischen, musste also hier beginnen. Es dauerte nicht lange, da fuhr ein gelbes Taxi die Straße entlang und als ich zufällig hinsah, merkte ich, dass die zwei Männer darin in unsere Richtung spähten. Das war kein gutes Zeichen. Das Auto machte auch sofort kehrt und gerade, als wir unseren Wagen erreicht hatten, standen die beiden Gestalten vor uns. »Wir sind Reporter«, sagte ich zu Hussein. »Erkläre ihnen, sie sollen uns in Ruhe lassen.«

Die beiden starrten auf Jean-Jacques Kamera, die auf dem Hintersitz lag. Sie sahen aus, als wären sie entweder Gangster oder Kidnapper, beides bedeutete Probleme. Schließlich fiel mir nichts Besseres ein, als zu behaupten, wir hätten keine Zeit für lange Diskussionen, weil wir ein Interview mit dem berühmten Prediger Al Janabi hätten. »Wir sind mit Al Janabi verabredet, sag ihnen das!« Sobald Hussein, dessen Stimme merklich vor Angst zitterte, übersetzt hatte, schauten mich die beiden entgeistert an. Sie schienen unsicher, was sie nun denn tun sollten. Wir nutzten ihre plötzliche Verwirrung und hauten so schnell wie möglich ab.

Ohne jeden Umweg verließen wir Falludja und fuhren in Richtung Autobahnauffahrt. An der Sperre vor der Stadt stellte sich ein breitschultriger US-Marine neben das Autofenster.

»*Journalists?*«

Ich nickte.

»*What are you doing in Falludja, are you crazy?*« – »Was macht ihr in Falludja, seid ihr verrückt?«

Diese Frage hätte man genauso gut jedem amerikanischen Soldaten im Irak stellen können.

KAPITEL 13

Abu Ghraib und
die Macht der Bilder

Irak, Mai 2004   Zuerst, als die Fotos veröffentlicht wurden, wusste niemand, wer die Frau war. Doch sie hielt die Leine, deren anderes Ende um den Hals eines Insassen des Abu-Ghraib-Gefängnisses geschlungen war, mit einer solchen Selbstverständlichkeit, dass man glauben konnte, sadistische Sexpraktiken seien ihr sehr geläufig. Dabei lachte die Militärpolizistin Lyndie England aus vollem Hals.

Erst später wurde bekannt, dass die junge Amerikanerin in den Soldaten Charles Graner Jr. verliebt und zu dem Zeitpunkt, als das Foto geschossen wurde, von ihm schwanger war. Ständig hatte sie ihm E-Mails geschrieben, in denen sie Graner ihre Liebe beteuerte. Entgegen den allgemeinen Regeln hatte sie viele Nächte in seinem Quartier verbracht. Während eines nächtlichen Rendezvous hatte er ihr eine Leine in die Hand gedrückt und das andere Ende einem nackten irakischen Häftling umgebunden. Das Foto hatte er nach Hause geschickt. *Seht, zu was ich Lyndie gebracht habe!*, lautete Graners Kommentar dazu.

Auf anderen Fotos, die im Lauf des Herbstes 2003 während der Nachtschichten in der Anstalt nicht nur von Graner geschossen wurden, waren nackte Gefangene zu sehen, wie sie auf einem Haufen übereinander lagen. Oder ein Mann mit einer Kapuze auf dem Kopf, mit ausgestreckten Armen, die an Drähten angebunden waren. Schließlich wurde von der amerikanischen

234

Armee eine interne Untersuchung eingeleitet. Sie führte dazu, dass sieben Militärpolizisten aus Abu Ghraib, darunter Lyndie England und Charles Graner, wegen Misshandlungen von Gefangenen angeklagt wurden. Laut der Militärs, die diese Untersuchung durchführten, existierten Tausende solcher Bilder.*

Sie schlugen ein wie eine Bombe. Verteidigungsminister Rumsfeld konnte zwar die Fotos von toten Amerikanern sperren lassen, die die eigene Öffentlichkeit zu Ungunsten von Präsident Bush hätten beeinflussen können, die neuen, digitalen Kleinkameras konnte er aber seinen Soldaten nicht verbieten. Denen verdankte er jetzt den Abu-Ghraib-Skandal.

Seit der Erfindung der Fotoapparate waren diese in jeder Armee verboten gewesen. Schon im Ersten Weltkrieg war Soldaten ausdrücklich untersagt worden, Schützengräben, Verletzte, Opfer oder Kampfeshandlungen zu fotografieren. Briefe in die Heimat wurden zensiert. Wie brutal es an der Front tatsächlich zuging, hatten die Verwandten daheim erst später durch Bücher wie Erich Maria Remarques Roman *Im Westen Nichts Neues* erfahren. Wenn überhaupt, waren die dunkelsten Erlebnisse, Erniedrigungen der Feinde oder Kriegstrophäen nur in privaten Fotoalben versteckt worden.

Dann, im Zweiten Weltkrieg, waren Kriegsreporter mit Kameras zwar zugelassen worden, eine strenge Militärzensur bestimmte aber, was gezeigt werden durfte und was nicht. Nur weil in Vietnam offiziell kein Krieg herrschte, konnten die Aufnahmen von fliehenden Zivilisten oder Massakern der Zensur entgehen. Schon bevor der Irak-Krieg begann, war Hunderten

---

* England und Graner wurden verurteilt, von den anderen fünf Angeklagten erklärten sich zwei für schuldig. 13 weitere Militärpolizisten, die in Abu Ghraib Dienst versahen, wurden fristlos entlassen und 54 wurden in der einen oder anderen Form diszipliniert. 57 sollten möglicherweise vor ein Kriegsgericht gestellt werden, aber wann dies geschehen sollte, blieb unklar.

von Reportern erlaubt worden, in verschiedene Einheiten eingebettet zu berichten, wenn auch mit Einschränkungen. Tote Soldaten durften nicht aufgenommen werden, geschweige denn kompromittierende Szenen. Doch nun hatte die digitale Revolution alle Regeln außer Kraft gesetzt, denn fast alle Soldaten hatten im Irak ihre Digitalkamera dabei. Sie passte ja in jede Uniformtasche. Man konnte zwar Soldaten im Kampfeinsatz den Internetzugang sperren, aber Militärpolizisten wie Graner, die in Abu Ghraib Dienst schoben, waren davon ausgenommen. Und so waren die Fotos dann in die Heimat gelangt.

Zum ersten Mal sah ich sie im Internet, einen Tag, nachdem sie von der Fernsehanstalt *CBS* in Amerika veröffentlicht worden waren. Es war der 29. April, zufällig der Tag nach Saddams Geburtstag. In der Nacht davor war es in Bagdad wider Erwarten ruhig geblieben. Es hatte nur einige wenige Anschläge gegeben.

Als ich hinunterging in die Lobby des »Palestine«, hatte eine Hotelangestellte an der Rezeption eine irakische Morgenzeitung mitgebracht; noch war über Abu Ghraib nichts zu lesen. Ich ging entlang der Betonblöcke, die immer mehr wurden, vor zur Raschid-Straße. An der Ecke stand normalerweise ein Zeitungsjunge, der alle möglichen Zeitungen verkaufte. Auch hier gab es noch keine Zeile darüber und keines der schockierenden Fotos zu sehen. Eine Stunde später, gegen zehn Uhr, rief ich Said an und fragte ihn, ob er uns denn ein paar ehemalige Häftlinge aus Abu Ghraib besorgen könne. Sofort erwiderte er, das würde überhaupt kein Problem sein. Er kenne persönlich eine Menge Leute, die in Abu Ghraib gesessen hätten. Sobald er jemanden gefunden hatte, wollte er sich bei mir melden. Nur einige Minuten später läutete mein Telefon, es war jedoch nicht Said. Qutaiba, unser ehemaliger Aufpasser unter Saddams Diktatur, sagte, er warte in der Lobby auf mich. Als ich unten angekommen war, zog er mich wie ein Verschwörer in eine Ecke. Sobald niemand mehr in Hörweite war, flüsterte Qutaiba, er hätte einen unglaublichen Fisch an der Angel, und zwar den Mann mit der Kapuze von dem Foto.

In den Wochen und Monaten vor dem Ausbruch des Abu-Ghraib-Skandals hatten schon verschiedene arabische Fernsehanstalten wie *Al Jazeera* berichtet, in den Haftanstalten der Amerikaner im Irak würden Gefangene misshandelt und gefoltert werden. Wir hatten von allen möglichen anderen Vorwürfen gehört. Einer unserer irakischen Kameraassistenten war eines Morgens aufgetaucht und hatte erzählt, bei seinem Nachbarn hätte es in der Nacht davor eine Razzia der Amerikaner gegeben. Tausende Dollar sowie Schmuck seien dabei in den Taschen der US-Soldaten verschwunden. Die hätten einfach alles gestohlen, was sie nur finden konnten. Ich hatte ihn gebeten, die Familie zu fragen, ob wir sie interviewen könnten, aber sie hatte nicht reden wollen. Das ganze Viertel, hatte aber der Kameraassistent gemeint, habe ähnliche Geschichten zu berichten. Nochmals schickte ich ihn los, wieder kam nichts dabei heraus. Besuche bei einheimischen Journalisten, die darüber geschrieben hatten, blieben genauso ergebnislos. Es war nicht auszuschließen, dass die Leute Angst vor der Besatzungsmacht hatten. Beweise wie Fotos, die man ohne Quellenangabe hätte veröffentlichen können, besaß jedoch keiner, den wir kontaktiert hatten.

Nur einige Wochen vor dem sensationellen *CBS*-Bericht hatte die internationale Menschenrechtsorganisation Amnesty International in ihrem Jahresbericht 2003 ebenfalls geschrieben, dass viele Gefangene im Gefängnis Abu Ghraib sich über Folter und schlechte Behandlung durch amerikanische Truppen beklagten. Die Methoden umfassten unter anderem Schlafentzug, Elektroschocks, sexuelle Nötigung und Demütigungen.

Das Rote Kreuz, dessen Vertreter Abu Ghraib seit der Besatzung ungefähr 30 Mal besucht hatten, hatte Ähnliches von den

Gefangenen gehört: *Die Behandlung [durch die amerikanischen Soldaten] bestand oft darin, die Gefangenen herumzustoßen, sie zu beleidigen, Waffen auf sie zu richten oder sie mit den Gewehrläufen zu schlagen. Die Menschen wurden oft in den Kleidern abgeführt, die sie zum Zeitpunkt der Verhaftung gerade trugen – manchmal im Pyjama oder in der Unterwäsche.*

Zusätzlich zu diesen Berichten hatte dann viel später die amerikanische Armee bei ihrer eigenen Untersuchung zugeben müssen, dass *die Methoden und Praktiken unter anderem darin bestanden, [den Gefangenen] die Kleider wegzunehmen, sie für lange Zeit zu isolieren und sie in Stresssituationen zu bringen, wie Angst vor Hunden auszunutzen und Schlaf- und Lichtentzug durchzuführen.*

In einer wochenlangen öffentlichen Anhörung des US-Kongresses wurde allen Vorwürfen nachgegangen. Davor schon bezeichnete Bush in einer Rede den Inhalt dieser Aufnahmen *als schamloses Verhalten einiger weniger amerikanischer Soldaten, die die Ehre unseres Landes beschmutzten und unsere Werte missachteten – ein Verhalten*, betonte der Präsident, *das Amerika nicht repräsentiere.* Vorgeladen bei der Untersuchung des Kongresses waren sowohl hohe Generäle als auch Verteidigungsminister Donald Rumsfeld, wobei explizit festgestellt wurde, dass es keine direkte Verantwortung von Rumsfeld oder der Militärspitze gab. Vielmehr war es einzelnem Wachpersonal wie England oder Graner zuzuschreiben, dass solche Missstände eingerissen waren.

Am schlimmsten an der ganzen Angelegenheit war für die Amerikaner, dass in einem geheimen Armeebericht später stand, eine *große Anzahl von Gefangenen, die für die Aufklärung wenig oder keinerlei Wert hatten, ließen die Population in Abu Ghraib wachsen und führten zu einem Problem der Überbevölkerung. [...] Komplizierte Prozeduren bei der Freilassung hatten zur Folge, dass die meisten Gefangenen in Abu Ghraib blieben – obwohl sie von keinerlei aufklärerischem Wert waren.*

Mit anderen Worten: Die Nachforschungen in Abu Ghraib über die Misshandlungen und auch über Folterungen, die bei gesonderten Verhören stattfanden, aber nicht fotografiert worden waren, hatten rein gar nichts an Erkenntnissen gebracht. Wurden sie von Tyrannen wie Saddam ausgeführt, war das eine Sache. Aber jetzt war es die Armee des demokratischen Amerika, die sexuelle Perversionen an Leuten auslebte, die sich nicht wehren konnten und das war der ganze Unterschied. Wenn Bin Laden noch einen Beweis für die lockere Moral des Westen brauchte, so hatte Lyndie England ihn ihm bereitwillig geliefert.

Mehr als alles andere gab der Skandal Einblick in die tägliche Arbeit einer Besatzungsmacht; in die schnelle Gewöhnung an eine dumpfe Alltagsbrutalität.

Said hatte sich noch nicht gemeldet. Also fuhren wir in der Zwischenzeit nach Abu Ghraib. Die hohen Mauern der Anstalt im Westen von Bagdad waren von der Straße aus gut sichtbar. Auf Schildern entlang des Gebäudes stand auf Englisch und Arabisch, es sei bei Strafe verboten zu filmen, aber wie andere Reporter kümmerten wir uns nicht darum. Gestresste US-Wachsoldaten wiesen uns nur an, das Gefängnis aus Sicherheitsgründen nicht direkt zu filmen. In der Vergangenheit waren bereits Anschläge auf das Gebäude verübt worden.

Familienangehörige von Gefangenen standen in kleinen Gruppen herum. Sie waren aus Sorge um ihre Verwandten gekommen, die in Abu Ghraib inhaftiert waren. Im Radio hatten inzwischen die meisten Iraker von den Fotos gehört.

Nach offiziellen Angaben der Amerikaner befanden sich in Abu Ghraib insgesamt 3500 Häftlinge, viel mehr, als es Plätze in den Zellen gab. Nur ein Teil konnte in dem Gebäude untergebracht werden. Alle Neuzugänge mussten vorübergehend in Zelten schlafen, bis man sie registriert hatte. Meistens handelte es sich um Männer zwischen 20 und 40 Jahren. Die große Mehrheit der Insassen, ungefähr drei Viertel, waren Sunniten. Unter ihnen befanden sich Kriminelle, Plünderer, Leute, die im Verdacht standen, Banken überfallen oder Frauen vergewaltigt zu haben. Dazu kamen die mutmaßlichen Aufständischen. Wie viele ihrer Gefangenen zu dieser Gruppe gehörten, konnten die US-Verwaltungsbehörden nicht sagen. Es würde sich aber später herausstellen, dass viele der misshandelten Opfer auf den Fotos keine politischen Häftlinge waren, sondern gemeine Kriminelle. Verhaftete, die bei den Amerikanern im Verdacht standen, sie würden in irgendeiner Form den Aufstand mitorganisieren, wurden von den zuständigen CIA-Beamten ohnehin in einem gesonderten Teil von Abu Ghraib verhört. Dabei wurden laut interner Untersuchungen Methoden wie Schlafentzug und Schaffung von Stresssituationen angewandt, aber unter strengster Geheimhaltung. Einfache Zeitsoldatinnen wie Lyndie England hatten keinerlei Zugang zu diesem Trakt.

Verbitterung und Argwohn beherrschten die Stimmung vor Abu Ghraib. Als ein US-Militärfahrzeug kam und zum Gefängnistor fuhr, rannten sofort einige der wartenden Iraker in dessen Richtung. Das Tor zu Abu Ghraib öffnete und schloss sich wieder, ohne dass jemand die Wartenden beachtete. Informationen über Gefangene, sagte einer der Soldaten etwas später zu der Menge, würden nicht hier, sondern von der Zivilverwaltung im Zentrum Bagdads ausgegeben werden. Müde von der langen Warterei erzählte uns ein alter Mann, seit Tagen käme er schon jeden Morgen her, um zu erfahren, was mit seinem Sohn geschehen sei. Den hätte man bei einer nächtlichen Razzia verhaftet und die ganze Familie sei seither ohne jede Nachricht. Zwei Frauen waren gekommen, um herauszufinden, was aus ihren Ehemännern geworden war. Beide Männer, sagten sie, würden sich bereits seit mehreren Monaten in Haft befinden. Sie wüssten nicht einmal, wo sie inhaftiert seien.

Neben Abu Ghraib gab es im Irak noch zwei weitere Haftanstalten. Alle wurden von der amerikanischen Besatzungsmacht verwaltet. Geplant war, sie einer neuen irakischen Regierung zu übergeben, sobald es diese gab und die Umstände es erlaubten. Im Süden des Iraks befand sich das größte Gefangenenlager, genannt *Camp Bucca*. Über 6.000 Menschen waren dort inhaftiert. Wie in Abu Ghraib waren von einfachen Kriminellen bis zu Schwerverbrechern alle möglichen Iraker dort. Auf dem Gelände des Bagdader Flughafens befand sich ein weiteres abgesondertes Gefängnis, genannt *Camp Cropper*, bei dem die allerstrengsten Sicherheitsvorkehrungen galten. Dort wurden nur 121 Iraker festgehalten, darunter Amerikas wichtigster Häftling. Seit Dezember des vergangenen Jahres befand sich Saddam Hussein in diesem Camp in einer Einzelzelle, genauso wie der ehemalige irakische Ministerpräsident Tarek Aziz oder Ali Hassan al Majid, ein Verwandter Saddams, der für den Einsatz von chemischen Waffen gegen die Kurden verantwortlich gemacht wurde. Amerikas hochrangige Gefangene sollten alle in einem öffentlichen Prozess abgeurteilt werden. Im Norden, in den Gefängnissen der Kurden, wurden zusätzlich zahlreiche ausländische Kämpfer festgehalten. Deren genaue Zahl war nicht bekannt.

Nachdem wir einige Familienangehörige befragt hatten, kehrten wir ins Hotel zurück. Gerade als wir die Absperrungen erreichten, stieg Qutaiba aus einem Wagen. Ob denn sein Mann tatsächlich der mit der Kapuze sei, fragte ich ihn. Qutaiba dachte nach. »Ich bin mir nicht sicher, ich weiß nur, dass er Geld für ein Interview möchte.«

Wir machten aus, noch ein paar Tage zu warten. *CNN*, erzählte Qutaiba, hätte den Mann überprüft und ihn für nicht glaubwürdig gehalten. Andere Sender hätten aber bereits Interviews mit ihm gemacht.

Ungefähr eine Stunde später tauchte Said endlich auf, gefolgt von einem Mann um die 50, den er als ehemaliges Mitglied des Saddam-Sicherheitsdiensts vorstellte. Wenn wir wollten, würde er uns ein Interview geben, aber der Mann wolle dabei sein Gesicht nicht zeigen. So erzählte er uns, er sei ein paar Wochen lang in Abu Ghraib inhaftiert gewesen und im Zuge seiner Haft sei er bei den stundenlangen Verhören geschlagen worden. Trotz der größten Hitze hätte man ihm einen ganzen Tag lang kein Wasser zum Trinken gegeben. Alle Gefangenen seien ähnlich schlecht behandelt worden. Niemanden hätte es gegeben, der ohne Schläge oder Schlafentzug in Abu Ghraib festgehalten worden war.

Am Ende fragte ich ihn dann, ob er denn weibliche Häftlinge in Abu Ghraib gesehen hätte, er schüttelte den Kopf. Ob er denn Fotos aus dem Inneren der Haftanstalt habe, wollte ich noch wissen, doch er besaß kein einziges. Die Amerikaner hätten ihm niemals erlaubt, eine Kamera bei sich zu haben, meinte der Mann, bevor er ging.

Am nächsten Morgen fuhren wir in das Viertel Manzur, eine Hochburg von Saddam-Anhängern, und auch dort hörten wir genau dasselbe. Zwischen jenen, die mit Saddam sympathisierten, und gewalttätigen Aufständischen wurde keinerlei Unterschied gemacht. Hassan, früher ein Polizist, wartete bereits am Treppenaufgang auf uns. Er, seine Frau und zwei Kinder bewohnten im ersten Stock eine enge Zweizimmerwohnung. Die Küche teilte sich die Familie mit der von Hassans Bruder. Sechs Monate zuvor, im Dezember 2003, war Hassan bei einer Straßenkontrolle aufgehalten worden. Weil er eine Waffe ohne Genehmigung bei sich hatte, wurde er mit anderen Verdächti-gen in einen Bus verladen. Da die meisten Iraker aus Angst vor Überfällen bewaffnet waren, war das nichts Besonderes. In Abu Ghraib aber hatte ihn ein Amerikaner verhört, als wäre er ein lang gesuchter Verbrecher. Dann wurde er zusammen mit neun anderen Häftlingen in eine Zelle gesperrt, wo er acht Wochen lang blieb, nur um daraufhin plötzlich und ohne jede Begründung freigelassen zu werden. Erst zwei Wochen nach seiner Festnahme erfuhr seine Familie die Nummer, unter der Hassan in der Haftanstalt registriert war.

Die Häftlingsverwaltung der Amerikaner in den Gefängnissen war ein absurdes Nummernsystem. Sobald die Gefangenen eingeliefert worden waren, wurde ihnen eine Nummer zugeteilt. Wenn ihre Familien sie suchten und nicht wussten, unter welcher Nummer sie geführt wurden, konnten sie ihre Verwandten nicht finden. Mit der Außenwelt zu kommunizieren war den Gefangenen jedoch verboten.

Während der Wochen, die Hassan in Abu Ghraib verbracht hatte, fehlte es, sagte er, an Wasser und Nahrung, so überfüllt war das Gefängnis.

Die starke Überfüllung war der Grund dafür, dass in Abu Ghraib mehrmals Gefangenenrevolten ausgebrochen waren. Während Hassans Haftzeit rebellierte ein Teil der mutmaßlichen Aufständischen, die in einem gesonderten Trakt festgehalten wurden. Es kam zu Fluchtversuchen. Dabei hatte die Belegschaft, die laut Hassan viel zu klein war für die große Anzahl der Insassen, durchgedreht und zu schießen begonnen. Mindestens einer wurde erschossen, erzählte er, viele verletzt. Nachdem wir das Interview beendet hatten, verabschiedeten wir uns. Ob wir wissen würden, ob er Wiedergutmachung bekommen könnte, fragte Hassan uns am Ende. Neben der Haft selbst hatten die Gefangenen und ihre Familien auch unter den Konsequenzen des Verdienstausfalls zu leiden.

Der Status der Gefangenen in Abu Ghraib und in anderen Haftanstalten überall im Irak war der von Kriegsgefangenen. Nur wenn sie normale Kriminelle waren, fielen sie unter die irakische Strafgesetzordnung. Aufständische standen als Kriegsgefangene unter dem Schutz der Dritten Genfer Konvention, die vorschreibt, wie man Soldaten, Matrosen und Piloten in Gefangenschaft zu behandeln hat. Folter ist untersagt. Der Status des Kriegsgefangenen umfasst normalerweise auch alle Guerillakämpfer, die sich als solche bezeichnen, Waffen und Uniformen müssen aber sichtbar getragen werden. Zivile Kleider gelten als Bruch der Konvention, genauso wie alle Kampfformen, die nicht den allgemeinen Kriegsregeln entsprechen, wie das Verstecken unter Zivilisten. Terroristen und Spione werden deshalb in der Regel nicht von der Dritten Genfer Konvention beschützt, was aber nicht heißt, dass sie ohne Rechte sind. Amerikas wichtigstem Gefangenen Saddam Hussein war im Nachhinein ebenfalls der Status eines Kriegsgefangenen zugestanden worden.

Die Behandlung von Gefangenen hing in der Geschichte immer davon ab, wie die jeweiligen Regierungen und Regimes die Genfer Konvention interpretierten. Sowjetische Kriegsgefangene beispielsweise waren von den Nazis mit äußerster Brutalität behandelt worden. Man hatte sie als Mitglieder einer minderwertigen Rasse eingestuft. Britischen und amerikanischen Kriegsgefangenen hingegen ging es unter den Nazis, den Umständen entsprechend, relativ gut. Die Rote Armee hatte die Konvention insofern gebrochen, als sie ihrerseits deutsche Soldaten in Arbeitslager steckte und den Kontakt zur Heimat untersagte. Gegen alle Regeln der Konvention hatten auch Japaner im Pazifik-Krieg verstoßen. Essen und medizinische Versorgung wurde den Gefangenen verweigert, Folter hatte auf der Tagesordnung gestanden. Während in den Gefangenenlagern der Alliierten zwei bis vier Prozent aller Kriegsgefangenen starben, war es bei den Japanern bis zu einem Drittel.

Jahrzehnte später, im Vietnam-Krieg, wurden amerikanische Kriegsgefangene vom Vietkong regelmäßig gefoltert. US-Soldaten hingegen verübten Massaker an der vietnamesischen Bevölkerung. Während des Kuwait-Kriegs hatten irakische Militärs ihre amerikanischen Kriegsgefangenen gefoltert und umgekehrt.

Monate nach Ende des Kriegs gegen die Taliban, am 2. Februar 2002, hatte George W. Bush erklärt, die USA würden keinem der gefangenen *Al Qaida-* und Taliban-Kämpfer den üblichen Kriegsgefangenenstatus zugestehen. Begründet wurde es damit, dass der Krieg gegen den Terror eine neue Art von Konflikt sei und dass aufgrund der außergewöhnlichen Bedrohung die Beschränkungen, die von der Genfer Konvention bei Verhören auferlegt werden, nicht einzuhalten seien. Seitdem werden Hunderte verdächtige Kämpfer auf dem US-Stützpunkt Guantanamo Bay auf der Karibikinsel Kuba isoliert und ohne Rechte festgehalten. In einem internen Armeebericht über Guantanamo stand, dass dies Folgen für die Behandlung der Gefangenen im Irak hatte, denn *die Methoden und die Praktiken, die wir bei den* Al Qaida- *und Taliban-Gefangenen anwandten [in Afghanistan und in Guantanamo] und die nicht unter die Genfer Konvention fielen, wurden nun bei Gefangenen erprobt, die sehr wohl unter den Schutz der Genfer Konvention fielen.* Konkret steht in dem Report, dass *[die Methode des] Schlafentzug[s] von der 519 [einer militärischen Aufklärungseinheit] aus Afghanistan mitgebracht wurde. Sie wird auch in Guantanamo angewandt [...]. In Abu Ghraib war die Militärpolizei dafür allerdings nicht ausgebildet und wurde auch nicht darüber informiert, wie dieser Schlafentzug durchgeführt werden sollte. Man sagte den Militärpolizisten nur, sie sollten den Gefangenen für ein Verhör wach halten. Es war den Polizisten überlassen, wie sie das machten. Zu den üblichen Methoden gehörte es, die Gefangenen aus ihren Zellen zu holen, sie auszuziehen und kalt abzuduschen [...]. [Eine Gefängniswärterin] sagte aus, sie hätte nicht gewusst, was dort vor sich ging und dachte, die Gefangenen würden dadurch wach gehalten, dass*

die Polizisten mit den Fäusten auf die Zellentüren schlugen,
schrieen oder laute Musik spielten.

Man brauchte nicht viel Fantasie, um sich das konkret vorzu-
stellen. Daraus Schlüsse zu ziehen war für die Iraker naheliegend: Die Amerikaner waren überheblich und glaubten, sie
seien etwas Besseres.

Am Freitag nach der Veröffentlichung der Fotos begannen in den sunnitischen Moscheen von Bagdad die ersten
Vorprediger den Amerikanern vorzuwerfen, sie würden mit
zweierlei Maß messen. In der *Um al Mahare*-Moschee sagte
der Vorprediger, die Amerikaner würden von Rechten reden,
gelten würden sie aber nur für sie selbst.

Nach dem Gebet fuhren wir zu einem weiteren Gefangenen,
einem Tapezierer, den eine US-Patrouille nach einem Anschlag
verhaftet hatte, nur weil er auf der anderen Straßenseite gestanden hatte.

Das Gespräch brachte nicht viel Neues. Zurück im Hotel wartete ich darauf, dass Hussein uns einen interessanteren Inter-
viewpartner bringen würde. Die Tage vergingen, aber er fand
niemanden.

Während in den USA ständig neue Meldungen über die Missstände in Abu Ghraib veröffentlicht wurden, schliefen die Aufständischen nicht.

Ungefähr eine Woche später, am 9. Mai, hieß es plötzlich, ein
amerikanischer Geschäftsmann namens Nikolaus Berg sei auf
dem Weg zum Flughafen von Unbekannten entführt worden.
Es bestand der Verdacht, er sei in eine Falle gelockt worden und
in der Hand der Sarkawi-Gruppe gelandet. Berg war bereits
einige Wochen zuvor in den Irak gereist. Er besaß eine kleine
Firma und wollte hier sein Glück versuchen, war aber dann im
Nordirak gefangen genommen und erst nach langen Verhandlungen freigelassen worden. Selbst die Amerikaner waren

gegenüber jemandem wie ihm misstrauisch. Anders als die Vertreter großer Firmen hatte er keine Leibwächter. Anstatt in der »Grünen Zone« wie die meisten Amerikaner hatte er in einem kleinen Hotel gewohnt, wo ein Zimmer nicht mehr als 40 Dollar pro Nacht kostete, was wenig war für den Irak. Das Hotel hatte aber den Vorteil, innerhalb der Absperrungen des »Palestine« zu liegen. Man war also relativ sicher.

Es war gegen 23 Uhr Ortszeit am nächsten Tag, als der arabische Sender *Al Jazeera* zum ersten Mal meldete, dass ihm ein Videoband von der Enthauptung Bergs zugespielt worden sei. Darauf sei zu sehen, wie Berg ein Geständnis ablege. Er sage, er sei Jude, woraufhin ihm ein Vermummter hinter ihm vorwerfe, ein Spion zu sein, und ihn zum Tode verurteile. Ein Teil der Aufnahmen wurde gezeigt, die gesamte Exekution war auf einer Webseite der Fundamentalisten zu sehen. Dies, hieß es in einem Text, sei die Antwort auf Abu Ghraib.

Am Morgen darauf gingen wir in Bergs ehemaliges Hotel und wollten mit dem Besitzer sprechen, der aber abwesend war. Einer der Angestellten an der Rezeption verwies mich an ein Internet-Café in der Nähe. Dort, sagte er, habe Berg sehr viel Zeit verbracht und man wisse sicherlich mehr über ihn.

Also überquerten wir die Straße und fragten in dem Café nach dem Inhaber. Zufällig war er da und bereit, ein Interview zu geben. Nachdem die Kamera lief, sagte er, Berg sei ein netter unscheinbarer Mann gewesen, der offenbar nicht viel Geld gehabt habe.

Ich fragte ihn, ob er glaube, jemand wie Berg solle für Abu Ghraib bestraft werden. Ein Zögern folgte. »Das kann ich nicht beurteilen«, sagte der Mann.

Nachdem die Kamera abgeschaltet war, fragte ich ihn nochmals, ob Berg bestraft werden sollte. »Ja«, sagte er. »Das war eine gute Strafe für einen Spion.«

Wir verabschiedeten uns von dem Mann und kehrten in unser Hotel zurück, wo wir die nächsten Tage verbrachten, ohne uns viel hinauszubewegen. Wir befanden uns in einem Zustand, den man am besten mit blanker Angst beschreiben konnte. Wir glaubten, nach Berg würden wir logischerweise die nächsten sein. Doch es steckte kein System dahinter. Neben Berg wurden täglich auch Iraker von Sarkawis Gruppe entführt. Einige wurde ohne jede Forderung hingerichtet. Genauso wie Türken oder Libanesen, also Moslems, deren Regierungen keinerlei Truppen im Irak stationiert hatten. Einige Monate später, im August 2004, würden 12 harmlose Nepalesen ohne jeden ersichtlichen Grund enthauptet werden. Was wäre also, wenn alle Nicht-moslems, US- Soldaten, Reporter und Geschäftsleute aus der gesamten islamischen Welt tatsächlich abziehen würden, wie es die Fundamentalisten verlangten? Würde dann Sarkawi im Irak einen neuen Taliban-Staat errichten und sich damit zufrieden geben? Und was ist mit Ländern wie Syrien oder Saudi-Arabien, die ebenfalls auf der Feindesliste der Radikalen ganz oben stehen?

Nachdem wir einige Tage untätig in unserem Hotel verbracht hatten, verließen wir Bagdad und beantragten Visa für Saudi-Arabien und Syrien.

KAPITEL 14

Herrsche oder stirb!

Syrien, August 2004   Der Spitzel lehnte gegen eine verdreck-
te Hauswand, eine Zigarette im Mundwinkel, und beobachtete
uns. Wir kamen die Straße herunter, der Aufpasser, der unser
Stativ trug, Jean-Jacques und ich. Nun, da die Sonne tiefer stand,
wollten wir ein paar Straßenaufnahmen machen, aber es war
trotzdem noch so heiß in Damaskus, dass jeder Schritt anstrengend war. Frauen in engen Jeans spazierten an dem Mann mit
der Zigarette vorbei. Ich sah, wie er ihnen nachblickte. Dann waren wieder wir dran. Der syrische Geheimdienst gab sich keinerlei Mühe, nicht gesehen zu werden. Wenn es ein Land im Nahen
Osten gab, in dem sich in den vergangenen Jahren wenig verändert hatte, dann war es die kleine, aber wichtige syrische arabische Republik. Seit den 60er Jahren galt ohne Unterbrechung
der Ausnahmezustand, so lange, dass er beinahe die Normalität
geworden war.

Als der verstorbene Präsident Hafiz Assad den Ausnahmezustand ausgerufen hatte, war der derzeitige Präsident noch nicht
einmal geboren. Und als dieser 25 Jahre alt war, interessierte er
sich mehr für Mikroskope als für syrische Regimegegner. Erst
vor vier Jahren wurde der junge Bashar Assad, von Beruf Augen-
arzt, zum Präsidenten Syriens ernannt. Er hatte das Pech, oder
das Glück, der Sohn des mächtigen Hafiz Assad zu sein. Sein äl-
terer Bruder hätte eigentlich Präsident werden sollen, war aber

bei einem Autounfall ums Leben gekommen. Bashars Vater wollte das Land aber niemand anderem als einem seiner Söhne anvertrauen. Also ließ sich im Jahr 2000, nachdem der alte Assad gestorben war, Sohn Bashar bei einem Sonderkongress der syrischen sozialistischen Baath-Partei per Akklamation zum Staatsoberhaupt bestimmen. Diktator in einem arabischen Land zu werden ist keine Kunst. Vorausgesetzt, man war in die richtige Familie geboren wie Bashar oder Saif al Islam, Sohn von Libyens alterndem Revolutionsführer Muammar Ghadaffi, der seinen Ältesten bereits für das Amt trainierte, genauso wie dies in Ägypten Präsident Hosni Mubarak tat. In Marokko und in Jordanien hatten ebenfalls die Söhne ihre Väter beerbt, aber zumindest waren es dort religiöse Erbmonarchien. In Syrien hatte der Islam hingegen seine größte Niederlage erlitten, als Hafiz Assad zu Beginn seiner Herrschaft laut Amnesty International bis zu 25.000 Anhänger der radikal sunnitischen Moslem-Bruderschaft in der Stadt Hama umbringen ließ.

Seither bewegte sich wenig in Syrien, nur die Familienmitglieder wechselten. Früher stand ein Onkel an der Spitze des Sicherheitsapparats, jetzt ein Schwager Bashars. Früher hatte der Bruder von Hafiz Assad das Kommando über die mächtigen Republikaner-Garden inne. Sein Nachfolger ist der Bruder des jungen Präsidenten. Herrscherfamilie und Staat waren eins. Im Guten wie im Schlechten. Wer unerfüllte Rachegedanken gegen Vater Hafiz hatte, konnte sie auf seinen Sohn übertragen. Die Toten von Hama waren nie gerächt worden, jeder wusste das, Herrscher genauso wie Untertanen.

Jean-Jacques nahm sich Zeit, die Straße zu filmen, während ich mich um den Aufpasser des syrischen Informationsministeriums kümmerte oder besser gesagt, er sich um mich. Aufpasser waren dazu da, die offizielle Politik zu verkaufen. Dazu gehörte, keine Informationen über das Regime herauszugeben. Das war nicht das einzige Tabu. Religion war, wenn das überhaupt möglich war, ein noch größeres. Also fragte ich unseren Aufpasser: »Wie religiös sind eigentlich die Leute hier?« Entweder er wusste keine Antwort darauf oder es war ihm schlicht unangenehm, darüber zu reden. »Nicht sehr religiös«, erwiderte er. Jetzt kamen gerade ein paar junge Frauen mit fest gebundenen Kopftüchern vorbei. »Es gibt mehr Kopftücher als früher«, sagte ich. Bevor er antwortete, zögerte er eine Weile und tat so, als hätte er meine Frage nicht verstanden: »Über Religion redet man bei uns nicht.« Noch immer lungerte der Mann mit der Zigarette nicht weit von uns entfernt herum. »Wer sind die Frauen, die sich Kopftücher umbinden?« Nun führte ich ihn weg von dem Spitzel, der uns beobachtete. Vielleicht war es für ihn leichter zu reden, während wir die Straße entlangspazierten. »Sunniten«, meinte er. »Sie sind konservativer als die anderen.«

»Ist das seit Hama so?«, fragte ich. Er sagte nichts, aber er musste wissen, was ich meinte.

Wir waren zwei Tage zuvor am späten Abend in der syrischen Hauptstadt eingetroffen. Zumindest war es für uns Journalisten unter Bashar Assad leichter geworden, ein syrisches Pressevisum zu erhalten. Das gehörte zur neuen Politik der Öffnung. Nach seiner Machtübernahme hatte der junge Assad zwar seine Familie in den Schlüsselpositionen untergebracht, aber auch politische Häftlinge freigelassen und kleinere Reformen im Wirtschaftsbereich angeordnet. In Damaskus waren Debattierclubs wie Pilze aus dem Boden geschossen. Man nannte die Zeit den »Frühling von Damaskus«. Lange gedauert hatte er aber nicht. Sobald in den Debattierclubs begonnen wurde, die Macht des Präsidenten nur im Geringsten in Frage zu stellen, wurden die meisten verboten. Nun waren nur noch drei dieser Clubs übrig geblieben und wenn dort diskutiert werden durfte, dann unter strengen Auflagen.

Uns hatte man nicht erlaubt, das trostlose Flughafengebäude zu verlassen, ohne dass uns ein Vertreter des Informationsministeriums abholte. Während wir eineinhalb Stunden in der Halle warteten, hatte uns ein Zöllner gefragt, ob wir denn eine Übersetzerin brauchen würden. Seine Schwester habe jahrelang in Deutschland gelebt, spreche sehr gut deutsch und könne für uns arbeiten. Als dann gegen 23 Uhr endlich der Aufpasser erschienen war, brachte er uns zum Hotel. In aller Früh schon tauchte die Schwester des Zollbeamten auf und bot an, für uns zu arbeiten. Als gegen zehn ein Angestellter des Informationsministeriums kam, meinte er aber, wir müssten unsere Reportagen zuerst einmal mit dem Ministerium absprechen. Wir verabschiedeten uns von der enttäuschten Frau und ließen uns ins Ministerium fahren. In einem Land, wo jeder zweite keinen Job hatte, war ihr Drängen verständlich.

Nachdem der Fahrer quer durch die Stadt gefahren war, hatte er schließlich vor einem grauen Gebäude sowjetischer Bauart, dem Ministerium, Halt gemacht. Es war nur noch ein blasser Abklatsch von früher, aus den Jahren, als Hafiz Assad ein Militärpartner der damaligen UdSSR gewesen war und ein erbarmungsloser Tyrann.

Assad hatte sich 1970 an die Macht geputscht, stammte aber aus einem alawitischen Dorf und besaß keinerlei Rückhalt in der Bevölkerung. Die Alawiten waren eine kleine schiitische Sekte, mehr als zehn Prozent der Bevölkerung machten sie nicht aus. Syriens Bevölkerungsmehrheit stellten hingegen die Sunniten. Bald nach Assads Machtübernahme begann eine Revolte gegen ihn.

Sie würde mit dem Massaker in der Stadt Hama enden.

Angeführt wurden die Anti-Assad-Revolten von dem syrischen Zweig der Moslem-Bruderschaft. Wie überall richteten sich ihre Proteste und Anschläge gegen die Modernisierung der Gesellschaft, aber Assad regierte darauf mit Verhaftungen von Vorpredigern und islamischen Gelehrten. Folter und Misshandlungen standen in den Haftanstalten auf der Tagesordnung. Um das

Regime zusätzlich abzusichern, wurden bald Waffen an die Kader der regierenden Baath-Partei verteilt. Es dauerte nicht lange, da befand sich Syrien in einem vorbürgerkriegsähnlichen Zustand. Moslemische Gewerkschaften hatten zusammen mit der *Ulema*, den islamischen Rechts- und Religionsgelehrten, ein Manifest veröffentlicht, in dem sie Assad aufforderten, den Ausnahmezustand zu beenden. Menschenrechte, sagten sie, müssten von der »Regierung von Ungläubigen« respektiert werden. Kurz darauf drohte der Bruder des Präsidenten, Rifaat Assad, der später die Militäroperation in Hama führen sollte, *hundert Kriege zu führen, eine Million Festungen zu schleifen und eine Million Märtyrer zu opfern, um die Moslem-Bruderschaft zu besiegen.*

Die Lage spitzte sich weiter zu. Im Juni 1980 war es zu einem Anschlag gegen den Präsidenten gekommen, der zwar nur leicht verletzt wurde, aber da zwei Mitglieder der Moslem-Bruderschaft die Täter waren, ließ Hafiz Assad bereits am Tag darauf syrische Armeeeinheiten in das Gefängnis der Stadt Palmyra bringen, um auf grausame Art Rache zu üben. In der Haftanstalt waren Hunderte verdächtiger Moslem-Brüder eingesperrt. Gruppen von je zehn Soldaten wurden gebildet, die den Befehl bekamen, auf die Gefangenen in ihren Zellen zu schießen. Laut Amnesty International waren allein bei diesem Massaker in der Palmyra-Haftanstalt zwischen 600 und 1.000 Menschen ermordet worden.

Monatelange Hausdurchsuchungen bei islamischen Gelehrten und in Moscheen folgten. Um die Religiösen zu erniedrigen, wurde ihnen für alle erkennbar der halbe Bart abrasiert. Vorprediger wurden gezwungen, in den Straßen zu tanzen und dabei Lobeshymnen auf Assad zu singen.

Mit einer Autobombe, durch die es 64 Tote gab, hatte sich die Moslem-Bruderschaft revanchiert. Kurz darauf entdeckte Assad, dass innerhalb der syrischen Luftwaffe eine Verschwörung zu seinem Sturz im Gang war. Wieder fiel der Verdacht auf die Moslem-Bruderschaft. Heimlich ließ Rifaat daraufhin Einheiten um die Stadt Hama, 200 Kilometer im Nordwesten der syrischen Hauptstadt, zusammenziehen. Hama war Syriens viertgrößte Stadt und galt seit Jahrhunderten als religiös und konservativ. Ohne Schleier waren hier nur wenige Frauen in der Öffentlichkeit unterwegs und nirgendwo hatte die Moslem-Bruderschaft mehr Anhänger.

An einem kalten, trüben Wintertag hatten Rifaats Einheiten begonnen, in Richtung des Viertels Barudi auf der Westseite des Flusses Orontes vorzustoßen, dorthin, wo die gläubigsten Bewohner lebten. Bevor sie Barudi erreicht hatten, waren sie aus dem Hinterhalt beschossen worden, denn um einem Angriff zuvorzukommen, hatten die Moslem-Brüder bewaffnete Anhänger in den Einsatz geschickt. Bald darauf war von den Minaretten von Hama aus der Heilige Krieg ausgerufen worden. Assads Regime sei geschlagen worden, lautete einer der verfrühten Siegesrufe.

Als Rifaat Assad daraufhin massive Verstärkung in die rebellische Stadt beordert hatte, waren die Moslem-Brüder ihrerseits nochmals zum Angriff übergegangen. Deren Anführer hatten die Männer aufgefordert, bis zum letzten Atemzug zu kämpfen, alles sei besser, als in den Folterkammern des Assad-Regimes zu enden. Daraufhin wurden Vertreter der Baath-Partei Hama ermordet und Regierungsgebäude geplündert.

Nun schickte das Regime die Luftwaffe, Panzer sowie Spezialeinheiten. Zuerst wurden die Moscheen, in denen sich die Aufständischen verschanzt hatten, zerstört, dann war die ganze Stadt dran. Syrische Hubschrauber griffen die Stellungen der Moslem-Brüder aus der Luft an, während die Panzer aus ihren Kanonenrohren feuerten, zusätzlich unterstützt von schwerer Artillerie. Zwei Wochen dauerte der Kampf um Hama.

Ende Februar war im syrischen Radio ein Telegramm der Unterstützung für Assad von der Baath-Partei in Hama verlesen worden, in dem es hieß, dass die Moslem-Bruderschaft die verunstalteten Leichen von Parteimitgliedern im Rinnstein hätte liegen lassen. Als Antwort, so hieß es in der Meldung, *hätten die Sicherheitskräfte harte Vergeltungsmaßnahmen gegen die Mos-lembrüder ergriffen, »sodass sie nie wieder atmen werden«.*

In jenen Tagen des Jahres 1982, als im Libanon die israelische Invasion im Gang war und ein Massaker viel kleineren Aus-maßes in den palästinensischen Flüchtlingslagern Shabra und Schatila die Welt erregte, begann dann die eigentliche Zer-störung der Stadt. Kein einziger Reporter durfte dort hin. Ha-mas Altstadt, der Marktplatz, Moscheen und Handwerksläden waren gesprengt worden, Bewohner, die überlebt hatten und nicht rechtzeitig geflohen waren, wurden in Haftlager gesperrt und verhört. Nur ein Teil der insgesamt 25.000 Opfer wurden beisetzt. Viele waren unter den zerstörten Häusern begraben geblieben. Am Ende hatte Assad Bulldozer und Walzen in die Stadt bringen lassen, um alle Ruinen und Reste von Gebäuden im Stadtkern platt zu walzen.

Jahre später war ich als Touristin nach Hama gereist. Im Vier-tel Barudi konnte man noch Teile von zusammengestürzten Dächern sehen. Auf der anderen Seite des Flusses hatte das Re-gime ein Luxushotel errichten lassen, genau auf einem Hügel aus Trümmern, unter denen noch unzählige Leichen liegen mussten. Von Augenzeugen zu erfahren, was noch geschehen war, war unmöglich. Mit dem Massaker an den Moslem-Brü-dern war aus Hama eine Stadt des Schweigens geworden. Im *Lonely-Planet*-Reiseführer, den ich damals mithatte, hatte zu Hama nur folgender Eintrag gestanden: Hama ist eine der at-traktivsten Städte in Syrien mit seinem Orontes-Fluss, der die Stadt durchquert. Die Flussufer werden von Bäumen und Parks gesäumt. In der Stadt gibt es nicht sehr viel zu sehen, aber we-gen seiner friedlichen Atmosphäre ist sie einen Besuch wert.

So hatte Assad das rebellische Hama in einen riesigen Fried-hof verwandelt. Wer immer ab diesem Zeitpunkt daran dachte, gegen das Regime anzutreten, wusste, was ihm drohte. Syrische

Fundamentalisten, die überlebt hatten, flüchteten dorthin, wo der Heilige Krieg gerade erfolgreich im Gang war, nach Afghanistan.

Die Massaker in Hama hinderten Assad nicht daran, sich als guten Moslem darzustellen. In einer Rede vor einem erneuten Parteikongress hatte er an alle Syrer appelliert: *Meine Söhne,* sagte der Diktator, *wir sind die Verteidiger des Islam; des Islam der Anhänger des Propheten [...]; der Gerechtigkeit, der Gleichheit und der Liebe; des Islam des Patriotismus, des Fortschritts und der Revolution [...]. Meine Söhne: einen tausendfachen Tod allen Moslem-Brüdern, die sich mit den Feinden des Heimatlands verbündet haben und die sich von den Imperialisten, den Zionisten und reaktionären Feinden anwerben ließen.*

Bald nach dem Irak-Krieg war der Erzfeind Israel aber in den offiziellen Reden durch die USA ersetzt worden.

Wir waren in den siebten Stock des kalten, trostlosen Informationsministeriums gebracht worden. Einer der Verantwortlichen für Pressevertreter aus dem Westen hatte uns begrüßt. Ohne dass ich ihn darauf ansprach, begann er über die Demokratisierungspläne der Bush-Regierung zu schimpfen: »Der Nahe Osten ist nicht so einfach, wie sich die Amerikaner ihn vorstellen«, meinte er. »Wir sind alte Gesellschaften, die anders funktionieren, und man kann nicht einfach über Nacht alle Schleusen öffnen, sonst geht es bald überall so zu wie im Irak.«

Allein die Nennung des Worts Irak schien den Mann zu erschrecken. Man konnte ihm regelrecht ansehen, dass er Angst hatte vor den chaotischen Umständen, wie sie im Nachbarland herrschten. »Wir sind ja für die Demokratisierung, aber sie muss langsam kommen und darf nicht von außen aufgezwängt werden. Die Amerikaner werden sich noch wundern ...«

Kurz nach den September-Anschlägen in den USA hatte Assad sich noch offen auf die Seite der Amerikaner gestellt und in einer Nachricht an Präsident Bush erklärt, dass Terrorismus in jeder

Form bekämpft werden müsse. Das war nahe liegend, nachdem das Regime seine Fundamentalisten in Hama selbst als Terroristen bezeichnet hatte. Im Lauf der Jahre hatte sich aber das Verhältnis zwischen dem syrischen Regime und der amerikanischen Regierung ständig verschlechtert. Denn nach dem Irak-Krieg waren nicht nur arabische Freiwillige über die gemeinsame Grenze in den Irak gelangt, sondern Syrien unterstützte auch die Aufständischen, indem es den Drahtziehern Unterschlupf gewährte, was vom syrischen Regime jedoch dementiert wurde.

Ein Geschäftsmann aus Frankreich, der oft in Syrien unterwegs war, erzählte mir, er sei aus reiner Abenteuerlust die Strecke zwischen Damaskus und Bagdad in einem Linienautobus gefahren. An der Grenze habe er beobachten können, wie die syrischen Grenzbeamten Busse, Lastwagen und PKW, die in Richtung Irak fuhren, einfach durchwinkten. Wagen auf der anderen Straßenseite, die nach Syrien hereinwollten, wurden aufgehalten. Man kontrollierte die Ausweise aller Passagiere. Jugendliche, die keine syrischen Ausweise hatten, wurden nicht ins Land gelassen. Gotteskrieger, die in den Irak wollten, hatten also keinerlei Probleme, dorthin zu kommen. Nach Syrien zurück durften sie jedoch nicht. Auf diese Art, hatte der Geschäftsmann gemeint, sei Assad, ähnlich wie andere Regimes in der Region, über Nacht seine Fundamentalisten los geworden. Das war aber nicht alles. In einigen syrischen Städten wie in Aleppo wurden zu Beginn des Kriegs in den Moscheen spezielle Stellen eingerichtet, um dort Spenden für den Kampf gegen die amerikanische Invasion zu sammeln. Außerdem hatte Präsident Assad in einem Interview mit dem Sender *Al Jazeera* Widerstand gegen die amerikanische Besatzungsmacht als legal bezeichnet. Im Mai 2004 hatten die USA schließlich Wirtschaftssanktionen gegen Syrien verhängt.

Wir verabschiedeten uns im Ministerium. Nachdem die größte Hitze nachgelassen hatte, spazierten wir von unserem Hotel in Richtung des Yusif-al-Azmeh-Platzes im Zentrum. Pärchen, nach der letzten westlichen Mode gekleidet, schlenderten an den Schaufenstern vorbei. Es gab Schuhe aus Italien und französische Parfums zu bestaunen. Eine Flotte aus Luxusautos, Mercedes, BMWs, Alpha Romeos, parkte entlang des Gehsteigs. Statussymbole einer kleinen Elite, die sich die Wagen aus dem benachbarten Libanon ins Land schmuggeln ließ, falls schmuggeln das richtige Wort war. Im Libanon hielt sich die syrische Armee seit 27 Jahren mit Tausenden Soldaten und einer großen Zahl an Mitgliedern ihrer Sicherheitsdienste auf. Dank dieser Geheimdienstler wurden Freunde und Familienangehörige des mächtigen Armee- und Parteiapparats daheim gut versorgt. Mit Autos und modernen Computern, Handys und Stereoanlagen, mit allem, was sich die Familien um Assad so wünschten. Dafür hielten sie still. Und eine Million Syrer wurden als Gastarbeiter im Libanon von Wirtschaftsrevolten abgehalten. Korruption war weit verbreitet.

Später gingen wir in eines der neuen Restaurants in der Nähe des »Asshams«, des bekanntesten Luxushotels von Damaskus, wo Feriengäste aus Saudi-Arabien abgestiegen waren. In den Lokalen vergnügte sich hingegen die einheimische Jugend. Auf den ersten Blick schien es keinerlei Probleme zu geben. Es gab keinen Tisch, auf dem nicht mindestens eines der neuesten Handys lag. Musik eines libanesischen Rockstars war zu hören. Die Speisekarte war international. Wir saßen am Tisch mit einem jungen Mann, der sein Handy ans Ohr hielt. Was es denn so an Problemen in Syrien gebe, fragte ich ihn. *»No problems«*, erwiderte er, »keine Probleme«. Als wir ihm sagten, wir seien ausländische Reporter, verstummte er ganz.

Da aus unserem Tischnachbarn rein gar nichts herauszubekommen war, verließen wir das Restaurant. Die Musik war laut, die Tische voll mit italienischen Spezialitäten. Junge Leute in Damaskus redeten nicht gerne über unangenehme Dinge.

Die Atmosphäre in den Vororten war im Vergleich dazu düster. Bei einem Blick in die Schaufenster fühlte man sich mit einer Zeitmaschine zurückversetzt in die letzten Jahre der DDR. Verstaubte, altmodische Kleider wurden angeboten. Regierungen, steht in dem UN-Bericht, der jährlich die Entwicklungen im Nahen Osten kritisch beleuchtet, bieten ihren Bürgern kein menschenwürdiges Dasein, weder was die Grundbedürfnisse des täglichen Lebens betrifft noch die Menschenrechte. Das alles schaffe eine Atmosphäre von Unterdrückung, Leiden und Instabilität.

Und die Reformen, die Assad versprochen hatte, ließen auf sich warten. »Wir müssen das Land modernisieren«, sagte ein Experte, der an dem UN-Bericht mitgearbeitet hatte und den wir trafen. Aber auch er warnte vor überstürzten Änderungen, vor einer Apokalypse, falls man alles von einem Tag auf den anderen ändern würde. Die Demokratisierung müsse vorsichtig vor sich gehen. Aber die Frage, wie lange es noch dauern würde, wollte niemand beantworten. Es gab auch keine Antwort darauf, warum es denn in der arabischen Welt so schwer war, eine Demokratie einzurichten. Ich fragte das den UN-Experten. Er erwiderte, es gäbe eigentlich keine guten Gründe dafür.

In der Zwischenzeit war das ganze Land wie gelähmt. Syrer und sogar Ausländer unterwarfen sich aus Furcht vor Assads Geheimdiensten dem Gesetz des Schweigens. Als ich abends in der Lobby darauf wartete, dass der Internetzugang frei wurde, traf ich einen libanesischen Geschäftsmann, der für ein paar Tage in Damaskus war und vor dem Computer saß. Irgendwie funktionierte aber nichts. Falls ich wieder in den Libanon reisen sollte, sagte er, solle ich ihn anrufen. Er werde mir seine Visitenkarte geben. Da er keine bei sich hatte, bat er mich, ihn zu seinem Wagen zu begleiten. Auf dem Weg dorthin, wo wir sicherer vor den Spitzeln als in der Hotelhalle waren, fragte ich ihn, was er denn von Syrien halte. »Alles in Ordnung hier«, erwiderte er. Ob denn

Assad ein guter Präsident sei? Da erwiderte er wie aus der Pistole geschossen: »Der Beste.«

Jeder hatte einen anderen Grund, Assad zu loben. Nur die gläubigen Moslems hatten keinen. Seit Hama hatte der einfachste Syrer gelernt, das es besser war, den Mund zu halten, als zu sterben. Eine ganze Generation von syrischen Moslem-Brüdern war damals in den 80er Jahren ermordet worden. Eine neue war inzwischen herangewachsen. Jedem in Syrien drohte unverändert die Todesstrafe, falls er der Mitgliedschaft der illegalen Moslem-Bruderschaft bezichtigt und verurteilt wurde. Als wir freitags in einer Moschee filmten, war die bis auf den letzten Platz voll.

Währenddessen starrte das Regime weiter auf seine Feinde draußen, auf die Amerikaner im Nachbarland Irak und auf die Israelis auf den Golanhöhen Syriens, die seit 1967 besetzt gehalten wurden. Überraschend gab uns das Informationsministerium die Erlaubnis, in Richtung Golanhöhen zu fahren. Wir starteten am frühen Morgen, um der ärgsten Hitze zuvorzukommen. Als wir Damaskus hinter uns gelassen hatten und in Richtung Südwesten fuhren, sagte unser Aufpasser, die Gegend, wo wir hinwollten, kenne er sehr gut. Seine Familie sei von den Juden aus der Stadt Quneitra vertrieben worden.

Die Stadt Quneitra war von der israelischen Armee im Lauf des Sechs-Tage-Kriegs zerstört worden. Hals über Kopf waren damals ihre Bewohner in die umliegenden Dörfer geflohen. Über die Rückgabe des Golan, der zum Teil eine demilitarisierte Zone unter UN-Kontrolle ist, war bereits mehrmals via amerikanische Unterhändler zwischen Israel und Syrien verhandelt worden. In 37 Jahren hatte es aber keinerlei Fortschritte gegeben. Von der israelischen Seite wurden Sicherheitsgarantien und die Anerkennung des Staats Israel verlangt. Damaskus wies alle Forderungen zurück. Nur eine bedingungslose Rückgabe der Golanhöhen sei akzeptabel. In allen syrischen Schulbüchern, Zeitungen, Fernseh- und Radiosendungen wurde der Kampf gegen Israel, dessen Existenzrecht nicht anerkannt wurde, als eine nationale Pflicht geschildert. Tausende palästinensischer Flüchtlinge lebten in Lagern am Stadtrand von Damaskus.

Quneitra sahen wir nur aus der Ferne, weil man dafür eine eigene Genehmigung brauchte, die laut unserem Aufpasser nicht so schnell zu bekommen war. Vom Dach des Hauses seiner Familie aus filmten wir die Posten der Israelis. Man sah die anderen Dächer des Dorfs, wo alte Frauen die Wäsche aufhängten. Auf den umliegenden Feldern wurden Tomaten und Gurken angebaut. Von der Landwirtschaft, sagte unser Aufpasser, würden die meisten syrischen Dorfbewohner leben. Nach einem Mittagessen mit der Familie, bei dem alles aufgetischt wurde, was es nur im Haus gab, verließen wir das Dorf.

Ob das nun ein sunnitisches oder alawitisches Dorf sei, fragte ich den Aufpasser. Er sagte, es würden nur Sunniten da leben. Ob die denn anders behandelt würden als die Alawiten, fragte ich. Seine Antwort kam wie aus der Pistole geschossen. »Nein«, sagte er, »bei uns sind alle gleich.« Auf der Rückfahrt ging die Sonne über Assads Reich der Gleichheit unter.

Einige Monate nach unserem Besuch, im Dezember 2004, sollte aber im Internet erstmals eine neue Monatszeitung auftauchen, *Minbar Souriyya al Islami,* »Das Islamische Forum von Syrien«: *Das christliche Baath-Regime verbirgt,* stand da, *ständig die Wahrheit vor der Bevölkerung, um das Land weiter auszuplündern und die Leute zu Sklaven zu machen. Die Sekte der Alawiten wird von den Radikalen nicht zu den Moslems gerechnet, und damit auch nicht zur syrischen Herrscherfamilie. Sie gelten als Abkömmlinge von Kreuzfahrern, die nur behaupteten, Schiiten zu sein.* Wer hinter dieser neuen Zeitung statt, war schwer herauszufinden. Möglich, das Assad nun ins Fadenkreuz von *Al Qaida* gekommen war.

Wir warteten noch zwei Tage auf unseren Verbindungsflug über Beirut nach Saudi-Arabien. Während dieser Zeit traf ich einen westlichen Diplomaten. In Syrien, sagte er, würde man von der Staatsicherheit überprüft werden, wenn man nur einen Gemüseladen aufmachen wollte.

In gewisser Weise hatte Bashar Assad keine andere Wahl, als den kleinsten Händler im Land überwachen zu lassen. Wenn er den Deckel nur heben würde, würde sein Land explodieren; die geringste Folge davon würde sein, dass seine Familie die Rechnung für über drei Jahrzehnte Unterdrückung serviert bekommen würde. Hama war ein Kapitel für sich. Es war, auch wenn davon keine Zeile in den syrischen Geschichtsbüchern stand, unauslöschlich mit dem Namen Assad verbunden.

In Wahrheit waren solche ungestraften Brutalitäten während des Kalten Kriegs von den Großmächten in der Region mit gedeckt worden. *60 Jahre lang hat mein Land, die Vereinigten Staaten von Amerika, Stabilität auf Kosten der Demokratie im Nahen Osten verfolgt – und wir haben weder das eine noch das andere erreicht.* Dies war ein spätes Schuldeingeständnis der amerikanischen Außenministerin Condoleezza Rice im Juni 2005.

KAPITEL 15

Das Rolls-Royce-Königreich

Saudi-Arabien, September 2004   Aus einem vorbeifahrenden Wagen war auf sie geschossen worden. Nur ein paar Kugeln
waren es, aber eine davon verletzte den Kameramann tödlich.
Zwei andere blieben im Körper eines *BBC*-Reporters stecken. In
dem Viertel der saudischen Hauptstadt Riad, wo die beiden Anfang Juni gefilmt hatten, wimmelte es nur so von Bin-Laden-An-
hängern. Dann, mit letzter Kraft, hatte sich der Journalist zu
einem Privathaus geschleppt. Alle Türen, hatte das US-Nach-
richtenmagazin *TIME* berichtet, waren aber verschlossen geblieben. Ich bin doch auch Moslem, habe der Schwerverletzte in
letzter Verzweiflung geschrien, schrieb das Magazin.

In welchem Viertel von Jedda wir uns genau befanden, wusste
ich nicht. Für junge Sympathisanten Bin Ladens gab es keinen
geeigneteren Ort, sich zu verstecken, denn hier herrschte ein
ständiges Kommen und Gehen. Händler aus Somalia, indonesi-
sche oder pakistanische Gastarbeiter, jeder, der nach Saudi-Arabien wollte, kam zuerst durch die Hafenstadt. Die Pilger zogen
von hier ins nahe Mekka und Medina.

Und dann waren da die Geschäfte, Reihen von Luxusläden, vor
denen Sicherheitskräfte aufpassten, damit niemand mit einer
Bombe im Rucksack hineinkam. Auf der endlos langen Tahlia-
Straße gab es Einkaufszentren, so weit das Auge nur reichte.

Ich hatte meine Sonnenbrille verloren und wollte mir eine kaufen. Der Laden, in den ich hineinging, war gebaut wie ein Tempel, mit Musikberieselung und eigenen Kabinen, nur um eine Sonnenbrille in aller Ruhe zu probieren. Jedda war Paradies und Hölle in einem, es hing nur davon ab, wohin man schaute.

Nicht sehr weit im Süden lag das Gebiet von Saudi-Arabiens puritanischsten Stämmen. Zwölf der insgesamt 19 September-Attentäter stammten aus dieser Region, Jeddas trostlosem Hinterland. Ölreichtum und Fortschritt hatten dort wenig Spuren hinterlassen. Die einzige Freizeitbeschäftigung der Jugend war es, den Highway 15 in alten amerikanischen Straßenkreuzern entlangzurasen. Wie die meisten Überlandstraßen in Saudi-Arabien war die mit der Nummer 15 von Osamas Vater, dem Bauunternehmer Mohammed Bin Laden, errichtet worden. In der nächstliegenden Stadt, eben in Jedda, hatten zehn der Selbstmordattentäter ihr amerikanisches Visum von dem zuständigen Konsul in den Pass gestempelt bekommen. Militante Moslems sollten nur einige Monate nach unserem Besuch das Konsulat trotz seiner schweren Sicherheitsvorkehrungen angreifen.

Auf Jeddas König-Abdul-Aziz-Universität hatte Bin Laden, dessen Familie aus dieser Region stammte, ein paar Jahre lang studiert. Ein radikaler Islam wurde dort gelehrt, der im Kern aussagte, dass *alle unreinen Regierungen gestürzt werden müssen. [...] Es wurden hauptsächlich islamische Führer attackiert, die mit Hilfe von nichtislamischen Systemen wie dem Kapitalismus und dem Kommunismus regierten. Diese Führer [...] sollten zu Ungläubigen erklärt und Ziel eines revolutionären Heiligen Kriegs werden.*

Von hier gingen diese Ideen um die ganze Welt, obwohl der Afghanistan-Krieg, in dem viele Freiwillige aus dieser Region kämpften, längst zu Ende war. Jetzt hatten sie einen schnelleren Boten, das Internet.

Auf das Unternehmen Heiliger Krieg, Inc., schrieb Peter L. Bergen, *hatte das Internet einen ebenso großen Einfluss wie auf viele andere Geschäftsbereiche. Das Rekrutierungsvideo von* Al Qaida *aus dem Jahr 2001 wurde in DVD-Format umgewandelt, sodass es sich leicht per Computer kopieren ließ, und in mehrere Chatrooms gestellt. Auch mehrere Websites sind Bin Laden und den heiligen Kriegern gewidmet [...], die ein breites Spektrum von Produkten und Dienstleistungen anbieten. [Azzam.com] beschreibt das Leben heiliger Krieger, die bei Konflikten rund um die Welt den Märtyrertod fanden, bietet Videokassetten über diese Kriege an, bringt Interviews mit* Jihad-*Führern und verkauft Bücher von den Anführern der* Jihad-*Bewegung.*

Zusätzlich hatten mächtige saudische Organisationen wie die »Moslemische Jugend« und die »Welt-Moslem-Liga« in Jedda ihre Büros. Einer der Chefs der »Welt-Moslem-Liga« war von den Amerikanern beschuldigt worden, *Al Qaida* nahe zu stehen. An der Seite von Bin Laden soll er in den 80er Jahren in Afghanistan gekämpft haben.

Etwas verloren standen wir, Jean-Jacques und ich, am Gehsteig. Gerade hatten die Muezzins zum Abendgebet gerufen. Rechts und links von uns, entlang des Boulevards, hatten Gläubige riesige Gebetsteppiche ausgebreitet. Angestellte von Geschäften und Schnellimbissen hatten sich hingekniet und dankten im Schein von angehenden Neonlichtern ihrem Gott. Eines konnte man trotz der Dunkelheit, die schnell anbrach, sehen: Wir befanden uns nicht im Viertel der Paläste, die sich Angehörige des Königshauses entlang der Küsten in den vergangenen Jahren hatten erbauen lassen. Die Villenanlage eines blutjungen Prinzen soll eine Milliarde Dollar gekostet haben. Ganz Jedda tratschte darüber. Aber in den Randbezirken, wo wir gerade in einem Restaurant gesessen hatten, wurde nicht geprasst, hier wurde gebetet.

Als der Taxifahrer knapp vor uns stehen blieb, schien mir zuerst, er wäre einer der unzähligen Fremdarbeiter, die im Öl-land Saudi-Arabien ihren Unterhalt verdienten. Sein Englisch war perfekt. Wir gaben ihm die Hotel-Adresse. Er war noch nicht einmal losgefahren, da begann er schon mit uns zu reden. Saudi wäre er, sagte er. Arbeit habe er keine, obwohl er eine Ausbildung als Pilot von Verkehrsmaschinen habe. »Es hat nichts genützt«, sagte er. »Die Jugend hat keine Arbeit und die Prinzen geben das Geld mit vollen Händen aus.« Ich gab Jean-Jacques ein Zeichen, die Kamera heimlich einzuschalten. Zwar war es stockdunkel in dem Wagen, aber den Ton konnten wir zumindest aufnehmen. Kritische Stimmen über das Königshaus waren selten genug zu hören. »Die Prinzen sind korrupt und verhasst«, sagte der Mann. Im Rückspiegel konnte ich seine Augen sehen, er war noch jung.

70 Prozent der saudischen Bevölkerung waren unter 25. Regiert wurden sie von einer Garde von Greisen, allen voran König Fahd, der 82 Jahre alt war. Nach seinem Tod im August 2005 sollte sein Halbbruder Kronprinz Abdallah sein Nachfolger werden. Dieser war 81 Jahre alt.

Über ein Drittel der Jugend war arbeitslos und das in dem Land mit den größten Erdölreserven der Welt. Seit den 8oer Jahren war das saudische Durchschnittseinkommen von 28.000 Dollar auf jährlich 8.000 gefallen. Saudi-Arabiens Öleinnahmen hatten sich verringert, weil andere Länder wie Russland den Markt mit Erdöl überschwemmten, aber es wäre immer noch mehr als genug gewesen, wenn man es gerecht verteilt hätte.

Der junge Mann hörte nicht auf zu reden. »Sie sollten sehen, wie es in den Vorstädten von Jedda zugeht.«

Nur dem Königshaus gehöre der Reichtum des Landes, klagte er. Niemand dürfe es zur Rechenschaft ziehen. Die Prinzen täten, was sie wollten. »Wir, die Jugend, hat hingegen nichts zu sagen.« Da tauchte am Ende der Straße bereits unser Hotel auf und vor einem der Betonblöcke am Eingang, die gegen mögliche Selbstmordkommandos schützen sollten, hielt der Fahrer an. Als ich zahlte, sagte ich ihm schließlich, wir wären Reporter. Ob wir ihn denn zu einem Interview treffen könnten, fragte ich. Wir wären sehr interessiert, mehr über die saudische Jugend zu erfahren. Morgen Abend würde er uns abholen, sagte er. Er und seine Freunde würden mit uns reden. Wir müssten in sein Viertel kommen. »Gut«, erwiderte ich, »wo wohnen Sie denn?«

»Ziemlich weit draußen«, sagte er, »an der Ausfahrt nach Taif.« Von dort kamen die September-Attentäter.

Wir machten aus, er würde uns gegen 18 Uhr am Hoteleingang erwarten. Ich bat ihn um seine Handy-Nummer, aber das hatte er vor kurzem verloren. Während ich ihm meine Nummer gab, dachte ich, wir hätten einen *Al Qaida*-Mann gefunden, schneller als gedacht.

Es war noch nicht so lange her, da hatte Saudi-Arabien den Ruf, alles zu sein, außer die Heimat von Terroristen, obwohl man nicht viel darüber wusste. Bis heute dürfen Nichtmoslems Mekka und Medina nicht besuchen und so hieß auch eines der ersten Bücher über Saudi-Arabien recht treffend: *Das Geheime Königreich.*

Seit zwei Jahrhunderten wird Saudi-Arabien von der Familie Saud wie ein Familienunternehmen dirigiert. Regiert wird seit jeher mit Erlassen des Königs. Grundlage ist der Koran. Politische Parteien, Parlament und demokratische Institutionen in westlichem Sinn gibt es nicht. Sind Probleme zu lösen, so besuchen saudische Bürger eine der Versammlungen, die von einem der insgesamt 7.000 Prinzen regelmäßig abgehalten werden. Was der jeweilige Prinz dann entscheidet, gilt. Neben dem Herrscherhaus werden die Geschicke Saudi-Arabiens von der Versammlung der Religionsgelehrten geleitet. Saudi-Arabiens *Ulema* ist eine der konservativsten Einrichtungen aller moslemischen Staaten. Ihre Verbindung mit der Familie Saud geht bereits auf das 18. Jahrhundert zurück.

Wie viele andere Clans und Stämme hatten damals die Sauds das unwirtliche Wüstengebiet des heutigen Saudi-Arabiens bewohnt.

Abgesehen von Jedda, das seit Jahrhunderten der Anlaufhafen für Mekka-Pilger gewesen war, hatte es keinerlei Städte gegeben. Räuberbanden beherrschten die gesamte arabische Halbinsel. Dann war die Familie Saud ein Bündnis mit dem radikalen Prediger Mohammed Bin Abdul Wahhab eingegangen. Anders als viele islamische Denker jener Zeit hatte Wahhab eine Rückkehr zu den Quellen des Korans gepredigt. Rauchverbot, die Einhaltung der Fastenzeit des Ramadan und die Verhüllung der Frau wurden von den *Wahhabisten* strikter eingehalten als von allen anderen.

Dann, Anfang des 20. Jahrhunderts, hatte der Anführer des Stamms der Saud, Abdel Aziz Ibn Saud, mit Hilfe von strengreligiösen Kämpfern, den so genannten *Ikhwan*, Zug um Zug die gesamte arabische Halbinsel unterworfen.

Zwischen 1916 und 1928, so Said Aburish in seinem Buch über Saudi-Arabien, *gab es nicht weniger als 26 gegen das Haus Saud gerichtete Beduinenaufstände; jeder von ihnen endete mit einem Massenmord von Ibn Sauds Ikhwankriegern an meist unschuldigen Opfern, darunter auch Frauen und Kinder.*

Zu dem strengen Islam, den Ibn Saud sich zu Eigen machte, gehörte eine extreme Auslegung der *Sharia*, wie sie sonst nur im Taliban-Regime angewandt wurde. Exekutionen, Amputationen und Steinigungen fanden in aller Öffentlichkeit nach dem Freitagsgebet in der Hauptstadt Riad statt. Wenn Ausländer den Aufführungen der islamischen Justiz beiwohnen wollten, wurden sie in die erste Reihe der Tribünen gesetzt.

Schon zu Beginn der 30er Jahre wurde im unbewohnten Osten des Wüstenstaats Öl gefunden. Bald hatten nicht nur die Briten oder die Franzosen, sondern auch amerikanische Firmen von Ibn Saud die Erlaubnis erhalten, es zu vermarkten. Amerikaner, hatte der neue Herrscher von Saudi-Arabien geglaubt, seien im Vergleich zu den alten Kolonialmächten besser. Im Lauf der Jahrzehnte, von einem saudischen Herrscher zum nächsten, wurde diese Freundschaft mit den USA zum gegenseitigen Nutzen weiter ausgebaut. Die Amerikaner hatten Zugang zu den größten Ölreserven der Welt, die ihre Wirtschaft brauchte, und die Sauds waren im Gegenzug unter den Schutz einer damals erst aufsteigenden Großmacht gestellt worden. Schon um 1950 war laut Aburish *Dhahran, das Erdölzentrum der Saudis, die größte amerikanische Stadt zwischen Paris und Manila. Zwei Flugzeuge [...] pendelten mit den Ölarbeitern und Angestellten hin und her.*

Während die Techniker nach Dahran, in den Norden und in den Osten von Saudi-Arabien flogen und dort weitere Ölquellen erschlossen, reisten saudische Prinzen in die andere Richtung. Zuerst zum Studium auf europäische und amerikanische Universitäten, wobei anfangs auch saudische Frauen im Ausland studieren durften. Andere gaben die Erlöse aus den Erdölverkäufen hingegen mit vollen Händen in europäischen Casinos und Luxushotels aus. Geld kam ohnehin von ganz allein wieder herein.

Zu den vielen amerikanischen Geschäftspartnern bei den Ölverkäufen hatte die Familie Bush gehört. Das böse Erwachen kam abrupt, als an den September-Anschlägen ausgerechnet 15 Saudis beteiligt gewesen waren. Nur zwei der Attentäter hatten in Afghanistan mitgekämpft, was bedeutete, die saudische Jugend lernte vom Heiligen Krieg und kämpferischen Islam nicht in Afganistans Bergen, sondern in den Schulen und Moscheen ihrer Heimat – wie schon Bin Laden zuvor.

Seit Jahrzehnten wurde in saudischen Schulbüchern die Vorherrschaft des Islam allen anderen Religionen gegenüber gelehrt: *Allah hat die Juden und Christen verflucht und einige von ihnen in Schweine und Affen verwandelt [...]. Das Jüngste Gericht wird erst kommen, wenn Moslems die Juden bekämpfen und sie töten [...] Moslems werden gewarnt, mit Nichtmoslems Freundschaften zu schließen [...] Es ist eine Pflicht für Moslems, untereinander loyal zu sein und Ungläubige als Feinde zu betrachten,* steht in einem der Lehrbücher.

Am Morgen erschien wie verabredet ein saudischer Geschäftsmann namens Abdul bei uns im Hotel. Wir hatten ihn bei einem befreundeten Journalisten kennen gelernt. Weil er gerade nicht viel zu tun hatte, wollte er uns Jedda zeigen. Es war ein Freitag, die Stadt war wie ausgestorben. Ob er uns denn in die Vorstädte bringen könne, fragte ich ihn. »Da können wir nur hin, wenn wir bewaffnet sind«, sagte er. »Sonst bekommen wir eine Kugel in den Kopf.« Niemand, sagte er, würde uns in diese Bezirke fahren. Gangster seien dort genauso zu Hause wie die Typen, die Bin Laden nacheifern würden.

»Wenn ich euch da hinbringe, dann habe ich außerdem morgen die saudische Polizei am Hals.« Es war unmöglich, ihn zu überreden. Schon eine Frage über Bin Laden könnte uns Probleme machen, meinte er.

Als die Nacht anbrach, wartete ich wie ausgemacht auf den jungen Taxifahrer, damit er uns in sein Viertel bringe. Auf der gegenüberliegenden Straßenseite befand sich eine Moschee, die so klein war, dass die Gläubigen auf dem Platz davor beten mussten. Sie war aber nur eine von insgesamt 70 in Jedda. Man konnte in der Stadt keine fünf Minuten fahren, ohne ein islamisches Gebetshaus zu sehen. In die größten passten mehrere tausend Gläubige. Während ich wartete, filmte Jean-Jacques die Moschee gegenüber.

Ich wartete eine Stunde, aber der Taxifahrer tauchte nicht auf. Abdul lud uns daraufhin in ein japanisches Restaurant im Hotel »Sheraton« ein. Alkohol war, wie in ganz Saudi-Arabien, verboten. Entlang der langen Küste von Jedda stand zwar ein Palast nach dem anderen, aber es gab kein einziges Kino und keinen Nachtclub. In den Internet-Cafés, die überall eröffnet wurden, waren alle Websites, die mit Pornografie oder auch mit anderen Religionen zu tun hatten, blockiert. Außer dem *Wahhabismus*, einer sunnitischen Prägung des Islam, war in Saudi-Arabien jede andere Konfession verboten, die der Schiiten genauso wie die der Christen, Hindus, Juden oder Buddhisten.

Gegen zehn Uhr verließen wir das Restaurant. Jetzt war die gesamte Küstenstraße ein einziger Verkehrsstau. Junge Frauen ließen sich von ihren Fahrern ziellos herumchauffieren, verhüllt unter einem Schleier und einer *Abaja*, dem langen Mantel der saudischen Frauen. Selbst fahren durften Frauen ja nicht. Junge Männer wiederum fuhren gelangweilt in ihren Sportwagen herum, begegnen durften sich Jungs und Mädchen in der Öffentlichkeit nur, wenn sie miteinander verheiratet waren. Samstags bei Morgengrauen, wenn die Polizei verschwunden war, wurden dann alle Regeln über den Haufen geworfen. Auf einem Straßenstück hinter einem Hotel fanden Autorennen statt, wobei es mehrmals schon zu tödlichen Unfällen gekommen war. Bevor wir uns von Abdul verabschiedeten, sagte er uns, er würde uns am nächsten Tag zu einem der privaten Strände mitnehmen. Daraus wurde aber nichts, weil man Reporter dort nicht haben wollte, um mit den Behörden keine Schwierigkeiten zu bekommen.

Jean-Jacques und ich waren bereits mehrere Tage vor Ort, als uns der lokale Verantwortliche des Informationsministeriums sehen wollte. In seinem gut gekühlten Büro bot er uns ein Getränk an und fragte, was wir denn so in Saudi-Arabien machen wollten. Wir erklärten ihm, dass wir zum Jahrestag der September-Anschläge einige Berichte drehen wollten. Man werde uns helfen, so gut es nur ginge, sagte der Mann, und versprach eine ganze Reihe von Interviews zu organisieren, wobei es bei dem

Versprechen blieb. Irgendwie kam das Gespräch auf die amerikanischen Präsidentschaftswahlen im November. Ob er denn glaube, dass George W. Bush wieder gewählt würde, fragte ich. »Dieser Präsident hat sich mit seiner Politik keinerlei Freunde geschaffen«, erwiderte er, »weder in Amerika noch in Europa und schon gar nicht in der arabischen Welt. Er wird sicherlich nicht wieder gewählt werden.«

Vor der ersten Wahl von Bush im Jahr 2000 hatten Reporter immer wieder berichtet, Bill Clinton sei in der arabischen Welt nicht populär gewesen. Wegen der Verbindungen der Bush-Familie zu verschiedenen Ölfirmen wäre Bush ein besserer Kandidat. »Ich wette mit Ihnen«, sagte der Saudi aber am Ende, »dass Bush nicht wieder gewählt wird.«

Ich wettete, rein aus Prinzip, dagegen. Da meinte er plötzlich, sollte ich gewinnen, würde er mir seinen Rolls-Royce schenken. Was er denn haben wolle, falls er gewinne, fragte ich ihn voller Sorge. Dass es etwas Gleichwertiges sein würde, konnte ich mir leicht vorstellen. »Ich möchte das letzte Modell des Mercedes Cabrio«, erwiderte er in aller Ruhe. »Ich möchte keinen Rolls mehr.«

Geld war der Schlüssel in Saudi-Arabien. Damit wurden sowohl europäische Luxusautos gekauft als auch die Lehren Allahs von höchster Stelle aus in alle Welt verbreitet – auch nach Afghanistan, wo während des Kriegs zehn Milliarden Dollar für die Gotteskrieger ausgegeben wurden. Der Krieg war vom saudischen Königshaus als eine Möglichkeit angesehen worden, sein Ansehen und seinen Einfluss unter den Moslems in aller Welt zu stärken.

Zur gleichen Zeit hatte das saudische Regime systematisch begonnen, Freiheiten im eigenen Land zu unterdrücken. Viele waren es ohnehin nicht.

Plötzlich wurden nicht nur Frauen vom Bildschirm verbannt und Friseurläden geschlossen, auch saudischen Studentinnen wurde verboten, ihre Studien im Ausland fortzusetzen. Die Bekleidung wurde strenger kontrolliert, von der so genannten Religionspolizei, der *Muttawa*. Tausende junger Saudis wurden in jenen Jahren zu diesen Polizisten ausgebildet. Bereits im Alter von fünf Jahren wurden sie in Koranschulen aufgenommen und nach den Richtlinien eines strengen Islam ausgebildet. Am Ende ihrer Schulzeit waren die meisten fanatische Islamisten. Genau richtig, um die Bevölkerung zu kontrollieren. Frauen, die sich nicht ausreichend verhüllten, wurden von den Religionspolizisten geschlagen oder gar verhaftet.

Weder in Saudi-Arabien noch in Afghanistan hörte dieser Kampf gegen alle weltlichen Einflüsse auf, als die Sowjets geschlagen aus dem zerstörten Afghanistan abzogen. Sogar die Amerikaner hatten von dem Konflikt längst genug. Nicht so die Saudis. Unentwegt wurden Hunderte von Millionen Dollar an militante afghanische Gruppen überwiesen: *Der saudische Geheimdienst,* schrieb der Amerikaner Steve Coll in einem Buch über die Ursprünge der Fundamentalisten, *entwickelte einen Plan, den er König-Fahd-Plan für den Wiederaufbau von Afghanistan nannte, ein 250-Millionen-Dollar-Projekt. Diese Menge an Geld garantierte, dass – auch wenn die CIA sich voll und ganz an die neuen US-Richtlinien hielt, die dafür bestimmt waren, Extremisten zu isolieren [...] – alle Versuche des Geheimdiensts durch den Fluss an finanziellen Mitteln aus Saudi-Arabien und dem Persischen Golf unterwandert wurden.*

Längst war Afghanistan nicht mehr nur das einzige Ziel der saudischen Kampagne. Moscheen in den zentralasiatischen Republiken wurden inzwischen genauso finanziert wie Koranschulen in Europa und in Amerika. *(König) Fahds Bild in der Öffentlichkeit, wie das aller saudischen Könige, war wichtig,* so der Autor Dore Gold. *Schließlich war Fahd, wie alle saudischen Monarchen, gleichzeitig der Imam, der religiöse Führer der Wahhabiten. [...] Saudi Arabien begann deshalb eine massive Kampagne, um den Islam der Wahhabiten in der Welt zu verbreiten. Zwischen 1982 und 2002 wurden 1500 Moscheen, 210 islamische Zentren und 2.000 Schulen, um moslemische Kinder zu erziehen, allein in nichtislamischen Ländern errichtet. [...] Internen Dokumenten der Moslemischen Weltliga zufolge gaben die Saudis in den 80er Jahren allein innerhalb von zwei Jahren die Summe von zehn Millionen Dollar für den Bau von Moscheen in den USA aus.*

Petro-Dollar-Islam hatte der Islam-Experte Gilles Kepel die Politik Riads genannt, unentwegt islamische Gruppen oder Parteien, die sich auf den Islam beriefen, zu finanzieren, egal wo. Und die dramatischen Folgen dieser Politik waren nicht zu übersehen. *Die Saudis [...], schrieb Gold, spendeten enorme Summen, und Spenden in einer solchen Höhe können gewisse Erwartungen erwecken: Der Empfänger könnte seine Einstellung der seines Gönners anpassen, um weitere Unterstützung zu sichern. So haben zum Beispiel die Saudis [...] die ägyptische Al Azhar-Universität mit Geldern unterstützt und in Folge dessen nahm dieses große Zentrum der islamischen Lehre eine konservativere religiöse Haltung an. Ob also die Saudis Bedingungen an ihre Spenden knüpften oder nicht, die Folge war dieselbe für Saudi-Arabien. Es war eine gute Möglichkeit, die Lehre des Wahhabismus auf globaler Ebene zu verbreiten.* Auf den ersten Blick hatte diese Politik für die Saudis eine Reihe von Vorteilen. Sie erlaubte ihnen, ihren lockeren Lebensstil weiterzuführen, während sie gleichzeitig als Hüter des Islam auftreten konnten. In den Jahren des Afghanistan-Kriegs nahm der König zusätzlich den Titel »Hüter der heiligen Stätten des Islam« an, um damit ständig daran zu erinnern, dass Mekka und Medina unter seiner Herrschaft standen.

Wie ein Bumerang sollte diese Politik später auf die Saudis zurückfallen: Als nach den September-Anschlägen das saudische Regime versuchte, das Ruder herumzureißen, geschah es nur halbherzig – und es war längst zu spät.

Einige Monate vor unser Reise hatten wir in Berlin Prinz Turki al Faisal, Saudi-Arabiens langjährigen Geheimdienstchef, getroffen.

Er war in die deutsche Hauptstadt zu einem Vortrag gereist, um internationale Geschäftsleute zu beruhigen. Nur zwei Wochen zuvor war ein Amerikaner von einer Terrorgruppe, die *Al Qaida* nahe stand, in Riad entführt worden. Das Video von seiner Enthauptung war im Internet längst verbreitet worden. Im Januar waren bei einem Anschlag auf eine Ausländersiedlung in Al Khabar 22 Menschen gestorben. 35 Menschen waren im Mai 2003 bei der Explosion von drei Autobomben in einer Wohnsiedlung getötet worden.

»Der 11. September«, hatte uns der Prinz im Interview erklärt, »war ein Alarmsignal auch für die saudische Gesellschaft. Wir müssen der Welt klar machen, dass wir keine Brutstätte für religiöse Extremisten sind.«

Um das der Welt zu verdeutlichen, war zusätzlich eine amerikanische Werbefirma beauftragt worden, das angeschlagene Image der Saudis im Westen zu reparieren. Zur Strategie gehörte auch, Reportern schneller ein Visum zu geben, dank des Prinzen hatten wir dann unseres bekommen.

Es war für niemanden schwieriger als für Prinz Turki, das gemäßigte Saudi-Arabien der Welt zu verkaufen. Während des Afghanistan-Kriegs war er als Geheimdienstchef der Mittelsmann zu Fundamentalisten wie Bin Laden gewesen.

Bin Laden, der zu Beginn der 90er Jahre in seine Heimat zurückgekehrt war, hatte sich mit dem Geheimdienstchef, ja mit dem ganzen Königshaus wegen der Stationierung von US-Truppen in Saudi-Arabien zerstritten. Nicht viel später hatte Bin Laden dem Regime in einem offenen Brief vorgeworfen, von der wahren Lehre des Islam abzuweichen. »Die Anwesenheit von Kreuzfahrern und Juden«, hieß es da, würden »die Heiligen Stätten der Moslems verunreinigen.« Drei Jahre später, 1994, wurde ihm wegen seiner aufrührerischen Kritik die saudische Staatsbürgerschaft entzogen. Bin Ladens Rache, ein erster Terroranschlag gegen das Königshaus, hatte nicht lange auf sich warten lassen. 1995 hatte sich ein Selbstmordattentäter vor einer Kaserne der saudischen Armee, der Nationalgarde, in die Luft gesprengt. Fünf Amerikaner waren dabei umgekommen, Dutzende Saudis waren verletzt worden. Nur einige Monate darauf hatte es einen weiteren Anschlag in der Stadt Al Khobar gegeben, dabei waren gleich 19 US-Militärs umgekommen.

In Interviews, die er aus seinen Verstecken gab, hatte Bin Laden den Rückzug der US-Armee aus Saudi-Arabien verlangt. 1996, in seiner »Kriegserklärung an die amerikanische Besatzungsmacht der Heiligen Stätten«, machte er die USA für die Verhaftung von radikalen Predigern in seiner Heimat verantwortlich. Saudi-Arabiens König würde, so Bin Laden, ein Kreuz auf seiner Brust tragen.

Und längst hatte Bin Laden auch in seiner Heimat genug Anhänger, radikale Prediger und Koranschüler, von denen der Kampf im Namen Allahs proklamiert wurde – auch im staatlichen Fernsehen. So sagte der saudische Prediger Scheich Abd al Rahman Al Sudayyis, der wichtigste Imam der Großen Moschee in Mekka und damit einer der mächtigsten Vorprediger des Landes, im saudischen Fernsehen: »Die Geschichte der Juden ist dunkel und beinhaltet eine Serie von Morden an Propheten, Kämpfern und rechtgesonnenen Leuten. Aber vielleicht ist das der Anfang vom Ende. Wir haben die Hoffnungen dieser Nation durch den Heiligen Krieg wiederbelebt. Mit Allahs Hilfe wird es entweder den Sinn des Lebens oder das Märtyrertum für euch geben!«

Zugeständnisse gegenüber solchen Radikalen gab es in Saudi-Arabien überall, selbst in den offiziellen Medien. Als ein angebliches *Al Qaida*-Mitglied namens Al Omari von dem radikalen Vorprediger Scheich Safar Al Hawali überredet worden war, sich den Behörden zu stellen, war in der Zeitung *Al Watan* folgender Bericht veröffentlicht worden, der in unseren Ohren absurd klingt. Al Hawali beschrieb darin die Übergabe des mutmaßlichen *Al Qaida*-Mannes an die Behörden:

Er sagte, er traf Al Omari in seinem Haus in Jedda, wo sie gemeinsam aßen und über Al Omaris Bedingungen, sich zu stellen, diskutierten. Es seien laut Al Hawali ganz einfache Bedingungen, die das [saudische] Innenministerium nicht zurückweisen könne. Während des Treffens gestand Al Omari gegenüber Al Hawali, dass er eine Aktion geplant hatte, die Blutvergießen und Zerstörung bringen würde, aber dass er nun überzeugt worden war, es würde nichts Gutes bringen, und dass solche Taten verboten wären. Nach dem Treffen begleitete Al Hawali ihn zum Haus von Prinz Mohammed Bin Naif Bin Abdelaziz, dem Sohn des Innenministers Prinz Naif, dem er zugleich als Assistent für Sicherheitsfragen diente [...]. Laut Al Hawali bereitete der Minister einen menschlichen Empfang für Al Omari vor und pries ihn und lobte ihn für seinen Mut, sich kurz nach der Amnestie-Erklärung zu stellen. Al Hawali bemerkte während des zweistündigen Treffens, dass Prinz Mohammed Bin Naif dem gesuchten Terroristen Al Omari die Möglichkeit gab zu wählen, in welchem Gefängnis er bis zum Ende des Verhörs bleiben wolle – ob in Riad oder in Jedda [...]. Al Hawali beschrieb diesen Vorschlag als einen klaren Beweis dafür, dass der Prinz die Gefühle des Gesuchten verstand [...]. Al Omari entschied sich für ein Gefängnis in Jedda.

Als ob das an Widersprüchen noch nicht genügen würde, gab es eines Abends, als wir in einem luxuriösen Einkaufszentrum in Jedda junge Leute zu Bin Laden befragten, nur betroffenes Schweigen. Die Reden der radikalen Prediger wurden zwar weiterhin erlaubt, Debatten über die Ursprünge des Terrors aber verboten.

Laut Menschenrechtsorganisationen gingen die saudischen Behörden mit keinem, der Bin Laden nacheiferte, zimperlich um. Ein westlicher Diplomat sagte mir, selbst jene, die nur in Verdacht stünden, sich für Terroraktionen bereitzuhalten, würden in die Wüstengebiete im Osten des Landes zwangsumgesiedelt. Und ihre Familien mussten gleich mit.

Saudi-Arabiens Innenminister, der konservative Prinz Naif, hatte nach den September-Anschlägen in Amerika zwar erklärt, dass Terrorismus dem Islam nur schade, und die Anschläge streng verurteilt. Zugleich sagte er jedoch, nicht der Islam, sondern der israelische Geheimdienst würde hinter dem Terror stecken. Damit war die Frage beantwortet, wer denn für den September-Terror verantwortlich sein sollte. Jedenfalls nicht die Saudis.

In einer der größten Moscheen von Jedda trafen wir nach dem Abendgebet den gemäßigten Scheich Jazzin zu einem Interview. Wir wollten von ihm wissen, warum so viele Attentäter ausgerechnet aus Saudi-Arabien stammten. »Niemand weiß, warum sie es getan haben«, sagte er. »Eines ist aber sicher: man kann nicht alle Saudis und den Islam dafür verantwortlich machen.«

Am Tag darauf, einem Freitag, filmte Jean-Jacques Jazzins Gebet im Kreis der Gläubigen. Danach interviewten wir einige von ihnen. Auch sie waren fest davon überzeugt, keiner der September-Attentäter sei ein Moslem gewesen. Die wären zu solchen Gewaltakten nicht fähig. Eine friedliche Religion wie der Islam könne deshalb nicht dafür verantwortlich gemacht werden.

Aber in der Zwischenzeit hatten weitere Anschläge in aller Welt, auf der Urlaubsinsel Bali ebenso wie in der spanischen Hauptstadt Madrid im März 2004, wo 200 Menschen ums Leben gekommen waren, oder im Irak und selbst im Polizeistaat Saudi-Arabien demonstriert: Niemand ist mehr auf dieser Welt sicher; Saudis eingeschlossen.

Ein paar Wochen vor der Reise nach Saudi-Arabien war ich zufällig auf einem Flug von Paris nach Wien neben einem Pärchen gesessen. Er war mit Jeans und Hemd bekleidet, seine junge Frau
trug ein Kopftuch so fest umgebunden, dass man kein einziges
Haar sehen konnte. Sobald die Maschine in Richtung Landebahn
gerollt war, hatte der Mann einen Koran aus seiner Tasche gezogen. Kurz darauf seine Frau ebenfalls. Während das Flugzeug ab-
hob, konnte ich sehen, wie die beiden ihre Lippen bewegten.
Andächtig hatten sie dabei in die Seiten des Korans geblickt. Der
Frau war anzusehen, dass sie sich fürchtete. Wovor sie denn
Angst hätte, fragte ich sie, nachdem wir ins Gespräch gekommen waren. »*Bad people*«, hatte sie gesagt. »Schlechte Menschen.« Terroristen. Jedes Mal, wenn sie in ein Flugzeug steige,
sei sie in Panik, einer würde die Maschine in die Luft sprengen.
   Die beiden erzählten, sie würden aus Jedda stammen. Seit
den September-Anschlägen wären sie nicht mehr in Europa unterwegs gewesen, erklärte mir die Frau. Für Saudis, meinte sie,
wäre es nun noch schwieriger, ein Visum für ein europäisches
Land ausgestellt zu bekommen. Nach dem 11. September 2001
wären für Tausende Studenten aus Saudi-Arabien die Visa nicht
mehr verlängert worden. Auf dieser Reise würden sie Verwandte
in Wien besuchen. Ob es denn wahr sei, fragten sie mich, dass es
in vielen Staaten Europas verboten sei, ein Kopftuch zu tragen?
   Nach unserer Ankunft in Jedda hatte ich das Ehepaar von damals angerufen. Sie wären noch nicht von ihrer Reise zurück,
teilte man mir unter der Nummer mit.

Am Abend vor unserer Weiterreise nach Riad gingen wir in
Jeddas Altstadt. Dort, in den Hinterhöfen, rekrutierte *Al Qaida*
seine Fußsoldaten für den laufenden Heiligen Krieg. Beinahe
die Hälfte aller Selbstmordattentäter im Irak stammte nicht aus
den ärmlichen Palästinenserlagern, sondern aus dem reichsten
Land der ganzen Region, aus Saudi-Arabien. Die Fundamentalisten brauchten in diesem Viertel keinen mehr von ihren An-

sichten zu überzeugen, sie waren es schon. Überall waren auf die Häuserwände Graffitis geschmiert worden. Das sei nicht wichtig, meinte unser Aufpasser schnell, als ich Jean-Jacques anwies, sie zu filmen. *Allah u akbar!*, »Allah ist groß!«, stand da auf einer Wand geschrieben. Auf einer anderen »Das Kalifat naht!«.

Nach zwei Tagen flogen wir von Jedda in die Hauptstadt, wo die Regierung Saudi-Arabiens saß, alles Prinzen, die ernannt worden waren. Außer dem Ölminister gehörten alle Mitglieder der Regierung dem Königshaus an. So, als wäre nichts geschehen, verfolgten sie unbeirrt die alte Agenda aus den 80er Jahren, ihren Islam, den Wahhabismus, in alle Welt zu verbreiten.

Nachdem wir im Hotel in Riad eingecheckt hatten, brachte uns ein Fahrer zum Informationsministerium. Mehrere Sicherheitsprüfungen mussten wir über uns ergehen lassen, bevor wir hineindurften. Seit Beginn der Anschlagsserie gab es in Riad kein öffentliches Gebäude, vor dem nicht Betonblöcke und starke Polizeieinheiten standen. Sobald wir im Ministerium waren, wurden wir in den obersten Stock gerufen und noch bevor wir uns gesetzt hatten, fragte der Minister: »Warum gibt es in ganz Griechenland eigentlich keine Moschee?« Er hätte bei einem Besuch festgestellt, dass Moslems in einem Land der Europäischen Union, in Griechenland, diskriminiert würden.

Später habe ich im Internet nachgelesen, dass Griechenland tatsächlich das einzige EU-Land ist, in dem bisher für Moslems kein Gebetshaus erbaut wurde. Hunderttausende Einwanderer aus moslemischen Ländern lebten aber inzwischen in Griechenland und mussten ihre Gebete in improvisierten Gebetsräumen wie Kellergewölben verrichten. Pläne für die Errichtung eines islamischen Zentrums und einer Moschee im Dorf Peania nahe bei Athen waren zwar genehmigt worden, es gab aber Widerstand bei den Einheimischen. Viele äußerten die Befürchtung, radikale Vorprediger würden versuchen, griechisch-orthodoxe Gläubige zum Islam zu konvertieren. Ängste, die aus der Vergangenheit Griechenlands zu erklären sind, das bis ins 19. Jahrhundert unter der Herrschaft des türkischen Reichs stand.

Dann wollte der Minister noch über das Kopftuch in Frankreich reden.

Moslems in verschiedenen europäischen Ländern, sagte er, würden ständig benachteiligt werden. Frauen in Frankreich würde man verbieten, sich den Kopf zu bedecken. Das Kopftuch, der *Hejab,* sei für eine Moslemin aber eine religiöse Pflicht. »Den *Hejab* zu verbieten ist nicht akzeptabel für uns.«

Dieses Thema hatten sich die Saudis noch mehr zu Herzen genommen als die Moscheen in Griechenland. Einige Monate zuvor war in der französischen Nationalversammlung mehrheitlich entschieden worden, allen Schülern von der Unterstufe bis zum Abitur das Tragen von religiösen Symbolen jeder Art zu verbieten. Dazu gehörten ein sichtbar getragenes Kreuz um den Hals, eine *Kippa,* die Kopfbedeckung der Juden, genauso wie der *Hejab* für die Mädchen. Die größten Debatten hatte es dabei um das Kopftuch gegeben. Eine Kommission hatte vor der Parlamentsdebatte über dieses Verbot entschieden, eine sichtbare Kopfbedeckung sei als Diskriminierung der Frau zu werten. Das Verbot bedeute aber nicht, dass Frauen außerhalb der Lehrstätten sich nicht verhüllen dürften. Von einer großen Mehrheit der Moslems in Frankreich war die Entscheidung problemlos akzeptiert worden.

Der Minister ließ sich hingegen durch kein Argument beruhigen. Westliche Gesellschaften, meinte er, würden sich als tolerant bezeichnen, es aber keineswegs sein.

Nach dem Treffen fuhren wir zurück in unser Hotel, vorbei an den schwer bewachten Wohnsiedlungen der Ausländer. Diese waren seit den Anschlägen in uneinnehmbare Festungen verwandelt worden. Neben 35.000 Amerikanern lebten 10.000 Briten, Franzosen und Deutsche in Saudi-Arabien. Dazu kamen ein paar Millionen Gastarbeiter aus nichtwestlichen Ländern. Amerikaner und Europäer trauten sich aus ihren Häusern kaum mehr heraus. Und wenn, dann nur für einige Stunden. Aus Angst vor Entführungen verhüllten sich westliche Frauen wie die saudischen. Zunehmend wurden während der Stopps an den Kreuzungen Ausländer von Saudis beschimpft. Westliche Botschaften hatten an ihre jeweiligen Landsleute die Anweisung ausgegeben, des Nachts nicht auf den Highways unterwegs zu sein. Wenn sich einem ein Wagen mit schwarz getönten Scheiben nähern sollte, wäre es am besten, sich so schnell wie möglich zu entfernen. Es hieß, dies seien möglicherweise die Wagen von Fundamentalisten, die unterwegs wären, um Ausländer zu jagen.

Am Abend wollten wir im Restaurant des Faisalia-Towers, des modernsten Wolkenkratzers von Riad, drehen. Als wir die Kamera anmachten, verbot uns ein saudischer Gast zu filmen. Ich erklärte ihm, dass wir eine Genehmigung hätten. Das sei ihm einerlei, meinte er höflich, er wolle nicht gefilmt werden. Es blieb uns nichts anderes übrig, als uns zu fügen.

Wenn Bin Laden mit seinem globalen Terror etwas erreicht hatte, dann ein Klima des Argwohns zu verbreiten. Wir blieben zwei Wochen, interviewten Prediger, Saudis und Ausländer. Doch sobald wir die Kamera aufstellten, kam die Religionspolizei, mit der man Dinge erleben konnte wie sonst nirgends auf der Welt.

Am Tag vor unserer Abfahrt wollte ich ein paar Stand-ups aufnehmen. Am besten geeignet dafür schien uns der Goldmarkt von Riad. Also fuhren Jean-Jacques und ich, begleitet wie immer von unserem Aufpasser, gegen sechs Uhr abends, als das Licht nicht mehr so grell war und die Hitze nachgelassen hatte, dorthin. Gerade als ich anfing, in die Kamera zu sprechen, hörte ich, wie jemand hinter mir schimpfte. Als ich mich umdrehte, stand ein Knirps hinter mir, nicht älter als zwölf. Er war ein Religionspolizist. Was ich denn hier mache, fragte er unseren Aufpasser. So viel der auch auf den Polizisten einredete, nichts schien diesen zu überzeugen, er wollte mir einfach die Arbeit verbieten. Er werde mich verhaften, sagte er schließlich zum Aufpasser, bevor er dann doch verschwand.

Verunsichert hatten Händler und vorbeigehende Saudis in sich hineingelächelt, als sie sahen, wie der Kleine mich zurechtwies. Aber er hatte mehr Macht als alle anderen zusammen. So sah das saudische Regime seit seinem Bestehen die Religion, als eine Macht, die über allem stand. Und nichts deutete darauf hin, dass sich daran etwas ändern würde. Im Gegenteil. Es war nicht das Land, wo die Demokratie als erstes Fuß fassen würde.

KAPITEL 16

Wie kommt Allah
nach Tschetschenien?

Tschetschenien, Dezember 2004 bis Januar 2005   Ohne ihre
Waffen gingen die Kämpfer in den grün und blau gescheckten
Uniformen nicht einmal auf die Toilette in dem Verschlag hin-
ter dem Restaurant. Mit ihren AK-47-Gewehren oder Makarov-
Pistolen tauchten sie dann wie riesige Schatten in der Tür auf.
Einer hatte sogar seine zwei Patronengürtel umhängen, als er
aus dem Garten zurückkam. »Russische Spezialeinheit«, sagte
Ibrahim. »Brutale Typen.«

Wir hatten uns an einen Tisch nahe beim Fenster gesetzt. Wegen der Selbstmordattentäter, meinte Ibrahim, dann würden
wir diese schneller bemerken. Der Anschlag vor dem Tor der
»Grünen Zone« in Bagdad fiel mir ein. In dem Moment, in dem
wir einen möglichen Attentäter von unserem Tisch aus sehen,
dachte ich, ist ohnehin schon alles zu spät. Das Lieblingslokal
von Milizen, Sondereinheiten und tschetschenischen Polizisten
wie Ibrahim und Arturo in Grozny wäre ein ideales Ziel für jeden Attentäter.

Nicht weit entfernt befand sich das Grozny-Dinamo-Stadion,
wo im Mai 2004 mehrere Personen bei einer Explosion zusammen mit dem prorussischen Präsidenten getötet worden waren; einige Straßen weiter das Regierungsgebäude. Davor hatte
sich im Dezember 2002 ein Selbstmordattentäter in die Luft gejagt und 72 Menschen mit in den Tod gerissen. Seither wurden

offizielle Gebäude, Kasernen und das Krankenhaus durch riesige Betonklötze geschützt – aber nicht das Restaurant, in dem wir saßen.

»Das ist als Nächstes dran«, meinte Ibrahim so trocken, wie Männer oft in Anwesenheit von Frauen im Krieg reden. Trotzdem hatte er darauf bestanden, uns ausgerechnet dort zum Mittagessen zu treffen. Den zwei hübschen Serviererinnen lachte er zu, als wäre Grozny ein Urlaubsort und nicht Schauplatz blutiger Kriege. Die eine Frau, mit einem winzigen Tuch auf dem Kopf, das nicht einmal ihren Pferdeschwanz versteckte, stellte zwei Teller mit Lammspießen auf den Holztisch. Dazu gab es grob geschnittene Zwiebeln, scharfe Paprika, gebratene Kartoffeln und jede Menge Brot. Wir tranken Pepsi-Cola. Alkohol gab es offiziell keinen, aber niemand musste in Grozny lange nach Whiskey oder Wodka suchen. Das war kein Kalifat, sondern ein Land mit Kämpfern, Erdölvorkommen am Kaspischen Meer und Verrückten wie Ibrahim. Es gab Wichtigeres als die Religion. Dass Tschetschenien das ärmste Land in der Sowjetunion gewesen war, hatte die Probleme nicht verringert.

Als Ende der 90er Jahre der damalige Präsident Maskhadov vorübergehend die *Sharia* in Tschetschenien eingeführt hatte, war die große Mehrheit der Bevölkerung dagegen gewesen. Nicht nur wegen des Alkoholverbots. Hier wurde zuerst Krieg geführt und dann gebetet. Der letzte lag nur sechs Jahre zurück. Er endete mit einem fragilen Waffenstillstand mit den Russen, die ein paar tausend Mann in Tschetschenien stationiert ließen, gerade so viel, dass sie die Kontrolle behielten.

Zwei neue Gäste, Männer mit blonden Haaren und slawischen Gesichtszügen, in hellblauen Kampfoveralls, erschienen am Eingang. »Wer sind die?«, fragte ich Ibrahim. »Andere russische Spezialeinheiten«, meinte er, »die härtesten.«

Brutale Typen und Milizen, dazwischen bewaffnete Männer in Zivil; alle Vertreter des verwirrenden tschetschenischen Konflikts schienen da zu sein. Die Einzigen, die fehlten, waren die arabischen Freiwilligen, die aber in den Bergen ihre Verstecke hatten und sich in Grozny kaum blicken ließen. Noch hatten wir nicht fertig gegessen, da läutete Arturos Handy. Er stand auf und verschwand ohne ein Wort.

Seit ein paar Tagen war ich zusammen mit einem russischen Kameramann namens Sergej* in Grozny. Sergej hatte die Reise lange vorbereitet. Im November war er in unserem Auftrag zum ersten Mal von Moskau nach Tschetschenien gereist. Er sollte versuchen, die Familien von Mädchen zu finden, die sich im Namen Allahs in die Luft gesprengt hatten. Dass Männer, Märtyrer, daran Gefallen finden konnten, war schon schwer nachzuvollziehen, aber was veranlasste Frauen dazu? Von Moskau wurden diese Mädchen als Marionetten arabischer Fundamentalisten bezeichnet, die sie im Namen Bin Ladens in den Tod senden würden. Für die eigene Seite, die Tschetschenen, waren sie selbstverständlich Heldinnen.

In dem abgelegenen Tschetschenien leben nur drei Millionen Menschen, Selbstmordattentäterinnen gibt es hier aber mehr als im gesamten Rest der Welt. Seit den 80er Jahren hatten sich erstmals in Sri Lanka und in der Türkei bei Attentaten auch Frauen in die Luft gesprengt. Im Nahen Osten, in der Stadt Jerusalem, war im April 2002 die erste Selbstmordattentäterin aufgetaucht, doch insgesamt hatten sich bisher nur drei Frauen in Israel auf diese Art getötet; im Irak noch keine einzige.

Doch im tschetschenischen Dorf Alkhan-Kala saß bereits im Juni 2000 das Mädchen Khava am Steuer eines Lastwagens und war direkt durch alle Absperrungen auf einen russischen Posten zugerast. Das Video, welches kurz vor ihrem Tod gedreht worden war und das wir von einer russischen Reporterin gekauft

* Name geändert

hatten, zeigte ein sanftes, lächelndes Mädchen. An ihrer Seite konnte man ihren Cousin sehen, einen gewissen Arbi Barajew, der zu einem der mächtigsten Clans des Landes gehörte. Er habe, hieß es allgemein, Khava in den Tod geschickt. Wenn der Islam bei dem Krieg keine hervorragende Rolle spielte, dann bei den Mädchen noch weniger. Es war die sinnloseste Art, Krieg zu führen, und die brutalste.

Es war ein schöner, ruhiger Herbstmorgen gewesen, als zum vorerst letzten Mal, Anfang September 2004, tschetschenische Geiselnehmer in einer Schule in dem nordossetischen Ort Beslan zugeschlagen hatten. Wieder waren zwei Frauen beteiligt. Zuvor, im Oktober des Jahres 2002, als ein Kommando in einem Moskauer Theater Hunderte Menschen in seine Gewalt gebracht hatte, waren 16 Frauen unter den 50 Kidnappern gewesen. Männer wie Frauen waren beim Einschreiten von russischen Sondereinheiten umgekommen und hatten 129 unschuldige Geiseln mit in den Tod mitgenommen, weil die Russen ein zu starkes Gas einsetzten, um die Kidnapper zu betäuben. Für die Moskauer Geiselnahme übernahm Shamil Basajew die Verantwortung, Chef einer der vielen tschetschenischen Kidnapperbanden.

Auch der Albtraum Beslan ging auf Basajews Konto. Am vierten Tag der Geiselnahme war eine Schießerei ausgebrochen, während vor dem Schulgebäude Eltern, die sich bewaffnet hatten, auf ein Ende des Dramas warteten. Als die ersten Schüsse gefallen waren, hatten diese die Schule gestürmt. Gleichzeitig waren russische Kommandos in das Gebäude eingedrungen. So gab es am Ende 330 Tote.

Nur Tage zuvor hatten sich zwei junge Frauen in Flugzeugen über Russland in die Luft gesprengt. 89 Menschen wurden von ihnen mit in den Tod gerissen. Davor war es in Moskauer Metrostationen und bei Rockkonzerten zu ähnlich blutigen Attentaten von Selbstmörderinnen gekommen.

Mädchen, die bereit waren, bei weiteren Geiselnahmen zu sterben, seien schwer zu finden, hatte Sergej nach seiner ersten Rückkehr aus Tschetschenien gesagt. In der Nachbarrepublik Dagestan hätte er einen Polizisten aufgetrieben, der ihm versprach, eine Selbstmordkandidatin zu finden. Sicher war aber nichts.

Wir wussten jedoch, dass in einem Moskauer Gefängnis eine junge Selbstmordkandidatin namens Zarema Muschachojewa in Haft saß. Im Sommer vor zwei Jahren war sie an der Tür eines Moskauer Kaffeehauses mit Sprengstoff in der Tasche festgenommen worden. Als wir aber beim russischen Sicherheitsdienst FSB anfragten, ob wir sie interviewen dürften, wurden wir hingehalten.

Daraufhin waren Sergej und ich direkt nach Nordossetien geflogen. Dort wurden wir in einem Hotel von einem Tschetschenen, Sergejs Kontaktmann, abgeholt, der uns auf Seitenstraßen bis zur Grenze brachte. Der Grenzübergang nach Tschetschenien war nicht kompliziert gewesen. Es hatte genügt, den Grenzsoldaten ein paar tausend Rubel zuzustecken. Bei Sergejs Kontaktmann wohnten wir nun auch. Unbeschädigte Häuser gab es in dem zerstörten Grozny nur wenige, Hotels keine.

Das Restaurant hatte sich inzwischen geleert. Wir warteten aber weiter auf Arturo. Was los war, erklärte uns Ibrahim nicht. Später sollten wir herausfinden, dass Arturos Wagen einfach zusammengebrochen war. Als der Mechaniker dann angerufen hatte, dass er repariert sei, hatte es immer noch eine ganze Weile gedauert, bis der Wagen endlich ansprang.

Erst eineinhalb Stunden später sahen wir Arturo am Steuer des alten Lada vorfahren. Während Sergej und ich uns auf die Rücksitze setzten, nahm Ibrahim, seine Kalaschnikow zwischen den Beinen, auf dem Beifahrersitz Platz. Mit kreischenden Reifen ging es los. »Wir fahren zum Kommandanten«, sagte Arturo nur. »Wenn einer über eine *Shaheed* Bescheid weiß, dann ist er es.«

Von der russischen Presse wurden die Selbstmordattentäterinnen »Schwarze Witwen« genannt, wegen ihrer schwarzen Kleidung, ihrer schwarzen Kopftücher und Gesichtsschleier. Mit dem arabischen Wort *Shaheed*, »Märtyrerin«, bezeichneten sie hingegen die moslemischen Tschetschenen.

Der gesamte Kaukasus war von arabischen Predigern seit dem achten Jahrhundert islamisiert worden, wobei die vorherrschende Lehre die des Sufismus war, eine friedliche, philosophische Version des Islam. Normalerweise, so auch hier, mischte sie sich mit den verschiedensten örtlichen Traditionen von der Gastfreundschaft bis zur Blutrache. Bevor der Islam sich in der Region ausbreitete, wurde Tschetschenien von Großfamilien regiert, die man auf Tschetschenisch *teip* nannte. Nichts war wichtiger im Land als sie.

Später, im 18. und 19. Jahrhundert, wurde der Islam auch zur vereinigenden Kraft der unterschiedlichsten Familien im Kampf gegen die übermächtigen Russen, die Ungläubige genannt wurden. Geheime Brüderschaften der Sufisten wurden gegründet; eine Zeit lang regierte ein Imam das Land. Heilige Kriege wurden in Tschetschenien fast ununterbrochen gegen das russische Großreich geführt, Kontakte mit arabischen Ländern, vor allem mit Saudi-Arabien, existierten jedoch kaum. Die Religion, gemischt mit heimischen Bräuchen, blieb Angelegenheit der Tschetschenen.

Sobald wir das Zentrum von Grozny verließen, trat Arturo fest aufs Gaspedal. Auf der schlecht asphaltierten Straße rumpelte der Wagen nur so dahin. »Aus diesen Häusern hat ein Scharfschütze auf unseren Kommandanten geschossen«, sagte Arturo und deutete dabei selbstherrlich auf eine Reihe von leer stehenden Wohnsilos. Scharfschützen lauerten überall in Tschetschenien. Zu jeder Tages- und Nachtzeit konnte man hören, wie geschossen wurde. Waren es nicht Scharfschützen, dann stritten zwei Kämpfer miteinander. Oder es wurde eine Hochzeit ge-

feiert, bei der geballert wurde, und so wurden durch Querschläger zahlreiche Unschuldige verletzt. Im Krankenhaus der tschetschenischen Hauptstadt trafen täglich Kinder, Frauen und Alte
mit Schussverletzungen ein.

Ungefähr 20 Kilometer von Grozny entfernt lag das Hauptquartier der tschetschenischen Polizei, Ibrahims und Arturos
Sitz. Die Polizei unterstand Vize-Ministerpräsident Kadyrow.
Dessen Vater, Achmed Kadyrow, war der Präsident gewesen,
dem der Anschlag im Stadion gegolten hatte. Sein Sohn Ramsan
hielt sich mit Hilfe der Russen sowie brutaler Methoden an
der Macht. Zahlreiche Menschenrechtsverletzungen gingen auf
seine Rechnung, Entführungen gehörten dazu. Uns aber hatte
Sergejs Kontakt in Grozny ans Herz gelegt, mit seinen Männer
zusammenzuarbeiten, oder sie würden uns Schwierigkeiten bereiten. Abgesehen davon kamen die Polizisten am leichtesten
an den Checkpoints der Russen vorbei, die an jeder Ecke standen. Zumindest wurden wir im Wagen von Ibrahim und Arturo
nicht kontrolliert.

Um das Ganze noch komplizierter zu machen, erfuhren wir
bald, dass die beiden früher gegen die Russen gekämpft hatten.
Als Arturo 14 gewesen war, hatte er sich den Rebellen angeschlossen. Ibrahim war mit 16 zu ihnen gestoßen. Einen Tag,
nachdem seine ganze Familie bei einer Blutrache zwischen
Tschetschenen massakriert worden war, hatte er sich aus Wut
einer Gruppe angeschlossen. Sie führte Krieg gegen die Russen;
Ibrahim war alles recht. Hauptsache, er konnte kämpfen.

Der allererste Waffengang zwischen Tschetschenen und Russen
lag weit zurück. Er hatte unter Zar Peter dem Großen stattgefunden. Im Jahr 1722 hatte der seine Reiter in das Gebiet des
heutigen Tschetschenien geschickt. Bald kehrte ein Teil der Ka-
vallerie geschlagen zurück. Ab diesem Zeitpunkt hatten die
Tschetschenen ständig gegen die Russen gekämpft. Dann, zu
Beginn des 19. Jahrhunderts, hatten die Russen erneut versucht,

das Gebiet zu unterwerfen, um damit gegenüber dem türkischen Großreich, ihrem größten Rivalen, einen strategischen Vorteil zu erlangen. Vor allem war es darum gegangen, eine Straße abzusichern, die vom nordossetischen Vladikavkav über den Darial-Pass in Georgiens Hauptstadt Tlibisi führte. Die Kriegsmethoden des russischen Generals Aleksei Ermolov, der diesen Feldzug geleitet hatte, waren eine Mischung aus Massakern an den Einwohnern und ihrer Deportation nach Sibirien. Der General hatte Tschetschenien gewaltsam befriedet und war dafür ein Held geworden. Eine Statue war ihm mitten in der Hauptstadt Grozny errichtet worden. Viel später wurde die bei einem Anschlag beschädigt.

Das Schlimmste sollte den Tschetschenen aber noch bevorstehen. Unter Josef Stalin wurden nicht nur rebellische Dorfbewohner deportiert. In einer Februarnacht des Jahres 1944 begann die Rote Armee auf Befehl des sowjetischen Diktators, rund eine halbe Million Tschetschenen auf Züge in den Osten, nach Kasachstan, zu verfrachten. Neben den Deportationen der Wolgadeutschen war dies die größte Umsiedlung ihrer Zeit gewesen. Wie die Deutschstämmigen hatte Stalin auch die Tschetschenen verdächtigt, mit Hitlers Armee zusammenzuarbeiten.

Im fernen Exil war dann rund ein Viertel der Vertriebenen innerhalb von fünf Jahren gestorben. Jene, die nach Stalins Tod in ihre Heimat zurückkehren durften, wurden zu nationalbewussten Tschetschenen. Niemand hasste das Sowjetregime mehr als sie.

Als dann nach dem Zusammenbruch der Sowjetunion Ende 1990 die Tschetschenen ihre Unabhängigkeit verlangten, brach vier Jahre später ein erster, brutal geführter Krieg aus. Fünf Jahre darauf, im August 1999, kam es zu einem zweiten Krieg. Während dieser beiden Konflikte waren Hunderttausende Zivilisten in die Nachbarrepubliken geflohen, nachdem die russische Luftwaffe die Hauptstadt Grozny in Schutt und Asche gebombt hatte. Von all den Kriegen des auslaufenden 20. Jahrhunderts hatte keiner weniger erreicht und mehr sinnlose Zerstörung angerichtet als die beiden Tschetschenien-Kriege. Ziellose, willkürliche Bombardements sind aber um vieles leichter als ein organisierter Krieg, und um vieles billiger.

Kommandant Waha Schawili ließ uns in das Haus, wo er als Gast vorübergehend wohnte. Schliefe er ständig am selben Ort, würde es nicht lange dauern, meinte er, bis die Rebellen es herausfänden. Nachts war Schawili ohnehin meist unterwegs. In der vergangenen Nacht, sagte er, habe er mit seinen Männern in Grozny bei einer Razzia Waffen und Drogen gefunden. Jede Nacht sei was anderes los, wenn man nicht Drogen entdecken würde, dann wären es andere verbotene Substanzen. Geschmuggelte Medikamente oder gefälschte Telefonkarten wären bei den Banden ebenfalls sehr populär. Erdöl sei das einträglichste Schwarzmarktgeschäft, es werde in Kanistern bis nach Moskau gebracht. Im Osten Tschetscheniens gab es beachtliche Erdölvorkommen. Es herrschte aber eine solche Unordnung in der ganzen Republik, dass niemand mehr den Verkauf kontrollierte. Das meiste wurde geschmuggelt. Noch wichtiger als die Vorkommen an Erdöl war aber eine Pipeline, die durch Tschetschenien gehen sollte. Sie war geplant, aber wegen der ständigen Kämpfe nie gebaut worden.

In Grozny hatte man uns gesagt, Schawili und seine Männer seien nicht die Lösung, sondern Teil des Problems Tschetscheniens. Ihre Gehälter würden sie zwar von den Russen beziehen, mit den Rebellen würden sie aber genauso gemeinsame Sache machen. Anders ausgedrückt hieß das, sie waren Teil der Kriegsmafia, die die Tschetschenen ebenso wie die Russen beherrschte.

Der bekannteste Rebellenführer Basajew hatte im Südosten Tschetscheniens seine Basis, von wo aus Geiselnahmen, Terroraktionen und Entführungen von Ausländern organisiert wurden. Andere Gruppen operierten in den Wäldern im Westen von

Grozny, nahe der Grenze zu Nordossetien. Alle hatten genug Geld zur Verfügung, denn ihre Einnahmen kamen einerseits aus dem Erdölschmuggel, andererseits aus anderen mafiösen Geschäften. Seit Jahren hatten sie für ihren Kampf gegen die Russen auch großzügige Spenden aus den arabischen Ländern erhalten. Bis zu 50 Millionen Dollar waren von Saudi-Arabien und Kuwait an Hilfe überwiesen worden. Während ein Teil an humanitäre Projekte ging, endete der andere Teil in den jeweiligen Kriegskassen. Dazu kamen noch die arabischen Freiwilligen.

Was er uns denn über die »Schwarzen Witwen« sagen könne, fragte ich Schawili. Die Mädchen, erklärte er, würden von den Familien, meist von ihren Brüdern, dazu angehalten, sich in die Luft zu sprengen. Da eine Frau in der tschetschenischen Gesellschaft nicht viel zu melden habe, sei es nicht schwer, die Mädchen dazu zu bewegen. Persönliche Rache sei einer der wichtigsten Beweggründe; meist handle es sich um Blutrache für Brüder, Väter und Ehemänner. Solche Mädchen, meinte er, gäbe es in Tschetschenien überall, niemand rede aber darüber. Erst vor einigen Tagen hätten seine Männer von einer gehört, die sich angeblich für den Tod ihres Bruders rächen wollte. Als man dann auf den Hof gekommen sei, hätte sie sich vor der Verhaftung in die Luft gesprengt.

Inzwischen hatte eine Frau frischen Tee gemacht und Kekse vorbereitet. Als wir ihr in die Küche folgten, sah ich jede Menge Waffen in einer Kammer liegen. Auf dem Fensterbrett der Küche lag ein Maschinengewehr. Nachdem wir Platz genommen hatten, fragte ich Schawili, was er denn mit den Frauen mache, wenn er sie verhaftet habe. »Nichts«, erwiderte er, »wir übergeben die Märtyrerinnen den Familien.«

Ob er sie denn nicht den Russen übergeben müsse, wollte ich wissen. Er überlegte lange und sagte: »Das sind unsere Frauen, die gehören uns.«

Man habe die Erfahrung gemacht, fuhr er fort, die Russen würden die Tschetscheninnen umbringen. Sie wüssten, so oder so würden sich die Frauen eines Tages in die Luft sprengen. Bevor das geschah, würden sie die Frauen in der Haft ermorden.

Laut Menschenrechtsorganisationen hatte der FSB seit dem Anschlag in Beslan eine wahre Jagd auf mögliche Selbstmörderinnen, echt oder nicht, in Gang gesetzt. Eine junge Tschetschenin, die als Studentin in Moskau lebte, war unter dem Verdacht, neue Anschläge vorzubereiten, angeklagt worden. Auf Fahndungsplakaten wurden andere Verdächtige gesucht. Unter den Fotos gab es auch die von ein paar Ärztinnen aus Nordossetien. Sie hatten sich gegen die Verdächtigungen gewehrt. Im Nachhinein hatte man ihnen gesagt, es sei ein Irrtum gewesen. Das war Terrorbekämpfung auf Russisch. Man tötete und wurde getötet.

Alles geschieht so lautlos, der Entschluss und die Vorbereitungen. So beschrieb uns die Mutter von Aisa Gasujewa in der Stadt Urus Martan, wie sich ihre Tochter an einem der mächtigsten russischen Generäle gerächt hatte. Das Mädchen war eine der ersten Selbstmordattentäterinnen in Tschetschenien gewesen. Ruhig, ein nettes Mädchen, sagte ihre Mutter. Bevor sie sich im November vor fünf Jahren mit einem Bittbrief in der Hand, einen Sprengstoffgürtel umgebunden, dem Militär näherte, der ihren Mann umgebracht hatte. Die Explosion war im ganzen Viertel zu hören gewesen. Schwer verwundet war der General in das Krankenhaus gebracht worden und bald darauf seinen Verletzungen erlegen. Aisa hingegen war auf der Stelle tot gewesen. Für Politik hätte sie sich nie interessiert, hatte uns die Mutter gesagt.

Die große Politik interessierte niemanden, aber die täglichen Erniedrigungen schon. Mädchen wie Aisa, die ihren Mann verloren hatten, sahen keinen anderen Weg, als sich zu rächen. Was nicht beantwortet wurde, als ich die Mutter fragte, war, ob das

Mädchen allein auf die Idee gekommen wäre. Hatte sie niemand dazu gedrängt? Als wir das Haus verließen und weiterfuhren, fragte ich Ibrahim, warum er glaube, dass sich Aisa umgebracht habe: »Blut und Liebe«, sagte er. »Unsere Märtyrerinnen sind gute, folgsame Frauen.«

Gut und folgsam hieß in einem Krieg nichts anderes, als ein Opfer zu sein.

Auf dem Markt im Zentrum des zerstörten Grozny sah es noch genauso aus, als wäre der Krieg erst am Tag davor zu Ende gegangen. Inmitten von Ruinen hatten unzählige Händler provisorische Stände aufgestellt. Seidenstrümpfe und Gemüse, Handys und DVDs mit Koransuren wurden angeboten, dazwischen entdeckten wir die Videos der Selbstmordattentäterinnen. Junge Schönheiten spazierten in Stiefeln mit dünnen, hohen Absätzen herum, Milizen schauten ihnen begierig nach. Warum denn hier nichts wieder aufgebaut werde, fragte ich Ibrahim. »Wozu?«, erwiderte er. »Das war hier schon immer so. Tschetschenen sind Kämpfer.«

Es war beinahe ein Glück für den Rest der Bewohner, dass Russen und rachsüchtige Tschetschenen nichts mehr zu zerstören hatten. Als die Nacht hereinbrach, kehrten wir in die Wohnung unserer Gastgeber zurück, im zweiten Stock eines abbruchreifen Hauses. Früher waren hier russische Familien untergebracht gewesen. Nach Ausbruch der Feindseligkeiten hatten sie Grozny jedoch verlassen. Heute wusste niemand mehr, wem was gehörte. Die meisten waren einfach nur froh, überhaupt ein Zuhause zu haben. In einer Stadt, in der nichts aufgebaut wurde, waren vier Wände und ein Dach über dem Kopf bereits viel.

Abends hörte ich der Familie zu. »Es war schön früher«, sagte die Frau. Sie erzählte, dass ihre Familie einen Bauernhof hatte, wo einem an nichts fehlte. Nachdem sie die Bomben und die Kriege nur kurz erwähnt hatte, holte die Frau ein Fotoalbum aus einer Schublade hervor. Auf einem der Bilder waren ihre beiden Töchter ausgerechnet vor einem Christbaum zu sehen, die Spende einer französischen Hilfsorganisation. Den Mädchen habe das sehr gefallen. Bis zum vergangenen Jahr habe es jedes Mal zu Weihnachten außerdem Spielzeug gegeben. Jetzt bringe niemand mehr etwas.

Die Leute, die keine Christbäume brachten, sondern den Koran und hungrige Kämpfer, waren die Wahhabiten. »Passen Sie auf«, warnte mich die Frau, »die sind radikal. Verrückte.«

Gleich am nächsten Morgen wollten wir in die Dörfer der Wahhabiten ganz im Nordwesten fahren, woher die meisten Selbstmordattentäterinnen stammten.

Bis es hell wurde, schliefen wir zu siebt in der kleinen Wohnung, wobei die tschetschenische Gastfreundschaft befahl, dass ich, der ausländische Gast, ein eigenes Zimmer bekam. Dagegen konnte man nichts einwenden. Mein Raum hatte aber keine Tür und so hörte ich, wie die Männer, unser Gastgeber Sergej und ein Unbekannter, in der Küche redeten und ihre Wodkagläser begleitet von russischen Trinksprüchen auf einen Zug leerten. Der Geruch von schweren Zigaretten drang in mein Zimmer, bevor ich in einem traumlosen Schlaf fiel.

Sergej erzählte mir am nächsten Tag, ein Nachbar hätte später vorbeigeschaut, ein ehemaliger KGB-Mann. Ob er etwas über die »Schwarzen Witwen« wisse, hätte er ihn gefragt. Über die wollte aber keiner der Männer reden, Autos interessierten sie viel mehr.

Ein leichtes Rascheln der Plastikplanen vor dem Fenster weckte mich gegen sechs und nachdem wir in der Küche gefrühstückt hatten, fuhren wir los, in die Dörfer der Wahhabiten.

Sowohl Tschetschenen als auch Russen nannten die ausländischen Kämpfer so, in Anlehnung an den saudi-arabischen Islam. Bei Ausbruch des ersten bewaffneten Konflikts um die tschetschenische Unabhängigkeit war eine erste Gruppe islamischer Kämpfer heimlich nach Tschetschenien gereist.

Anführer dieser Gruppe war ein Jordanier namens Ibn al Khattab, ein ehemaliger Afghanistan-Kämpfer. Er war nicht einmal 16 Jahre alt gewesen, als er in den Krieg gezogen war, und hatte zu Bin Laden ein besonderes Verhältnis, wie ein Sohn zu seinem Vater. Als sich der Afghanistan-Konflikt seinem Ende näherte, hatte sich Al Khattab nach Tadschikistan abgesetzt, um dann bei Kriegsausbruch 1994 in Tschetschenien aufzutauchen. Ungefähr 300 Mann waren mit ihm gekommen. Militärkommandanten wie Basajew, die in der Vergangenheit nicht besonders religiös waren, entdeckten mit Khattabs Hilfe den radikalen Islam, wobei die mitgebrachten Millionenbeträge ihre Wirkung nicht verfehlten.

Es ist eine Pflicht für alle Moslems, hatte Khattab, der später von den Russen getötet wurde, verkündet, *sich gegenseitig zu helfen, um die Religion des Islam zu fördern. Osama Bin Laden ist einer der wichtigsten Führer des Heiligen Kriegs [...]. Jahrelang hat er in Afghanistan gegen die Kommunisten gekämpft und nun führt er einen Krieg gegen den amerikanischen Imperialismus.*

So hatte also die *Al Qaida* in Tschetschenien Fuß gefasst, aber niemand konnte mit Gewissheit sagen, wer zuerst da war, der radikale Islam oder Al Khattab.

Ein leichter Schneeregen fiel, als wir zuerst die Straße in Richtung Süden losfuhren, bis wir dann die Wege weiter in den Westen nahmen. Unser Gastgeber hatte seinen Nachbarn als Beifahrer mitgenommen, für den Fall, dass wir auf eine unerwartete russische Kontrolle stoßen würden.

Unsere beiden Polizisten Ibrahim und Arturo hatten wir an diesem Tag in Grozny zurückgelassen. Das Dorf, in welches wir wollten, gehörte den Rebellen. Ihre Stellungen waren gut versteckt in den Bergen, aber wenn sie in dem Dorf Asinowskaja Hilfe brauchten, mussten sie nicht weit marschieren. Sie kamen in die Dörfer, um sich von der Bevölkerung mit Nahrung versorgen zu lassen. Satellitentelefone wurden inzwischen in den Häusern in aller Ruhe aufgeladen. Bevor irgendjemand herausfand, dass sie da waren, waren die Männer schon wieder untergetaucht.

Von ihren Verstecken aus meldeten sie sich bei der Bevölkerung mit Videoaufnahmen, auf denen Gotteskrieger entweder beim Gebet oder beim Kampf gezeigt wurden. So hoffte man weitere Mitglieder unter der tschetschenischen Jugend zu rekrutieren oder neue Geldquellen zu eröffnen. Letzteres vor allem in den arabischen Ländern bei reichen, gläubigen Moslems, die so sehen konnten, wie gut in Tschetschenien gekämpft wurde. Die Summen, die eintrafen, mussten beachtlich sein. Tschetschenien war ganz oben auf der Liste der Länder, die Bin Laden in seinen Reden als befreiungswürdig bezeichnet hatte.

Von den Kämpfern wurden zudem die Frauen präpariert, die als »Schwarze Witwen« endeten. Es hieß, das dauere mehrere Wochen. Die Mädchen verschwanden dabei meist zu zweit oder zu dritt aus den Dörfern, aber ohne die Unterstützung von Familien wie in Asinowskaja konnte kein Kämpfer das Geringste ausrichten.

Am meisten unterstützte die Familie Ganijew die Rebellen. Sergej hatte den Vater bereits mehrmals in unserem Auftrag besucht, um herauszubekommen, was mit den beiden Töchtern los gewesen war, die beide als »Schwarze Witwen« bei der Geiselnahme im Moskauer Theater geendet hatten. Nach dieser Terroraktion war einer der Söhne festgenommen und wegen Anstiftung seiner Schwestern zum Terrorismus verurteilt worden. »Jede Nacht kamen die Russen«, klagte der Vater, als wir bei ihm auftauchten. »Terroristen!«, sagten sie zu uns. »Ihr seid radikale Wahhabiten!«

Er war ein armer Maurer, der von der großen Politik genauso wenig verstand wie die meisten Dorfbewohner. Man konnte es auch den Großeltern einer weiteren »Schwarzen Witwe« in dem Dorf ansehen: Das waren nicht die Planer eines geheimen Kriegs, das waren nichts als seine armseligen Opfer. Im Zuge der nächsten Tage besuchten wir mehrere Familien von Selbstmordattentäterinnen. Dazwischen warteten wir auf Nachricht von dem Polizisten, der eine »Schwarze Witwe« kurz vor dem Attentat ausfindig machen wollte, aber wir warteten vergeblich.

Zu lange in Tschetschenien zu bleiben war nicht ratsam. Es spräche sich zu schnell herum, wenn Fremde da wären, sagten unsere Gastgeber, und Kidnapperbanden würden weiter aktiv sein. Also beschlossen wir, abzureisen und später wiederzukommen, um eventuell eine Selbstmordattentäterin zu finden.

Am Tag unserer geplanten Abreise war Arturos Wagen erneut zusammengebrochen und die Reparatur dauerte noch länger als beim ersten Mal. Als wir dann endlich den Grenzübergang erreicht hatten, war die Nacht längst angebrochen. Es war stockfinster und der Schneeregen, der nie aufhörte, war stärker geworden. Wir hätten trotzdem keinerlei Problem gehabt, wenn Ibrahim nicht in voller Bewaffnung ausgestiegen wäre und die nordossetischen Grenzpolizisten nicht plötzlich rotgesehen hätten. Sofort war ein heftiger Streit im Gang, wobei unser Glück war, dass niemand auf Sergej und mich achtete und wir so unbemerkt auf die andere Seite der Grenze schleichen konnten.

Das Ganze hatte aber Folgen: Nachdem wir in Moskau eingetroffen waren, las ich eine Meldung einer Nachrichtenagentur über einen ernsthaften Grenzzwischenfall zwischen Nordossetien und Tschetschenien. Das zeige, wie leicht entzündbar die Lage am Kaukasus sei, hieß es.

Einer wie Ibrahim spielt sich auf und schon bricht fast der nächste Krieg aus, so schnell kann es gehen.

Diesmal blieb es aber ruhig und Sergej und ich kehrten ein paar Wochen später zurück nach Grozny. Zuerst schien es wieder so, als würden wir keine »Schwarze Witwe« finden, doch abends, als ausgerechnet auch noch der Strom ausfiel, wurden wir zu einer geführt.

Die junge Frau war mit einem Tschetschenen, einem überzeugten islamischen Kämpfer, verheiratet gewesen. Seit Jahren habe der sie auf den Tod vorbereitet, sagte sie. Die Methoden des Mannes waren direkt und knallhart gewesen. Sie sei zu nichts nütze, hatte er zu seiner eigenen Frau gesagt. Wenn sie sich opfern würde, könnte sie wenigstens ihren Beitrag zum islamischen Kampf leisten.

Die Frau erzählte, sie hätte mit ihrem Mann in einem Lager in den Bergen gelebt. Dort hätte man ihr gezeigt, wie man einen Sprenggürtel anlegt und den zur Explosion bringt. Ursprünglich sollte sie bei der Geiselnahme in dem Theater in der russischen Hauptstadt mitmachen. Es war aber etwas dazwischengekommen.

Das Interview fand in einer Wohnung in einem dunklen Raum statt, aber im Nebenzimmer hörte ich zwischendurch Kinder schreien. Ob sie denn weiter bereit wäre zu sterben, fragte ich sie. Nein, sagte sie. Warum auch? Ihr Ehemann, der Kämpfer, sei in Haft. Die anderen würde nur interessieren, so viel Geld wie nur möglich zu machen, indem sie sich in die Luft sprengten. Es war naheliegend, sie zu fragen, ob der Heilige Krieg nur ein gutes Geschäft wäre. Sie habe nur gehorcht, meinte sie, ihr Mann habe aber aus Überzeugung gekämpft.

Am nächsten Tag verließen wir Tschetschenien und diesmal verlief unsere Ausreise ohne Zwischenfälle. Bevor wir nach Moskau zurückflogen, machten wir einen Abstecher nach Beslan. Wir wollten Augenzeugen des Geiseldramas interviewen. Beinahe jede Familie hatte ein oder zwei Kinder in der Schule gehabt. Wir übernachteten in der Stadt Vladikavkas, aber weil es plötzlich heftig zu schneien begonnen hatte, war es in dem Hotel eisig kalt. Um schlafen zu können, zog ich meine Kleider nicht aus und wickelte mich in alle Decken, die ich finden konnte. Ein Schneesturm fegte über die Stadt, als wir am Morgen begannen, ehemalige Geiseln aufzusuchen. Unser erster Besuch galt einer geschiedenen Frau, einer Bäuerin, die außerhalb der Stadt lebte. Sie und ihre Tochter waren mit dem Leben davongekommen. Ein Querschläger hatte die Frau aber an der Hüfte verletzt und sie humpelte uns auf Krücken entgegen. In der Wohnung im Hinterhof des Bauernhofs, der einfach und sauber war, setzte sie sich auf eine Couch. Während sie erzählte, kamen ihr die Tränen. Erklärung hatte sie für die Tat keine gefunden. »Das alles hat doch nichts mehr mit Religion zu tun«, sagte sie.

Gestützt auf ihre Krücken begleitete uns die Frau bis zum Holztor. Das wäre nicht nötig, hatte ich ihr gesagt, aber sie wollte unbedingt mit. Draußen schmolzen die Schneereste schon wieder dahin. Eine warme Wintersonne war hinter der Wolkendecke aufgetaucht. Über den umliegenden Feldern, deren Boden hart gefroren war, flogen ein paar Krähen auf der Suche nach Nahrung.

Während wir da standen, fragte ich mich, was geschehen würde, wenn ich mit einer »Schwarzen Witwe« hier auftauchte. Ob sie die Tragödie verstehen würde, deren Teil sie alle waren?

KAPITEL 17

Das Experiment

Irak, Ende Januar 2005 Als ich drei Monate nach meinem letzten Besuch ins Hotel »Palestine« zurückkehrte, gab es eine neue Sitzgarnitur in der Lobby. Zusätzliche Zimmer waren restauriert worden, aber da es kaum Gäste gab, hätten die wenigen bereits vorhandenen gereicht. Die Möbel in der Halle waren bunt, die Stimmung war düster. Ich war mit meiner Kollegin Katrin Sandmann angereist, nur begleitet von einem jordanischen Kameramann. Die ersten demokratischen Wahlen im Irak waren angesetzt. Danach sollte eine neue irakische Verfassung ausgearbeitet werden. Dies würde mein letzter Besuch für längere Zeit sein.

Eine irakische Übergangsregierung war seit Juli 2004 an der Macht. Noch war der amerikanische Botschafter Chef des Iraks und regierte von der »Grünen Zone« aus seine Heerscharen von Helfern. Man wartete auf seine Erfolge. Es gab immer noch weniger Strom als in der Zeit vor dem Irak-Krieg. Beinahe ein Viertel aller Ausgaben ging wegen der Attacken der Aufständischen in die Sicherheitsvorkehrungen. Im März 2005 musste der Bau von zwei Elektrizitätswerken verschoben werden. Das Geld, 15 Millionen Dollar, wurde für die Sicherung anderer Projekte gebraucht.

Der Konflikt im Irak betraf nun zunehmend Schiiten und Sunniten. Alles konzentrierte sich auf diese beiden Volksgruppen, während die Kurden darauf warteten, mehr Unabhängigkeit zu bekommen. Die angesetzten Wahlen sollten den Zerfall des Irak verhindern; das Gespenst eines drohenden Bürgerkriegs verjagen konnten sie aber nicht.

Ich hatte Freunde auf beiden Seiten. Der Schiite Dr. Husseini gehörte seit Jahren dazu. Er war kein religiöser Fanatiker, kein Wirrkopf, keiner, der Rache an den Sunniten üben wollte. Nach allem, was ihm und seiner Familie geschehen war, hatte er nur eine Vision für sein unruhiges Land. »Democracy«, sagte er, »Demokratie«. Er dachte, dass sei mehr als genug. Mehrere Mitglieder seiner Familie waren bei den Schiiten-Aufständen ermordet worden, doch bei einem Besuch im »Palestine« meinte er, Tote solle man ruhen lassen. »Wir müssen versuchen, friedlich zusammenzuleben«, sagte der Arzt. Es gab jedoch viele andere Schiiten, die Rache für jeden einzelnen Toten wollten.

»Wir hatten auch Tote«, sagten hingegen die ehemaligen Aufpasser, von denen viele früher für den Geheimdienst gearbeitet hatten. Einige hatten selbst Blut von getöteten Schiiten an den Händen. Aber die Ex-Saddam-Getreuen, mussten zusammenhalten, selbst wenn es falsch war. Vieles lief falsch im Irak, und es würde Generationen dauern, bis sich das änderte. Es war offensichtlich, dass Sunniten und Schiiten nicht miteinander leben konnten und wollten. Die Niederlage gegen die Amerikaner hatten die Ersteren nie verdaut. Sie waren außer sich. Und sie waren nicht bereit, ihre Wut wegzustecken.

Am Morgen nach unserer Ankunft war unser Übersetzer Basil an der Tür meines Zimmers aufgetaucht, um einen Zeitplan auszumachen. Er wollte mich zudem um einen Rat bitten. Es klang absurd, aber er wollte von mir wissen, wie man über eine Geisel verhandelt. Auf mein Nachfragen hin stellte sich heraus, dass es sich dabei um eine Kollegin von mir handelte, die französische Reporterin Florence Aubenas, die seit Wochen in Geiselhaft war und es noch ein paar Monate bleiben sollte. Währenddessen dachten Männer wie Basil darüber nach, wie sie damit schnelles Geld machen konnten.

Zuerst sagte Basil, er wisse, die Geisel würde im Norden von Bagdad festgehalten werden. Ich war gerade dabei, ein paar Bekleidungsstücke aus der Tasche zu packen. »Wo im Norden?«, fragte ich ihn sofort, woraufhin er seelenruhig erwiderte: »In der Stadt Taji.« In ein paar Tagen würde er versuchen, hinzufahren.

Ich kannte Basil erst ein knappes Jahr, zu kurz, um zu sagen, ob er überhaupt Aubenas' Aufenthaltsort kennen konnte. Vertrauenswürdig war er aber. Wir waren von ihm selten im Stich gelassen worden. Pünktlichkeit und Zuverlässigkeit hatte er während seines Trainings zum Piloten der irakischen Luftwaffe gelernt, in Frankreich in einer Zeit, als zwischen dem Saddam-Regime und dem Westen noch gute Beziehungen herrschten. Er hatte Familie, zwei Kinder und eine aufmerksame Frau. Meinen letzten Geburtstag hatte ich zufällig in Bagdad verbracht und als Basil davon erfahren hatte, brachte er mir ein Geschenk seiner Frau mit; ein schönes orientalisches Schmuckstück, das nicht billig gewesen sein konnte.

Aber nun, nach der militärischen Niederlage und Saddams Ende, nach den Rachemorden an Sunniten, musste Basil mit ansehen, was er sich in seinen schlimmsten Albträumen nicht hatte vorstellen können: Wahlen im Irak mit einer schiitischen Mehrheitsregierung als sicherem Ergebnis.

»Aber was wollen Sie denn für den Irak?«, fragte ich ihn, obwohl ich mir das fast denken konnte. »Ich will, dass Saddam wiederkommt.«

Basil wollte nicht mit den Schiiten friedlich zusammenleben. Andere unterstützten ihn tatkräftig in seiner Meinung. Die Attacken waren weitergegangen, Unschuldige wurden im Angesicht machtloser Amerikaner getötet. Die neue irakische Polizei war hilflos.

Nun, da erstmals demokratische Wahlen bevorstanden, erinnerten Leute wie Basil auch an den doppelten Standard des Westens. In Algerien hatten 1989 bei demokratischen Wahlen Fundamentalisten gewonnen. Daraufhin hatte das Militär die Macht an sich gerissen. Der Westen war nicht unglücklich darüber gewesen. Inzwischen war aber Bin Laden das Vorbild vieler Radikalen. Er wollte sich auf Wahlen erst gar nicht einlassen.

In den Wochen vor der Wahl waren verschiedene Warnungen militanter Moslems im Internet veröffentlicht worden. Schon Ende Dezember wurde eine neue Nachricht von Bin Laden verbreitet, in der es hieß, Demokratie sei Gotteslästerung, wobei in dieser Botschaft Bin Laden zum ersten Mal zu Sarkawi Stellung bezog: Er bezeichnete den Drahtzieher der blutigsten Anschläge im Irak als den »Prinzen von *Al Qaida* im Irak«.

Lange zuvor hatte einer der Kampfgenossen dieses Prinzen, der Palästinenser Mohammed Al Maqdisi, der allerdings nun in Jordanien in Haft saß, in einem Buch vor Demokratie gewarnt: *In der Religion der Demokratie nimmt man auf die Verse des Korans und die Überlieferungen des Propheten keine Rücksicht. Gesetze werden nicht nach dem Koran gemacht. Man respektiert sie nur, wenn sie auf der Verfassung beruhen, welche für sie das Heilige Buch darstellt.*

Sarkawi hatte allen Irakern gedroht, in den Straßen von Bagdad würde am Wahltag Blut fließen. Noch mehr Blut, hieß das, als bisher. Wem sein Leben lieb sei, der solle daheim bleiben.

Unser Übersetzer Basil fragte mich, ob ich ihm einen Kontakt zur französischen Botschaft knüpfen könne, damit er über Aubenas verhandeln könne. Ich erklärte, ich wolle sehen, was sich da machen ließe. Es war nicht mein Job, bei Verhandlungen um Lösegeld mitzuhelfen. Bei einer Freilassung ja, aber darum ging es Basil nicht. Ihm ging es nur um ein gutes Geschäft. Ob er denn wisse, wer Aubenas gekidnappt habe, fragte ich ihn. »Viele Leute wissen das«, erwiderte er lakonisch.

Offiziell war über keine Geisel im Irak verhandelt worden, weder über die beiden inzwischen freigelassenen Italienerinnen, die für eine humanitäre Organisation tätig waren, noch über zwei französische Reporter, die kurz vor Weihnachten freigekommen waren.

Bald nach Aubenas, Anfang Februar, würde eine Italienerin bei der Bagdader Universität entführt werden. Seit November hatten in der Nähe der Universität Flüchtlinge aus Falludja in einem Zeltlager gewohnt. Eine groß angelegte Offensive der Amerikaner gegen die Aufständischen hatte sie von dort vertrieben. Unter den geflohenen Familien hatten sich Kidnapperbanden versteckt. Sobald ein Reporter auftauchte, wurde seine Entführung organisiert. Die Italienerin hatte nur einen Monat Geiselhaft vor sich, bevor sie in ihre Heimat zurückkehren konnte, Geld musste im Spiel gewesen sein.

Aubenas berichtete nach ihrer Freilassung, ihre Geiselnehmer hätten erwartet, für Nahrung und Unterkunft bezahlt zu werden. Ein irakischer Reporter erzählte, das makabre Spiel ginge so weit, dass bei den Verhandlungen über die Geiseln niemals offen über den Preis der Freilassung gesprochen würde. Kidnapper würden darüber verhandeln, wie viel die jeweilige Regierung für die Kosten des Aufenthalts der Geisel zu zahlen hätte. Je länger also jemand in Haft war, desto teurer wurde es. Es gab Regierungen wie die der Amerikaner und der Briten, die grundsätzlich nicht verhandelten. Andere wiederum hatten weder die Kontakte noch die Mittel, ihre Bürger freizukaufen.

In Lauf der Monate waren die Preise ins Unermessliche gestiegen. Es hieß, dass mehrere Millionen Dollar gezahlt werden mussten, um eine westliche Geisel überhaupt freizubekommen. Die Verhandlungen wurden komplizierter. Die offizielle Haltung aller Regierungen war, man werde mit Terrorgruppen nicht verhandeln, Gespräche mussten also heimlich geführt werden. Misstrauen herrschte auf beiden Seiten, denn einige der Kidnappergruppen hielten alle Ausländer für Spione. Erst wenn überprüft war, dass sie keine waren, würden sie freigelassen, hieß es. Gut strukturierte Gruppen hatten eine eigene Gerichtsbarkeit und so wurde Geiseln nicht selten der Prozess gemacht. Befand man sie bei diesem Schauverfahren für schuldig, folgte die Enthauptung. Zusätzlich schalteten sich bei Geiselnahmen Zwischenhändler ein, Leute wie Basil, die auf die schnelle Tour reich werden wollten. Es war ein schmutziges, tödliches Geschäft. Wie viel politische Überzeugung hinter den Entführungen steckte und wie viel nur reine Geldgier war, wusste man nicht.

Basil hatte jedenfalls keinen einzigen Gedanken darauf verschwendet, ob die Justiz ihn dafür verantwortlich machen könnte. Für ihn gab es keine glaubwürdige Justiz. Saddam war verschwunden. Gegenüber Allah hatte er sich nichts vorzuwerfen. Hatten religiöse Gelehrte nicht Zivilistenmorde im Irak erlaubt? Basil schien keinerlei Angst zu haben, weder vor seinem Gott noch davor, dass sich die Zeiten eines Tages ändern könnten. Ja, er kam nicht einmal auf die Idee, dass man ihn für seine Taten zur Rechenschaft ziehen würde. Wenn jemand zur Rechenschaft gezogen werden sollte, dann war das in seinen Augen die andere Seite, die Schiiten, die die Demokratie wollten, und die Demokraten, die die Schiiten an der Macht wünschten.

Nachdem Basil gegangen war, packte ich den Rest meiner Sachen aus. Das »Palestine« war inzwischen ein vertrauter Ort geworden, an dem ich jeden Morgen aufwachte, um erleichtert festzustellen, dass ich noch am Leben war.

Am nächsten Tag wurden die Sicherheitsvorkehrungen um das Hotel weiter verstärkt. Im Umkreis von mehreren Kilometern konnte man nicht mehr an das Zentrum Bagdads heran. Um zu verhindern, dass am Wahltag Autobomben explodierten, wurde ein allgemeines Fahrverbot verhängt. Wo die Wahllokale sein würden, sollte erst am 29. Januar, am Tag vor dem

Urnengang, bekannt gegeben werden. Die Stadt war gespenstisch leer.

Wir konnten jedoch einige Iraker, die in der Nähe unseres Hotels lebten, zu Fuß abholen und bei der Wahl filmen.

Ich hatte Hassans Familie angerufen und sie war einverstanden. Schon am Telefon konnte ich die vielen Kinderstimmen im Hintergrund hören.

Da waren die Mädchen, die wie in allen armen Schiitenfamilien Kopftücher umgebunden bekamen, sobald sie zwölf Jahre alt waren. Da waren die Jungs, die Zwillinge, und da war Hassan. Ich hatte ihn während des Kriegs kennen gelernt, als er sich als Schuhputzer im Garten des »Palestine« etwas dazuverdiente. Inzwischen hatte der Vater mit unserer Hilfe einen Job als Nachtwächter bei einer deutschen Hilfsorganisation bekommen. Hassan hatte schreiben und lesen gelernt, was er trotz seiner zwölf Jahre zuvor nicht konnte. Aber sie waren arme Leute geblieben, die zur Wahl gehen wollten, weil der Vorprediger in der Moschee es so wollte.

In den ersten Morgenstunden des Wahltags gingen in einigen Vierteln trotz Sperren und Kontrollen ein paar Sprengkörper hoch. Ein Selbstmordattentäter sprengte sich in die Luft. Angst legte sich über die Stadt. Unentwegt kreisten amerikanische Hubschrauber am Himmel. Am späten Vormittag gingen wir mit Hassans Eltern zu einem nahen Wahllokal, das in einer Schule lag. Das Wahllokal war voll. Es war also kein Wunder, dass am späten Nachmittag die irakische Wahlkommission eine Beteiligung von 60 Prozent angab, mehr als alle erwartet hatten. Kurz nachdem die Lokale geschlossen worden waren, rief ich Dr. Husseini an, um ihn zu fragen, wie er die Sache sah. »Das war ein wichtiges Experiment«, sagte er, »mehr nicht.«

Die Wahl, die wie erwartet mit einem Sieg der schiitischen Mehrheit endete, konnte nicht verhindern, dass später, im Mai, eine gewaltige Serie von Selbstmordattentaten den Irak erschüttern sollte. An ihrem Ende würden 700 Menschen umgekommen sein, allesamt Schiiten. Das war zu viel Blut für ein friedliches Zusammenleben.

Basil glaubte nicht eine Sekunde an einen positiven Ausgang, er war am Wahltag außer sich, obwohl er es zu verbergen suchte. An Nachmittag wollte ich hinaus auf die Raschid-Straße und bat Basil, mich zu begleiten. Nach ungefähr 500 Metern wurden wir von einer Gruppe von Sicherheitsbeamten gestoppt und aus einer Seitenstraße tauchte ein irakischer Polizist auf, eine gezückte Pistole in der Hand. Es war ein junger, kräftiger Mann. Ich solle mich ja nicht von der Stelle bewegen, befahl er mir. »Mach deine Jacke auf und heb dein Hemd hoch«, sagte er daraufhin zu Basil. Der wollte aber nicht. Mit beiden Händen umfasste daraufhin der Mann seine Pistole und zielte genau auf Basils Kopf. »Ich zähle bis drei«, sagte er. »Wenn du dann dein Hemd nicht hochgehoben hast, bist du tot.« Basil machte keinerlei Anstalten, sondern stand mit den Armen in die Hüften gestützt da und regte sich nicht. Der andere begann zu zählen, bis ich mit meinem Presseausweis zu winken begann. Er sei unser Übersetzer, schrie ich. »Ich schieße«, sagte der Mann kalt.

Dann öffnete Basil die Jacke und zog sein Hemd über den Bauch, um zu zeigen, dass er keinen Sprengstoffgürtel umgebunden hatte. Mit einem verächtlichen Ausdruck auf dem Gesicht steckte er das Hemd wieder in die Hose. Unsere Ausweise wurden genau kontrolliert, erst dann durften wir weitergehen. Da rief der Polizist mir nach: »Er wäre nicht der Erste gewesen, den ich umgelegt hätte.« Vor ein paar Wochen, erzählte er mit dann, wäre ein BMW auf seine Polizeistation zugerast. Er hätte dem Fahrer mehrmals zugerufen, er solle stehen bleiben, bevor seine Kugel ihn genau in den Kopf traf. Da der mit Sprengstoff gefüllte Wagen frühzeitig explodierte, blieb die Polizeiwache heil. Metallsplitter flogen aber durch die Luft. Der Polizist hob sein Hemd und zeigte uns seinen Oberkörper voller Narben. »Erst vor einer Woche«, sagte er, »bin ich aus dem Krankenhaus entlassen worden.« Ich fragte ihn, wie er hieße. »Ali«, sagte er, ein typisch schiitischer Name. Kaum hatte er ihn ausgesprochen, schnauzte Basil ihn schon an: »Und was machst du jetzt? Du beschützt die Juden!«

Ein Wort gab das andere, doch bevor ein richtiger Streit ausbrechen konnte, packte ich Basil am Ärmel. Während wir zurückgingen in Richtung »Palestine«, murrte Basil, ein jeder wisse, dass in dem schwer bewachten Hotel »Bagdad« in der Raschid-Straße der israelische Geheimdienst wohnen würde. Juden seien dabei, den Irak unter ihre Kontrolle zu bringen. Sie wären die wahren Nutznießer der Lage.

Basil, besessen von alten Geistern und unvorstellbaren Verschwörungstheorien, sprach deutlich und mit Stolz in der Stimme. Es sei doch klar, dass die ganze Besatzung eine Idee der Juden gewesen wäre. Niemals wäre es sonst zu diesem Krieg gekommen. Ob das denn heißen würde, dass selbst nach dem Abzug der Amerikaner der Kampf der Aufständischen weitergehen würde, fragte ich ihn, und Basil bejahte.

Irgendwo wurde geschossen, aber als wir uns umdrehten, sahen wir nur die Sicherheitsmänner. Allen voran den Mann, der Basil umlegen wollte.

KAPITEL 18

Kul wahad Alkadr –
Jedem sein Schicksal

Afghanistan, Juni 2005   Ich kehre zurück zum Anfang meiner Reisen, ins schöne, grausame Afghanistan. Im November 2001 hatten wir an einem kalten Wintertag die Stadt auf dem Landweg erreicht, übermüdet, verängstigt, nur um am Tag nach unserer Ankunft zu erfahren, dass vier Kollegen auf dieser Straße ermordet worden waren. In der Zwischenzeit hatte die Regierung mehrmals die Verhaftung der mutmaßlichen Mörder von Maria Grazia Cutuli und den anderen drei Reportern angekündigt. Doch dann wurden sie ohne Prozess freigelassen. Warum? Es sah danach aus, dass man die Opfer für schuldig hielt. An Maria Grazia erinnerte sich ein jeder, der über die Angelegenheit sprach. Die Frau hatte geraucht, sagte man mit verschwörerischem Ton.

Islamexperten waren sich nicht einig, inwieweit der Koran das Rauchen verbot. Hatte es zur Zeit des Propheten Zigaretten in dieser Form gegeben? Nach meiner Rückkehr sah ich im Internet, dass ein Experte auf die Sure Al Araf 7:157 hinwies, in der geschrieben steht, »zu tun, was gut ist, und zu unterlassen, was schlecht ist«. In einer Überlieferung des Propheten, einem *Hadith*, steht außerdem, »wer immer Gift einnimmt und dabei sich selbst umbringt, soll für immer Gift trinken und in der Hölle enden«. Zigaretten machten süchtig, fügten andere Gelehrte hinzu. Bei den Taliban war es sowohl Frauen als auch

Männern bei Strafe verboten zu rauchen. Das Strafmaß blieb dem einzelnen Richter überlassen.

»Bei uns rauchen Frauen nicht in der Öffentlichkeit«, sagte der Übersetzer Jama, als er uns vom Flughafen abholte. Er war ein junger Mann. Er hatte von den ermordeten Reportern gehört, aber es interessierte ihn nicht. Beinahe vier Jahre waren vergangen, die Welt hatte sich weitergedreht. Der Flughafen von Kabul, wo eine Maschine nach der anderen tief über den Hindukusch dröhnte und mit Nachschub landete, wurde von den ISAF-Soldaten ständig weiter ausgebaut. In der Armeekantine gab es französische Croissants und türkischen Schafskäse. Der deutsche Presseoffizier war stolz auf die gute Zusammenarbeit nicht nur auf der Speisekarte. Im Oktober davor waren bereits Präsidentschaftswahlen abgehalten worden. Gewalt und Anschläge waren befürchtet worden, der Wahltag verlief aber wie im Irak ruhig. Für ein so zerrissenes Land war dies ein Anfang. Wie lange es dauern würde, bis alle Ruinen beseitigt wären, alle Mädchen in die Schule gehen dürften und niemand mehr Angst haben müsse, zu Verwandten in den unruhigen Süden zu fahren?

»Keine Ahnung«, erwiderte Jama. »Ich will ohnehin weg von hier.«

Das Wetter war nun heiß, der Sommer brachte Temperaturen bis zu 40 Grad. Es war eine gleißende, aber trockene Hitze, typisch für die Höhenlage der Stadt. Nachmittags kamen Sandstürme auf und graugelbe dichte Windböen fegten über Kabul und seine Bewohner hinweg. Man konnte kaum seine Hand vor den Augen sehen. Ich stand auf dem Balkon meines Zimmers im Hotel »Continental«. Nun wurden da verschiedene Kategorien angeboten, einfache Einzelzimmer, Einzelzimmer de luxe. Die Luxussuiten kosteten über 300 Dollar pro Nacht. Wir nahmen die einfachen Zimmer, aber mit einem Blick hin zur Stadt, was uns zusätzlich 20 Dollar kostete. Als ich so dastand, konnte ich mir leicht die sowjetischen Panzer von meinem ersten Afghanistan-Besuch 1981 in Erinnerung rufen, so als wäre es erst gestern gewesen, als die endlos lange Kolonne der Roten Armee den Hügel heraufrollte. Wir hatten sie heimlich vom Balkon des »Continental« aus gefilmt. Nach der Ausstrahlung des Berichts waren die Sowjets wütend gewesen. Man kämpfe gegen Terroristen, hatte der zuständige Presseattaché an der sowjetischen Botschaft in Wien geklagt, und die hätten bei den Afghanen keinerlei Unterstützung. Das seien gefährliche Radikale. Man muss ihm heute Recht geben, aber jeder ist im Nachhinein klüger.

Die Gotteskämpfer, die damals die Konvois der Sowjets mit Raketenwerfern attackierten, sobald sie die andere Seite des Hügels erreicht hatten, waren nur die Vorboten einer Fundamentalistenbewegung im gesamten Nahen Osten gewesen. Doch wessen Schuld war das, die der Sowjets, die Afghanistan verwüsteten, oder die der Amerikaner, die nichts dagegen unternahmen oder zumindest nicht rechtzeitig? Oder muss man Musharaf oder Assad beschuldigen, die über den Islam redeten, während sie ihre persönliche Macht ausspielten? War es am Ende gar die Schuld der Religion?

Wir, als Teil der modernen Gesellschaft, wollen ohne Religion auskommen. Der Drang, einen Gott zu haben, ist genauso groß wie das Gegenteil, nämlich ihn endlich loszuwerden, sogar im hintersten Winkel der Welt. In Afghanistan ist das nicht anders. Lange vor meiner Reise, im Juni 2004, wurden in Kabul zwei junge afghanische Journalisten verhaftet, weil sie in einer Zeitung einen Artikel veröffentlicht hatten, der als eine Beleidigung des Islam angesehen wurde. Sie hatten folgende Frage gestellt: »Wenn der Islam (wie Fundamentalisten behaupten) die letzte und vollständigste Religion (nach dem Judentum und dem Christentum) ist, warum liegen dann die moslemischen Länder in der Entwicklung so weit hinter den anderen?«

Es gab daraufhin zahlreiche Proteste radikaler *Mullahs*. Die Stimmung wurde so angeheizt, dass die beiden schließlich in ein europäisches Land in Sicherheit gebracht werden mussten. Sie waren ihres Lebens nicht mehr sicher, weder in Afghanistan noch in Pakistan, wohin sie zunächst geflohen waren.

Die Regierung unter Präsident Karzai hatte sich der Haltung der Fundamentalisten angeschlossen. Karzai griff persönlich ein und sagte, es sei seine Pflicht, die Meinung der Bevölkerungsmehrheit zu schützen. Bald wurden die Büroräume der Redaktion geschlossen und alle Kopien der Zeitung, die ohnehin nur ein paar hundert Exemplare ausmachten, wurden beschlagnahmt. Dann ging die Angelegenheit an den Chef des Obersten Gerichtshofs des Landes, Fazl al Hadi Shinwari. Es hätte keinen grausameren, fundamentalistischeren Richter geben können für das neue Afghanistan. Shinwari verurteilte die beiden Reporter für ihren Artikel zum Tod, dann ging er in die Moschee zum Beten. Zumindest machte er keinen Hehl aus seiner Ansicht. Karzai, der Freund des Westens, war nicht ganz so ehrlich. Er hatte Shinwari ernannt. Damit garantierte Karzai, dass Afghanistan noch für lange Zeit ein Paradies für Fundamentalisten sein würde.[*]

Ich war nicht zurückgekehrt, um über die beiden Reporter, die Opfer dieser Fundamentalisten, zu berichten. Auch nicht, um nach Jalalabad zu fahren, wo nur einige Wochen zuvor gewalttätige Proteste gegen die Amerikaner stattgefunden hatten. Hunderte Dorfbewohner waren mit Prügeln bewaffnet in die Stadt gezogen, um gegen die Schändung des Korans zu demonstrieren. Anlass war ein Artikel in dem amerikanischen Nachrichtenmagazin *Newsweek* gewesen, in dem stand, die US-Armee würde im Gefangenenlager Guantanamo Seiten aus

---

[*] Die beiden afghanischen Journalisten wurden von der Hilfsorganisation »Reporter ohne Grenzen« betreut, die ihren Fall genau dokumentierte.

dem heiligen moslemischen Buch die Toilette hinunterspülen. Hätte das der Wahrheit entsprochen, was die Amerikaner später jedoch dementierten, wäre dies eine sehr zynische Geste gewesen. So konnte man die Moslems mit Sicherheit nicht von den Vorteilen der Demokratie, von Freiheit und Toleranz überzeugen.

Die Lage hatte sich wieder beruhigt. Im Zuge der Ausschreitungen waren aber von den Fundamentalisten einige Häuser in Brand gesetzt worden. Einer erzählte mir, es wären ausgerechnet alte Korane verbrannt.

Jede Minute der Ruhe war trügerisch in Afghanistan. Ich schaute auf die Stadt ohne Panzer hinaus. Sogar die geschäftstüchtige Sikh-Gemeinde war zurückgekehrt. Auf den Hängen um das Hotel hatte sie ihre Läden. Da wurden frische Mangos angeboten, die aus Pakistan importiert wurden. Und in den Nächten fiel kein Schuss in Kabul. Das Kämpfen ging im Süden weiter, wo amerikanische Sondereinheiten Bin Laden suchten. Ich weiß nicht, ob sie ihn jemals finden werden. Manche sagten, die Amerikaner würden ihn absichtlich entkommen lassen, weil sonst der hochgelobte Antiterrorkrieg zu Ende wäre. Andere meinten, der pakistanische Präsident Musharaf würde im Hintergrund geschickt die Fäden ziehen. Wäre Bin Laden erst einmal gefunden, würde das Land der 100 Millionen Bettler und 20 Millionäre in völlige Bedeutungslosigkeit versinken.

Wie auch immer, das junge Mädchen Shaima war tot. Das war der wahre Grund, warum ich zurückgekehrt war. Ich wollte herausfinden, was mit der hübschen 22-jährigen Shaima Razai geschehen war, die vor kurzem mit einer Kugel im Kopf im Hof ihres Elternhauses verblutet war.

Es war bereits einige Wochen her, seit die Hilfsorganisation »Reporter ohne Grenzen« mir einige E-Mails mit der Nachricht hatte zukommen lassen, dass eine bekannte TV-Moderatorin in

Kabul umgebracht worden war. In der ersten hatte irrtümlich gestanden, ein Mann wäre ermordet worden, so wenig wollte man glauben, dass einer Frau noch Gewalt angetan wurde. Wie konnte man das auch, nach allem, was die internationale Gemeinschaft an Hilfe geleistet hatte? Wie konnte so etwas geschehen? Es gab Helfer, die versorgten Frauen mit Arbeit, andere gaben ihnen Rechtshilfe und wieder andere boten Kurse in Schwangerschaftsgymnastik an. Ich weiß allerdings nicht, ob die in Kabul viele Kundinnen hatten.

Shaima Rezai, die bei dem Fernsehsender *TOLO-TV* die Musiksendung »Hop« moderierte, war von Anfang an bedroht worden. Hure, Ungläubige, Verräterin wurde sie genannt. Unser Übersetzer Jama hatte alle Drohungen auf einem schmutzigen Papier für mich zusammengestellt. Ich erinnere mich, wie er mir eines Nachmittags eine Broschüre reichte. Es war ein Werbeprospekt für ein neues Telefonnetz. In einer Ecke war Shaimas Foto. Ein offenes, flaches Gesicht mit schräg liegenden Augen. Sie stammte aus einer Hazara-Familie. »Sehen Sie, sie rauchte«, war Jamas einziger Kommentar.

»Aber warum?«, fragte ich. »Warum wurde sie umgebracht?« Jama schien das egal zu sein. Er sagte mit einem Schulterzucken, dass ständig Frauen umgebracht würden. »Ein Bruder bringt seine Schwester um«, sagte er, »*not a big deal*« ... »das ist nichts Besonderes«.

Aber Shaima war etwas Besonderes. Für afghanische Verhältnisse war sie ein Star. Innerhalb eines Jahres war das Musikprogramm, das fast jeden Abend außer Freitags ausgestrahlt wurde, ihretwegen zum absoluten Publikumshit aufgestiegen. Ich sah mir einige Sendungen auf Band an. Man merkte, dass sie ihren Job liebte. Ich fragte Jama, ob er die Sendung oft gesehen habe. Er nickte. Daraufhin warf aber der Fahrer ein, er habe gehört, dass sie in den Wochen vor ihrem Tod zur Prostituierten geworden sei.

Die Gerüchte um Shaima wurden schlimmer, als sie einige Monate vor ihrem Tod wegen angeblich chronischer Unpünktlichkeit von ihrem Sender entlassen wurde. Da hätte sie begonnen, Verhältnisse mit Männern einzugehen. Sie sei beim Trinken ertappt worden. Wir gingen zu *TOLO-TV*, um mit dem Direktor darüber zu reden, der aber hatte nicht viel zu sagen, außer dass er sie gefeuert hätte. Die Wahrheit war jedoch, dass er kalte Füße bekommen hatte; die Fundamentalisten, die wütend waren, weil Shaima nicht ihren Vorstellungen einer muslimischen Frau entsprach, hatten Druck gemacht. Durch Shaimas Popularität verloren sie an Boden.

Anstatt das Mädchen selbst zu bedrohen, warnten die Radikalen den Direktor. Ein Reporter erzählte mir, dass selbst Präsident Karzai den Sender kritisierte. Zumindest gibt es keinerlei Hinweise darauf, dass er Shaima jemals verteidigt hätte. Es wurde immer schlimmer für sie. Wochen vor ihrem Tod wurde das Gerücht gestreut, sie sei von ihren Brüdern ermordet worden. Es war wie eine düstere, unausweichliche Prophezeiung.

Wenn die Sandstürme zu heftig wurden, setzte ich mir in Kabul ein Kopftuch auf, um mich zu schützen. Sonst nicht, es war nicht notwenig. Die meisten Afghanen hatten sich längst an die Anwesenheit von westlichen Frauen gewöhnt, meist hart arbeitende Frauen, welche für internationale Hilfsorganisationen den Schwächsten halfen. Ihre Schützlinge, die afghanischen Frauen, kamen jedoch nie zu ihren Festen. Am Abend feierten die Ausländer hinter den Mauern. Ich mochte diese Feiern nicht besonders. Junge, idealistische Leute, die nach dem Fall der Taliban nach Afghanistan gereist waren, um zu helfen, bemerkten die Geister der Vergangenheit nicht. Ich aber konnte sie überall sehen, vom Balkon des »Continental« aus und in den Augen des Hotelportiers, der noch derselbe war wie in den gespannten Wochen, als die Sowjets ihr Kriegsmaterial durch Kabul karrten. Auf den Hügeln hinter den Ständen der Sikh wohnten jetzt Flüchtlingsfrauen mit von Drogen glasigen Augen. Wenn die Menschen auch nicht ständig über den Krieg redeten, so hieß das nicht, dass sie ihn vergessen hatten.

Eines Abends wurden wir wieder einmal zu einer der Partys eingeladen. Wir gingen aus Neugierde hin. Es war eine ausgelassene Gesellschaft mit Musik und Alkohol, aber als wir das Haus verließen, stolperte ich beinahe über einen Afghanen, der mit einem Gewehr in der Hand vor der Tür wachte. Nur eine Sekunde lang konnte ich sein Gesicht sehen, ein müdes, ausgezehrtes Gesicht, das Wind, Wetter und Schicksal hart gemacht hatten. Es gab in Afghanistan ein Sprichwort, dass es im Leben eines Mannes nur zwei wichtige Tage gab, den Tag seiner Hochzeit und den Tag seines Todes. Aber selbst bei den Hochzeiten wurde weniger getanzt als bei der Party hinter dieser Tür. Was musste sich der Mann denken, während er dasaß und der Wind Fetzen der westlichen Musik an sein Ohr trieb, machtlos in seinem eigenen Land? Das ist es, was wir im Westen meistens vergessen. In mittelalterlich anmutenden Ländern wie Afghanistan gibt es zwar viele Radikale, aber noch mehr machtlose Türsteher.

Als Shaima getötet wurde, befand sich der zweitmächtigste Mann in Afghanistan, der Oberste Richter Shinwari, nicht in Kabul. Seine Macht beruhte darauf, dass er Leuten wie dem Türwächter immer noch Angst einjagen konnte. Nach seiner Rückkehr hatte die islamische Justiz eine Untersuchung eingeleitet, um herauszufinden, wer Shaimas Mörder waren. In den Stunden nach der Tat waren ihre älteren Brüder verhaftet worden, das war so üblich. Wenn Brüder ihre Schwestern umbrachten, landeten sie in Polizeihaft und wurden zwei Wochen später freigelassen. Es sei denn, es gab triftige Gründe, sie festzuhalten. Es sei aber schwierig, solche zu finden, erzählte Jama. Bei einer Recherche, mit der ich ihn beauftragt hatte, hatte er herausgefunden, dass im Jahr 2004 in ganz Afghanistan 25 junge Männer ihre Schwestern umgebracht hatten, um die Ehre der Familie zu retten. »Nur 25?«, fragte ich. »So wenige? Bist du dir sicher?« – »Kein Zweifel«, erwiderte er.

Also muss der deutsche Soldat am Flughafen übertrieben haben, dachte ich mir. »Sie schneiden den Frauen die Brüste ab«, hatte er mir erzählt, als keiner sonst zuhörte, »und legen sie uns vor die Tür.« Ich versuchte mich darauf zu konzentrieren, was er sagte. »Sie schneiden den Frauen die Brüste ab?«, fragte ich konsterniert. »Und dann gibt es noch andere Sachen«, fuhr der Soldat fort. »Wir haben aus mehreren Quellen Informationen über einen Schmuggel mit Organen von Frauen sowohl nach Pakistan als auch nach Tadschikistan.« War das möglich? Was würde das für einen Sinn machen? »Das ist ganz einfach«, sagte er zu mir im Flüsterton, »Kriegsherren zeigen mit der Verstümmelung ihrer Frauen, dass sie Macht über Leben und Tod haben.« Am Ende fragte ich den Soldaten, ob ehemalige Taliban oder Bin Ladens *Al Qaida* hinter dem Organschmuggel stecken würden. Die Vorkommnisse, lautete die wenig überraschende Antwort, hätten sich im Norden zugetragen. Da gäbe es keinerlei Unterstützung, weder für die einen noch für die anderen. Ein ganz normaler Kriegsherr würde dort herrschen. Den zu verhaften wäre aber unmöglich. Dazu sei der Mann zu einflussreich.

Wir fuhren im Schritttempo hinunter in Richtung Justizministerium und wir brauchten lange, um vorwärts zu kommen. Es gab über eine Million Flüchtlinge, die inzwischen aus Pakistan zurückgekehrt waren. Tausende hatten nur noch ihre zerstörten Häuser vorgefunden und lebten teilweise unter Pappkartons oder in den Hinterhöfen der leer stehenden Villen, deren Besitzer Europa dem befreiten Kabul immer noch vorzogen. Fast alle suchten nach Arbeit. Mit ihren Eselskarren blockierten sie den Verkehr. Sie würden jede Arbeit annehmen, Hauptsache, die Familie verhungerte nicht. Sie dachten nicht an die Gerechtigkeit der Justiz, sondern ans nackte Überleben. Als der Afghanistan-

Krieg vorbei war, hatten die meisten Afghanen vergessen, dass sie jemals ein richtiges Leben gehabt hatten. Jemand wie der Oberste Richter war da genau der Richtige, sie daran zu erinnern, wer sie früher, vor den Kämpfen, gewesen waren. In einem Interview hatte Shinwari vor ausländischen Fernsehprogrammen gewarnt, die auf Afghanen einen schlechten Einfluss ausüben würden. Er hatte dabei die vielen indischen Filme gemeint, in denen Schauspielerinnen wie die leibhaftige Sünde aussahen: »Unsere Kultur und unsere Gesellschaft«, hatte Afghanistans höchster Richter gesagt, »wird durch die Ausländer korrumpiert und vor allem werden unsere Leute dem Islam entfremdet.«

Überleben war für Shinwari keine Frage der Nahrung, sondern der richtigen Moral. Ich war neugierig, ihn zu treffen. *TOLO-TV* hatte beachtliche Zuschauerzahlen in Kabul, aber Afghanistan war groß. Außerhalb der Hauptstadt gab es nicht einmal fließend Wasser, geschweige denn eine Satellitenschüssel. Als Präsident Karzai auf Wahlkampf war, erzählte mir ein Entwicklungshelfer, sollte er einmal ganz im Westen ein paar entlegene Dörfer besuchen. Tage vor seinem Besuch machte sich eine Euphorie breit. Karzai, glaubten die Dorfbewohner, würde Wasser, Strom und eine Zufahrtsstraße als Geschenk mitbringen. Der Präsident tauchte für eine Stunde auf und verschwand wieder. Die Dörfer lebten weiter wie im Mittelalter, abgeschnitten von der Moderne. Shinwaris radikale *Mullahs* hingegen lebten seit Jahrhunderten dort. Und solange sie allein die Herren über Afghanistans vergessene Landbevölkerung waren, würde sich nichts ändern.

Als wir das Justizministerium erreichten, sagte man uns, Richter Shinwari sei verreist und man könne uns nicht sagen, wann er zurückkomme. Am besten sollten wir anrufen. Ich war mir nicht sicher, ob die Auskunft stimmte. Also fuhren wir zum zuständigen Untersuchungsrichter und hielten uns nicht lange am Tor auf, sondern gingen direkt hinein und der Mann empfing uns.

In seinem Büro war es kühl und dunkel. Er bat uns, Platz zu nehmen, aber als ich begann, Fragen zu stellen, schaute er sich unruhig in dem Raum um. Es gab da nichts, was er nicht schon oft gesehen haben musste. Bouquets von Plastikblumen überall. Sie wurden von den Familien der Angeklagten gebracht, um den Richter günstig zu stimmen. Ich überlegte, wie viele davon von Familien stammten, die ihre Tochter in einem Hof hatten verbluten lassen, weil sie Schande über sie gebracht hatte. Die Liste der unehrenhaften Vergehen, die einer Frau das Leben kosten konnten, war lang. In Afghanistan gehörte neben dem Rauchen dazu, als unverheiratete Frau an der Seite eines Mannes gesehen zu werden sowie stundenlang ohne Begleitung zu verschwinden. Am schlimmsten war, nachts nicht im eigenen Bett zu übernachten. Nur die Entjungferung stand noch weiter oben auf der traurigen Liste. Shaima war morgens umgebracht worden, nachdem sie gegen sechs Uhr ins Haus geschlichen war. Jama hatte das von Nachbarn erfahren. Wo war sie gewesen? Auf einer der Partys der ausländischen Helfer? Wir fanden später heraus, das es in Shaimas allerletzter Nacht keine Feste gegeben hatte.

Der Richter schaute über die Blumen hinweg ins Leere: »Die Brüder haben sie umgebracht«, sagte er. Dann machte er eine lange Pause, bevor er zu erzählen begann. Bei den Ermittlungen habe man herausgefunden, dass die Tatwaffe verschwunden wäre. Bei der Obduktion hingegen sei festgestellt worden, die Frau wäre bereits seit dem frühen Morgen tot gewesen. Damit würde das Alibi der Brüder nicht mehr halten, die ausgesagt hätten, sie hätten ihre Schwester gegen zehn Uhr, in ihren letzten Zügen liegend, auf dem harten Erdboden im Innenhof gefunden. »Selbstmord, haben beide Brüder gesagt. Sie sagten, Shaima hat sich umgebracht.« Der Richter nahm einen Schluck Sprite, das ihm ein Gerichtsdiener gebracht hatte. Uns hatte der Mann dasselbe Getränk mit einem tiefen Diener auf einen niedrigen Tisch gestellt. Der Richter trank in kleinen Zügen, während ich ihn beobachtete. Er schien ein guter, unkorrumpierbarer Beamter zu sein. Zumindest wirkte er so auf mich. Auf einem Beistelltisch stand ein Computer, noch mit der Schutzfolie versehen. Der Richter brauchte ihn nicht. Er kannte sein Afghanistan in- und auswendig. Bald darauf verabschiedeten wir uns. Es gab nur noch eines zu tun.

Ein paar Tage später fuhren Jama, Jean-Jacques und ich langsam an den Häusern der Entwicklungshelfer vorbei in das Viertel, wo Shaimas Elternhaus stand. Es war eines der ärmlichsten Viertel von Kabul. Dort, wo wir Halt machten, war ein Gemüseladen und gegenüber befand sich ein Friseursalon mit Fotos von indischen Schönheiten im Schaufenster. Die Straße war nicht asphaltiert. Wenn man sich umdrehte, sah man in der Ferne einen Hügel mit einem Friedhof vor sich. Hier lag Shaimas letzte Ruhestätte. In ihrem Grab steckte ein niedriger Holzstab, an dem ein Tuch in der Farbe des Propheten befestigt war. Märtyrer oder nicht, TV-Moderatorinnen verdienten grüne Tücher. Wer hatte es dort befestigt? Und warum? Wir konnten es nicht in Erfahrung bringen, als wir dort filmten. Der Friedhof war menschenleer.

In der Straße war alles so wie seit Jahrhunderten, ein einfaches, ereignisloses Leben. Niemand war unfreundlich, aber die Leute starrten uns an. Gleich neben dem Gemüseladen begann eine staubige Straße, die zu Shahidas Haus führte. Der Wind erhob sich kurz, legte sich aber sofort wieder. Wir mussten nur ein paar hundert Meter zu Fuß zurücklegen. Auf dem ganzen Weg stieg mir der Geruch von Abfällen und Urin in die Nase. Sobald wir an die Tür geklopft hatten, erschien ein fröhliches Kindergesicht, dann noch ein zweites. Wir traten ein und befanden uns in einem sauber gekehrten Hof. Im hinteren Teil war ein Blumenbeet. Rechts und links befanden sich niedrige Gebäude. Frauen schauten neugierig aus den Fenstern. Wer diese Frauen wären, fragte ich den Bruder, den die Kinder herbeigeholt hatten. Verwandte und Nachbarn, sagte er. Die Dämmerung näherte sich. »Wo genau starb sie?«, fragte ich Shaimas Bruder. Er war zwei Kopf größer als ich. Oben auf der Treppe wartete der andere Bruder, auch er groß und kräftig. Da zeigte der erste Bruder die Stelle. »Hier haben wir sie gefunden«, sagte er. »Sie hat sich von diesem Balkon gestürzt.« »Am Morgen?«, fragte ich. Der Bruder ging in Richtung Treppenaufgang, nahm sein Handy aus der Hosentasche und sagte: »Gegen zehn Uhr rief man mich an meinem Arbeitsplatz an, ich solle heimkommen. Ich habe alles stehen und liegen gelassen.« Er suchte etwas auf dem Handy, in der Dunkelheit konnte ich Pieptöne hören. Als wir oben angekommen waren, hielt er mir den Apparat hin. Ich sah, wie er zu weinen begann. »Sie war meine Lieblingsschwester«, sagte er. Das Foto auf dem Handy glich einer starren Totenmaske und wenn ich nicht gewusst hätte, dass es nur Shaima sein konnte, hätte ich sie niemals erkannt. So schnell änderte man sich, wenn man tot war. Ihre Augen waren geschlossen. Falls sie Blutspuren im Gesicht gehabt hatte, waren sie weggewischt worden. Das war keine flotte TV-Moderatorin mehr, sondern nur eine junge Frau, die eines gewaltsamen Todes gestorben war.

Wenn in Afghanistan ein Mann gefragt wird, wie viele Kinder er habe, wird er nur seine Söhne anführen. Wenn eine Tochter zwölf Jahre alt wurde, würde er ihr einen Mann aussuchen und das wäre dann ihr Leben gewesen. Nichts würde sich daran ändern, bis die Frau starb. Afghanistan war das einzige Land der Welt, in der Männer länger lebten als Frauen, obwohl es so viele Kriege gegeben hatte. Afghaninnen starben im Schnitt mit 40 Jahren – oder eben früher wie Shaima.

Wir saßen auf dem Teppich in dem Zimmer oben. Mir hatte man ein Glas mit grünem Tee hingestellt. Shaimas Vater saß mit gekreuzten Beinen vor dem Fenster. Er war ein lebhafter Mann mit unruhigen Augen. Es war Nacht, ein voller Mond stand ge-

nau über seinem Kopf. Alles war ruhig. Der Bruder erzählte mit
eintöniger Stimme, dass Shaima deprimiert gewesen wäre und
sich umgebracht hätte. Ich wollte seine Meinung nicht anzwei-
feln. Nicht viel später verabschiedeten wir uns. Ich sagte, wir
hätten noch viel zu tun. Es war eine Lüge. Als wir draußen waren, atmete ich durch. Man hörte in der Nähe Hunde heulen.
Das Mondlicht wies uns den Weg zurück zum Wagen.

Ich weiß nicht, was die schlimmsten Erfahrungen auf all diesen
Reisen, sei es im Irak oder in Tschetschenien oder eben Afghanistan, waren. Waren es die drei Wochen amerikanischen Bombardements, eingeschlossen im »Palestine« in Bagdad 2003?
Oder der Selbstmordattentäter, der sich vor unseren Augen in
die Luft sprengte? Wie viele Male hatte ich Glück gehabt und
ein anderer nicht? Es mangelt mir nicht an dunklen Erinnerun-
gen an diese unruhige Region. Die Menschen kämpften ständig.
Blut, Rache, Religion und nicht zu vergessen das Öl – die perfek-
ten Voraussetzungen für nicht enden wollende Gewalt. Ich will
daran nicht ständig denken müssen. Als wir so dahingingen, fiel
mir Saidah wieder ein, die Frau mit den zehn Kindern in der
Lehmhütte auf einem der Kabuler Hügel. Wir hatten sie nicht
mehr angetroffen, als wir sie besuchen wollten. Die Familie war
verschwunden. Niemand wusste wohin. Wo immer sie gelandet
war, ich hoffte, es würde ihr dort besser gehen als hier und ihre
älteste Tochter würde ihr fröhliches Lachen behalten. Sie lachte
genauso wie wir alle, als wir noch jung gewesen waren. Während
nichts zu hören war als das Heulen der streunenden Hunde,
nahm ich mir vor, das niemals zu vergessen.

Anhang

Chronologie des Nahen Ostens

570 – Geburt des Propheten Mohammed, des Gründers des Islam, in der Stadt Mekka.

632 – Tod des Propheten Mohammed und Streit um die Nachfolge zwischen jenen, die den Nachfolger in einer Wahl bestimmen lassen wollen (Sunniten) und jenen, die für eine direkte Nachfolge von Mohammeds Familie sind (Schiiten).

650 – Sammlung der Offenbarungen Allahs an seinen Propheten Mohammed und Zusammenfassung zum Koran, der in seiner Form heute noch gültig ist.

711 – Eroberung von Spanien durch die Araber (Mauren).

800 – Errichtung eines arabischen Weltreichs, das vom heutigen Indien bis nach Spanien reicht.

1095 – Ausgerufen von Papst Urban II. beginnen die Kreuzzüge zur Rückgewinnung Jerusalems, das von türkischen Seldschuken erobert worden war.

1291 – Fall der Stadt Akkra im Nahen Osten, der letzten Hochburg der Kreuzfahrer.

1492 – Ende des arabischen Großreichs in Europa, eingeläutet durch die Vertreibung der Araber aus der spanischen Stadt Granada unter Ferdinand und Isabella von Kastillien.

1453 – Eroberung von Konstantinopel durch die Osmanen und somit das Ende des Byzantinischen und Beginn des Türkischen (Osmanischen) Reichs.

1798 – Napoleon Bonaparte unternimmt einen Feldzug nach Ägypten, welches nominell zum Osmanischen Reich gehört, um anschließend zusammen mit den Türken einen Angriff auf Indien zu wagen, Englands reichste Besitzung im Ausland. Der Versuch schlägt fehl.

1882 – Nach Judenpogromen und zunehmendem Antisemitismus in Russland und Rumänien gibt es eine erste Auswanderungswelle europäischer Juden nach Palästina.

1896 – Der österreichische Journalist Theodor Herzl, Gründer des Zionismus, veröffentlicht seine Schrift *Der Judenstaat*, worin steht, dass nur die Gründung eines eigenen Staats in Palästina oder anderswo die Judenverfolgungen beenden würde. Ein Jahr später organisiert Herzl den ersten Zionistischen Kongress in Basel, um die Auswanderung nach Palästina zu fördern.

1908 – Die erste arabische Zeitung erscheint in den Städten Jerusalem und Jaffa.

1916 – Das Sykes-Picot-Abkommen, benannt nach dem damaligen britischen und dem französischen Außenminister, wird von Großbritannien und Frankreich geschlossen, um den Nahen Osten nach dem Zerfall des Türkischen Großreichs aufzuteilen. Danach bekommt Großbritannien die Kontrolle über das Gebiet von Palästina. Frankreich über den heutigen Libanon und Syrien.

1916 – Der britische Offizier T. E. Lawrence führt den Aufstand der Araber gegen die türkische Herrschaft während des Ersten Weltkriegs. Er wird unter dem Namen Lawrence von Arabien weltberühmt.

1917 – In der Balfour-Erklärung des britischen Außenministers Arthur J. Balfour wird den Juden die Errichtung einer »nationalen Heimstätte« in Palästina versprochen.

1920 – Frankreich erklärt die Bildung von Großlibanon, das von Sidon bis zur Stadt Tripoli reicht.

1928 – Hasan al Banna gründet in Ägypten die *Moslem-Brüderschaft*. Sie wird Vorbild für zahlreiche radikale Bewegungen im Nahen und Mittleren Osten, unter anderem das spätere Taliban-Regime in Afghanistan.

1929 – In den britisch besetzten Gebieten Palästinas kommt es zu Aufständen durch die Araber, ein blutiges Massaker in der Stadt Hebron fordert das Leben von 67 jüdischen Siedlern.

1936 bis 1939 – Die erste nationalistische Bewegung der Araber in Palästina gegen jüdische Siedler entsteht.

1943 – Im Libanon einigen sich Christen und Moslems in einem nationalen Pakt darauf, die Macht zu teilen, um so die Unabhängigkeit von Frankreich zu erlangen.

1947 – Teilung des indischen Subkontinents in ein hinduistisch dominiertes Indien und einen islamischen Staat Pakistan. Im darauf folgenden Konflikt kommen über eine Million Menschen um.

1948 – Nach einer UN-Entscheidung über die Teilung Palästinas in einen arabischen und einen jüdischen Teil, folgt die Gründung Israels. Von der arabischen Welt wird die Teilung nicht anerkannt und es kommt zum ersten arabisch-israelischen Krieg. An dessen Ende halten Jordaniens und Ägyptens Armeen Teile Palästinas besetzt: Ägypten den Gazastreifen, Jordanien das Westjordanufer und Ostjerusalem. Westjerusalem fällt hingegen Israel zu. Von der UN wird Jerusalem aufgrund seiner Bedeutung für alle Christen, Juden und Moslems zu einer international neutralen Enklave erklärt.

1953 – Sturz des iranischen Ministerpräsidenten Mohammed Mossadegh mit Hilfe des amerikanischen Geheimdiensts CIA. Die Herrschaft von Mohammed Reza Schah Pahlevi wird dadurch gefestigt.

1956 – Israel greift an der Seite von Frankreich und Groß-britannien Ägypten an und erobert einen Großteil der Sinai-Halbinsel. Auf amerikanischen und sowjetischen Druck hin zieht sich Israel später zurück.

1958 – Der erste libanesische Krieg bricht aus. Die Amerikaner entsenden 15.000 Marinesoldaten in den Libanon.

1964 – Gründung der PLO, der Palästinensischen Befreiungsorganisation, in Kairo.

1967 – Israel greift in einem Präventivkrieg Ägypten, Syrien und Jordanien an, die ihrerseits für einen Krieg zu rüsten begonnen hatten. Der so genannte Sechs-Tage-Krieg endet mit

der israelischen Besetzung des Westjordanufers, des Gazastreifens, der Sinai-Halbinsel und der syrischen Golanhöhen.

1969 – Yassir Arafat wird zum Vorsitzenden der PLO gewählt.

1970 – Schwarzer September: Niederschlagung der PLO-
Rebellion gegen König Hussein in Jordanien.

1973 – Ägypten und Syrien greifen überraschend Israel an,
es kommt zum so genannten Oktober-Krieg oder Jom-Kippur-
Krieg.

1975 – Erneuter Ausbruch des Bürgerkriegs im Libanon.

1976 – Syrien entsendet Truppen in das Nachbarland Libanon.

1977 – Ägyptens Präsident Anwar el-Sadat spricht als erster
arabischer Staatsmann vor dem israelischen Parlament in
Jerusalem, der Knesset. Er bietet einen Friedensvertrag im Austausch gegen den israelischen Abzug von der Sinai-Halbinsel an.

16. Januar 1979 – Sturz von Mohammed Reza Schah Pahlevi
und Machtergreifung durch Ayatollah Khomeini, der einen
islamischen Gottesstaat einführt.

29. März 1979 – Unterzeichnung des Camp-David-Friedens-
vertrags zwischen Israel und Ägypten.

November 1979 – Revolte radikaler Islamisten in der
Großen Moschee in Mekka während der jährlichen Pilgerreise.
Hunderte von Pilgern sterben.

24. Dezember 1979 – Sowjetische Invasion in Afghanistan.
Die CIA beginnt ein geheimes Bewaffnungsprogramm

afghanischer Rebellen. Waffen und Gelder gehen über den pakistanischen Militärabwehrdienst ISI. Tausende Freiwillige aus der arabischen Welt ziehen nach Afghanistan, um in einem Heiligen Krieg, einem *Jihad,* die Sowjets zu vertreiben. Unter den Freiwilligen befindet sich der saudische Millionär Osama Bin Laden.

1980 – Saddam Hussein greift den Iran an. Es ist der Beginn des achtjährigen iranisch-irakischen Kriegs, des so genannten ersten Golfkriegs.

6. Oktober 1981 – Ermordung des ägyptischen Staatschefs Anwar el-Sadat.

1982 – Blutiges Massaker in der syrischen Stadt Hama nach einer Rebellion der *Moslem-Brüderschaft* gegen das Assad-Regime. 25.000 Menschen kommen ums Leben. Das Massaker wird von der UN als Völkermord eingestuft.

Juni 1982 – Israelische Invasion im Libanon.

1982 – Gründung der schiitischen, pro-iranischen *Hisbollah,* der Partei Gottes, mit dem Ziel, im Libanon einen islamischen Staat zu gründen.

1983 – Quartiere der amerikanischen und französischen Friedenstruppen im Libanon werden von Selbstmord-attentätern in die Luft gesprengt. 241 US-Marines und 58 französische Soldaten kommen dabei um.

1987 – Ausbruch der ersten *Intifada*, des palästinensischen Aufstands gegen die israelische Besatzung im Westjordanland und im Gazastreifen.

1989 – Abzug der Roten Armee aus Afghanistan. Beginn eines jahrelangen Bürgerkriegs zwischen den afghanischen Kommandanten der verschiedenen Gruppierungen.

1989 – Erste demokratische Wahlen in Algerien, bei denen die radikale islamische Heilsfront eine Mehrheit erhält. Der zweite Wahlgang wird daraufhin annulliert. Ein zehnjähriger Bürgerkrieg beginnt.

1990/91 – Irak besetzt Kuwait. Im Kuwait-Krieg, dem so genannten zweiten Golfkrieg, an dem zahlreiche Länder unter der Führung der USA teilnehmen, wird Saddams Armee vernichtend geschlagen. Anschließende UN-Sanktionen sollen erst aufgehoben werden, wenn Saddam unter anderem alle seine Massenvernichtungswaffen offen legt. Wegen der Stationierung von US-Truppen in Saudi-Arabien kommt es zum Streit zwischen Bin Laden und dem saudischen Königreich. Bin Laden betrachtet dies als eine illegale Besetzung der heiligsten Stätten der Moslems, Mekka und Medina.

13. September 1993 – Unterzeichnung des Oslo-Abkommens zwischen der PLO und Israel, das die Rückgabe der besetzten Gebiete an die Palästinenser beinhaltet. Viele Punkte wie die Jerusalemfrage bleiben jedoch ungelöst.

1996 – Eroberung eines Großteils von Afghanistan durch die Taliban, die an den Koranschulen in Pakistan ausgebildet wurden. Sie errichten einen strengreligiösen Staat. Frauen dürfen weder arbeiten noch unterrichtet werden. Bin Laden findet nach längerem Aufenthalt im Sudan in Afghanistan Zuflucht.

4. Juni 1998 – Tod von Ayatollah Khomeini.

1998 – Bin Laden gründet die *Islamische Weltfront für den Heiligen Krieg gegen die Juden und die Kreuzzügler,* eine Sammlung unterschiedlicher radikaler Gruppierungen.

11. September 2001 – Anschläge auf das World Trade Center in New York und das Pentagon in Washington. Rund 3.000 Menschen kommen ums Leben. Bin Ladens Terrornetz *Al Qaida* gilt als der Drahtzieher dieser Anschläge.

Oktober 2001 – Beginn der amerikanischen Luftangriffe gegen das afghanische Taliban-Regime nach vergeblichen Verhandlungen über die Auslieferung von Bin Laden. Nach nur drei Wochen ist das Regime gestürzt.

11. April 2002 – Terroristischer Anschlag auf eine Synagoge auf Djerba in Tunesien. Es gibt 21 Tote, die Opfer sind vorwiegend Touristen.

12. Oktober 2002 – Bombenanschlag auf eine Diskothek auf Bali in Indonesien. 202 Touristen, vor allem Australier, kommen dabei ums Leben.

20. März 2003 – US-Invasion im Irak, unterstürzt von britischen und australischen Truppen mit dem Ziel, Saddam Hussein zu stürzen. Als Legitimation führt die USA Saddams Besitz an Massenvernichtungswaffen an. Nach den September-Anschlägen wird von der Bush-Regierung ein weiterer Anschlag auf die USA mit atomaren, biologischen oder chemischen Waffen nicht ausgeschlossen.

9. April 2003 – Die irakische Hauptstadt Bagdad fällt.

1. Mai 2003 – US-Präsident Bush erklärt die Kampfhandlungen im Irak offiziell für beendet.

7. August 2003 – Erster Bombenanschlag in Bagdad auf die jordanische Botschaft, es gibt 19 Tote.

19. August 2003 – Bei einem Anschlag auf die UN-Vertretung im Irak kommen 22 Menschen ums Leben.

8. November 2003 – 43 Menschen verlieren das Leben bei Terrorangriffen auf Ausländersiedlungen in der saudi-arabischen Hauptstadt Riad.

15./20. November 2003 – Bombenanschläge auf Synagogen sowie britische Einrichtungen in Istanbul mit 57 Opfern.

14. Dezember 2003 – Verhaftung von Saddam Hussein. Er hatte sich in der Nähe seiner Heimatstadt Tikrit in einem unterirdischen Bau versteckt gehalten.

6. Februar 2004 – Der Anschlag von vermutlich tschetschenischen Terroristen auf die Moskauer U-Bahn kostet 41 Menschen das Leben.

11. März 2004 – Mit den Anschlägen in Madrid, bei denen 191 Menschen ums Leben kommen, erreicht die Terrorwelle Westeuropa. *Al Qaida* bekennt sich dazu.

1. September 2004 – Tschetschenische Terroristen besetzen eine Schule im russischen Beslan. Bei dem darauf folgenden Massaker werden 330 Menschen getötet, 186 davon sind Kinder.

11. November 2004 – Tod von Palästinenserpräsident Yassir Arafat.

9. April 2005 – 2. Jahrestag des Ende des Irak-Kriegs: Bis dato sind dort 1700 amerikanische Soldaten getötet worden. Die Zahl der irakischen Zivilisten, die ihr Leben ließen, wird auf 24.000 geschätzt.

7. Juli 2005 – Terroranschläge von *Al Qaida* in der Londoner U-Bahn und einem Bus. 50 Menschen kommen dabei ums Leben, Hunderte werden verletzt.

23. Juli 2005 – Drei Autobomben explodieren im ägyptischen Badeort Sharm-el-Sheikh. Der Terroranschlag fordert 88 Tote und über 200 Verletzte.

1. August 2005 – Tod des saudischen Königs Fahd: Sein Halbbruder, Kronprinz Abdullah, führt schon seit 1995 die Regierungsgeschäfte und wird zum neuen König von Saudi-Arabien ernannt.

Zitatnachweis

S. 20 f.: Bernard Lewis, *Die politische Sprache des Islam*, Übers. von Susanne Enderwitz, S. 124, © Rotbuch/EVA Europäische Verlagsanstalt, Hamburg 1991

S. 23 f.: Leonard Binder, »Islam, Ethnicity, and the State in Pakistan: An Overview«, in: Ali Banuazizi / Myron Weiner (Hrsg.), *The State, Religion, and Ethnic Politics,* Syracuse University Press 1986, S. 263, © Ali Banuazizi and Myron Weiner, 1986

S. 25: Samuel P. Huntington, *Kampf der Kulturen. Die Neugestaltung der Weltpolitik im 21. Jahrhundert,* Übers. von Holger Fliessbach, Wilhelm Goldmann Verlag (Verlagsgruppe Random House GmbH), München 2002, S. 429, © Europa Verlag GmbH, Hamburg 1996

S. 35: Peter L. Bergen, *Heiliger Krieg, Inc., Osama bin Ladens Terrornetz,* Übers. von Friedrich Giese et al., S. 33, © Siedler Verlag (Verlagsgruppe Random House GmbH), München 2001

S. 36: Steve Coll, *Ghost Wars. The Secret History of the CIA, Afghanistan, and bin Laden, from the Soviet Invasion to September 10, 2001,* Penguin Press, New York 2004, S. 223, © Steve Coll, 2004

S. 47: *Der Koran.* Vollständige Ausgabe, 17. Auflage, S. 74, © Wilhelm Heyne Verlag (Verlagsgruppe Random House GmbH), München 2003; alle Rechte der dt. Übs. liegen beim Verlag Der Islam

S. 50: Gilles Kepel, *Das Schwarzbuch des Dschihad,* Übers. von Bertold Galli et al., S. 184, © Piper Verlag GmbH, München 2002

S. 59: Amnon Barzilai, »A brief history of the missed opportunity«, in: www.haaretzdaily.com vom 4. 7. 2002

S. 72: Bob Woodward, *Der Angriff. Plan of Attack,* Übers. von Hans Freundl et al., S. 9, © Deutsche Verlags-Anstalt, München 2004

S. 78 f.: Robert Baer, *Der Niedergang der CIA. Der Enthüllungsbericht eines CIA-Agenten,* Übers. von Susanne Kuhlmann-Krieg et al., S. 125, © C. Bertelsmann Verlag (Verlagsgruppe Random House GmbH), München 2002

S. 82: Hans Blix, *Mission Irak,* Übers. von Reinhard Kreissl et al., S. 258, © Verlagsgruppe Droemer Knaur GmbH & Co. KG, München 2004

S. 87 f.: Alvin and Heidi Toffler, *War and Anti-War. Survival at the Dawn of the 21st Century,* Little, Brown and Company, New York/Boston 1993, S. 167, © Alvin Toffler and Heidi Toffler, 1993

S. 101 f.: Reuel Marc Gerecht, »A Difficult Marriage«, in: www.weeklystandard.com vom 22. 12. 2003

S. 129 f.: Gilles Kepel, *Der Prophet und der Pharao,* Übers. von Gabriele Deja, S. 247, © Piper Verlag GmbH, München 1995

S. 131 f.: George W. Bush, Rede am 06. 11. 2003, in: www.washingtonpost.com vom 06. 11. 2003

S. 132 f.: Kamel Al-Sa'doun, »Direct American Rule, or Havoc«, in: *Al-Shark Al-Aswat* vom 24. 3. 2003

S. 176 f.: www.iranologyfo.com

S. 183: Yitzhak Nakash, *The Shi'is of Iraq,* S. 231, © Princeton University Press, 1994

S. 184: s. Coll, S. 36

S. 187: s. Koran, S. 300

S. 188: s. Koran, S. 363

S. 188 f.: Azar Nasifi, *Lolita lesen in Teheran,* Übers. von
Maja Ueberle-Pfaff, S. 150, © Deutsche Verlags-Anstalt GmbH,
München 2005

S. 198: V. S. Naipaul, *Eine islamische Reise unter den Gläubigern,* Übers.
von Monika Noll und Ulrich Enderwitz, S. 80, © List Taschenbuch
(Ullstein Buchverlage GmbH), Berlin 2002

S. 218: s. Gerecht

S. 238: Mark Danner, »Abu Ghraib: The Hidden Story«, in: *New York
Review of Books* vom 7. 10. 2004

S. 238: s. Danner

S. 238: s. Danner

S. 238: s. Danner

S. 245 f.: s. Danner

S. 253: Thomas L. Friedman, *Von Beirut nach Jerusalem.
Der Nahostkonflikt – Geschichte und Gegenwart,* Wilhelm Heyne
Verlag (Verlagsgruppe Random House GmbH), München 1994,
S. 84, © Pabel – Moewig Verlag KG, Rastatt 1990

S. 255: s. Friedman, S. 90

S. 256: Nikolaos van Dam, *The Struggle for Power in Syria. Politics and
Society under Asad and the Ba'th Party,* I. B. Tauris Publishers, London
1996, S.116, © Nikolaos van Dam, 1996

S. 261: Souriyya al-Islami (Islamisches Forum von Syrien),
www.nnuu.org vom 14. 12. 2004

S. 262: Condoleezza Rice, Rede am 20. 6. 2005 an der Amerikanischen
Universität in Kairo, in: www.tagesspiegel.de vom 27. 6. 2005

S. 264: s. Coll, S. 113

S. 265: s. Bergen, S. 55

S. 268: Said K. Aburish, *Der märchenhafte Aufstieg und Verfall des
Hauses Saud. Ist Saudi-Arabien als Partner des Westens noch tragbar?,*
Übers. von Ulrike Budde, S. 42, © Knesebeck Verlag, München 1994

S. 269: s. Aburish, S. 64

S. 269 f.: Gerald Posner, *Secrets of the Kingdom: The Inside Story of the
Secret Saudi-U.S. Connection,* Random House, Inc., New York 2005,
S. 140, © Gerald Posner, 2005

S. 273: s. Coll, S. 216

S. 273 f.: Dore Gold, *Hatred's Kingdom. How Saudi Arabia Supports the
New Global Terrorism,* Regnery Publishing, Inc., Washington, DC 2003,
S. 125, © Dore Gold, 2003

S. 274: s. Gold, S. 126 f.

S. 277: Sheikh Safar Al Hawali, »Saudi Minister and prince pays
monthly stipend and debts of surrendered wanted terrorist and
family«, in: www.memri.de vom 28. 7. 2004

S. 297: Rohan Gunaratna, *Inside Al Qaeda. Global Network of Terror,*
Columbia University Press, 2002, S. 21, © Rohan Gunaratna, 2002

S. 305: »Zarqawi and other Islamists to the Iraqi people: Elections
and Democracy are Heresys«, in: www.memri.de vom 1. 2. 2005

Register